DIREITO MUNICIPAL EM DEBATE

ANNE KAROLE SILVA FONTENELLE DE BRITTO
BRUNO SAMPAIO FERREIRA DA SILVA
MAÍRA NEURAUTER
EDUARDO DE SOUZA FLORIANO
Coordenadores

Prefácio
Fernando Dueire

DIREITO MUNICIPAL EM DEBATE

Volume 9

Belo Horizonte
FÓRUM
CONHECIMENTO
2025

FÓRUM
CONHECIMENTO

Luís Cláudio Rodrigues Ferreira
Presidente e Editor

Coordenação editorial: Leonardo Eustáquio Siqueira Araújo / Thaynara Faleiro Malta
Revisão: Luciana Moreira
Projeto gráfico: Walter Santos
Diagramação: Formato Editoração

Rua Paulo Ribeiro Bastos, 211 – Jardim Atlântico – CEP 31710-430
Belo Horizonte – Minas Gerais – Tel.: (31) 99412.0131
www.editoraforum.com.br – editoraforum@editoraforum.com.br

Técnica. Empenho. Zelo. Esses foram alguns dos cuidados aplicados na edição desta obra. No entanto, podem ocorrer erros de impressão, digitação ou mesmo restar alguma dúvida conceitual. Caso se constate algo assim, solicitamos a gentileza de nos comunicar através do *e-mail* editorial@editoraforum.com.br para que possamos esclarecer, no que couber. A sua contribuição é muito importante para mantermos a excelência editorial. A Editora Fórum agradece a sua contribuição.

Dados Internacionais de Catalogação na Publicação (CIP) de acordo com ISBD

D598 Direito municipal em debate / Anne Karole Silva Fontenelle de Britto, Bruno Sampaio Ferreira da Silva, Maíra Neurauter, Eduardo de Souza Floriano (coord.). Belo Horizonte: Fórum, 2025. v. 9.
255p. 14,5x21,5cm
v. 9

ISBN impresso 978-85-450-0976-4
ISBN digital 978-85-450-0975-7

1. Direito municipal. 2. Municípios. 3. Advocacia pública. I. Britto, Anne Karole Silva Fontenelle de. II. Silva, Bruno Sampaio Ferreira da. III. Neurauter, Maíra. IV. Floriano, Eduardo de Souza. V. Título.

CDD: 342.2
CDU: 342.241

Ficha catalográfica elaborada por Lissandra Ruas Lima – CRB/6 – 2851

Informação bibliográfica deste livro, conforme a NBR 6023:2018 da Associação Brasileira de Normas Técnicas (ABNT):

BRITTO, Anne Karole Silva Fontenelle de; SILVA, Bruno Sampaio Ferreira da; NEURAUTER, Maíra; FLORIANO, Eduardo de Souza (coord.). *Direito municipal em debate*. Belo Horizonte: Fórum, 2025. 255p. ISBN 978-85-450-0976-4. v. 9.

A todos os Procuradores Municipais, que enfrentam grandes desafios na defesa intransigente do interesse público, na implementação das políticas públicas e na concretização dos direitos fundamentais para o povo brasileiro nas cidades, onde a vida acontece.

Agradecimento especial à Diretoria da Associação Nacional das Procuradoras e dos Procuradores Municipais – ANPM (gestão 2025/2027), representada por sua ilustre presidente, Anne Karole Silva Fontenelle de Britto, pela confiança depositada na Diretoria de Eventos Científicos e na Comissão Organizadora do Congresso Brasileiro de Procuradoras e Procuradores Municipais (CBPM), cuja dedicação e empenho tornaram possível a edição desta obra.

SUMÁRIO

PREFÁCIO

Receber o convite para prefaciar o nono volume de Direito Municipal em Debate é motivo de honra e satisfação. Esta obra, que já se consolida como referência no estudo e na reflexão sobre o municipalismo brasileiro, reúne artigos de procuradores municipais de todo o País – profissionais que traduzem, em sua produção intelectual, a vivência prática do Direito no cotidiano da gestão pública. Agradeço à Associação Nacional das Procuradoras e Procuradores Municipais e a todos os autores por esta distinção e pelo compromisso em fazer do conhecimento jurídico um instrumento de aprimoramento do serviço público e da cidadania.

Escrever este prefácio é, para mim, um reencontro com as raízes do serviço público, com a esfera onde a vida acontece, onde o cidadão encontra o Estado em sua forma mais próxima e tangível: o município. É também uma oportunidade de refletir sobre o futuro do Direito Público à luz das transformações tecnológicas, institucionais e sociais que marcam o nosso tempo.

O conjunto de artigos reunidos neste volume revela a maturidade do corpo de procuradores municipais que não se limita à defesa técnica de causas, mas se projeta como núcleo de pensamento jurídico contemporâneo, atento às demandas do presente e aos desafios que despontam no horizonte.

Logo no início, o texto sobre "Procuradoria 4.0" antecipa um tema inescapável: a adaptação da redação jurídica ao processamento por inteligência artificial. Não se trata apenas de automatizar tarefas ou otimizar fluxos, mas de repensar a linguagem jurídica, seus métodos e sua coerência diante de novas formas de raciocínio e tratamento de dados. É um debate que exige ética, transparência e domínio técnico, atributos que dignificam a advocacia pública e reforçam sua missão constitucional.

Na mesma direção, o estudo sobre a responsabilidade civil do Estado por danos decorrentes do uso de sistemas de IA na prestação de serviços públicos enfrenta um dilema central do nosso tempo: como conciliar inovação e segurança jurídica. É uma reflexão de enorme relevância num contexto em que a digitalização do Estado se acelera e a gestão pública busca eficiência sem abrir mão da *accountability* e da proteção dos direitos individuais.

Outros artigos exploram dimensões igualmente essenciais do Direito Municipal contemporâneo. O texto sobre planos diretores e gestão das áreas de risco lembra-nos de que o planejamento urbano não é apenas um exercício técnico, mas um instrumento de justiça social e proteção da vida. Já a análise sobre o ressarcimento no âmbito do SUS após o julgamento do Tema nº 1.234 pelo STF destaca a importância da segurança jurídica federativa e da repartição equilibrada de responsabilidades entre os entes da Federação – questão cara a todos que defendem o fortalecimento do pacto federativo.

O volume também apresenta contribuições valiosas sobre a Resolução nº 547/2024 do Conselho Nacional de Justiça, que inaugura novos paradigmas na cobrança extrajudicial de créditos e na análise de dados no setor público. São estudos que mostram como a racionalização normativa pode caminhar ao lado da eficiência e da integridade, quando conduzida com base em critérios técnicos e respeito ao devido processo legal.

Por fim, os artigos sobre contratações com recursos de fundos especiais e sobre o papel do advogado público municipal como intérprete constitucional oferecem uma perspectiva essencial: o Direito Municipal não é uma ilha isolada no ordenamento jurídico, mas um espaço vivo de concretização dos valores constitucionais, em que a hermenêutica se faz instrumento de democracia e cidadania.

Cada texto aqui presente reflete não apenas o domínio técnico dos procuradores municipais, mas também o compromisso com um ideal de serviço público que combina rigor jurídico e vocação humanista. Essa é, sem dúvida, a marca de uma geração de juristas que entende o Direito como instrumento de transformação social, e não apenas como um conjunto de normas e procedimentos.

Ao concluir esta leitura, o que se revela é um verdadeiro mosaico do pensamento jurídico municipal contemporâneo: plural, inovador e comprometido com o interesse público. Que esta obra inspire outros procuradores, gestores, legisladores e estudiosos do Direito a continuarem o debate, com o mesmo espírito crítico e construtivo que lhe dá origem.

Desejo a todos uma leitura proveitosa e instigante – daquelas que não apenas informam, mas também provocam, convidando à reflexão sobre o papel do Direito na construção de cidades mais justas, eficientes e humanas.

Fernando Dueire
Senador da República por Pernambuco

PROCURADORIA 4.0: ADAPTAÇÃO DA REDAÇÃO JURÍDICA AO PROCESSAMENTO POR INTELIGÊNCIA ARTIFICIAL

Eduardo Floriano
Cinara de Araújo Vila

Resumo

Com o crescente uso da inteligência artificial (IA) pelo Poder Judiciário, torna-se essencial que as procuradorias ajustem suas práticas tanto na questão organizacional como na produção do trabalho jurídico, propriamente dito. Este artigo apresenta um ensaio sobre o tema e uma proposta de orientações práticas para a redação de textos otimizados para sistemas de IA, utilizando metadados, *tags* e conectores lógicos, com o objetivo de aprimorar a interpretação e o processamento dos documentos. Além disso, são apresentados casos práticos, como o Programa PAMPA TAGs, que organiza pedidos judiciais por meio de marcadores padronizados, na Vara da Fazenda Pública, em Novo Hamburgo em colaboração com a PGM NOVO HAMBURGO-RS e a PGE RS, o sistema de classificação implementado pela PGM-Rio, que prioriza demandas complexas, e o L.E.V.I., framework da PGE-RJ que utiliza aprendizado de máquina para classificar petições iniciais, reduzindo erros e otimizando a gestão processual. A pesquisa destaca os benefícios dessas técnicas para a eficácia do trabalho jurídico e propõe uma abordagem inicial para a adaptação às novas tecnologias, incentivando uma advocacia mais inovadora e estratégica.

Palavras-chave

Inteligência Artificial; Procuradoria; Direito; Redação Jurídica; *Tags*; Metadados; Tecnologia no Judiciário.

1 Introdução

A aplicação da inteligência artificial (IA) no Poder Judiciário brasileiro é uma realidade em acelerado crescimento. Segundo o relatório "Pesquisa Inteligência Artificial no Judiciário 2024", elaborado pelo Conselho Nacional de Justiça (CNJ), aproximadamente 45% dos tribunais brasileiros já adotam soluções baseadas em IA generativa — com especial destaque para o processamento e análise de jurisprudência, classificação automática de documentos e apoio à tomada de decisão judicial. Esse panorama sinaliza que o uso dessas tecnologias está se tornando indispensável para a eficácia e celeridade da justiça, impactando positivamente magistrados, procuradores e toda a estrutura judiciária.

A evolução institucional exige que procuradoras e procuradores compreendam não apenas o funcionamento técnico dos sistemas de IA, mas também adaptem sua postura profissional às novas exigências tecnológicas. Nesse sentido, a elaboração de peças jurídicas aptas à correta leitura e interpretação por sistemas automatizados é um passo vital para garantir que os argumentos sejam processados adequadamente, contribuindo para o aprimoramento do acesso à justiça.

A inteligência artificial constitui um ramo essencial da ciência da computação, dedicado ao desenvolvimento de sistemas e algoritmos que realizam tarefas tradicionalmente atribuídas à inteligência humana, como aprendizagem, compreensão de linguagem natural e tomada de decisões em ambientes complexos e dinâmicos. Ao longo das últimas décadas, o campo evoluiu desde sistemas baseados em regras rígidas até sofisticadas redes neurais profundas, que podem aprender padrões a partir de dados e permitem a automação de tarefas altamente especializadas.

A revolução dos algoritmos, com o advento do "deep learning", transformou a capacidade da IA de lidar com grandes volumes de dados e de promover automação, análise preditiva, reconhecimento avançado de padrões e automação de rotinas institucionais, redefinindo a interação humana com a informação (Vale, 2023).

1.1 Conceitos fundamentais de IA

A Inteligência Artificial (IA) é um campo vasto e em constante evolução, que pode ser categorizado em diferentes abordagens, cada uma com suas características e aplicações. As principais categorias incluem:

1.1.1 IA Tradicional (ou Simbólica): Esta forma de IA é caracterizada por sua base em algoritmos fixos e regras pré-definidas. Ela opera por meio de uma representação explícita do conhecimento e da lógica, exigindo que os programadores definam cada etapa do processo de tomada de decisão. Consequentemente, sua capacidade de adaptação a cenários não previstos é limitada. Exemplos clássicos incluem sistemas especialistas e lógicos, que são eficazes para problemas bem definidos e com um conjunto finito de regras. No entanto, sua inflexibilidade se torna uma desvantagem em ambientes complexos e dinâmicos.

1.1.2 Aprendizado de Máquina (Machine Learning - ML): Diferentemente da IA tradicional, o Machine Learning se baseia em algoritmos que são capazes de aprender e melhorar seu desempenho com base na análise de dados. Em vez de serem programados explicitamente para cada tarefa, esses algoritmos identificam padrões e fazem previsões ou decisões com mínima intervenção humana. O ML engloba diversas subáreas, como aprendizado supervisionado (onde o modelo aprende com dados rotulados), aprendizado não supervisionado (que busca padrões em dados não rotulados) e aprendizado por reforço (onde um agente aprende por tentativa e erro em um ambiente). Essa capacidade de adaptação e aprendizado com dados é fundamental para aplicações em reconhecimento de imagem, processamento de linguagem natural e sistemas de recomendação.

1.1.3 IA Generativa: Uma subárea emergente e de grande impacto, a IA Generativa foca na criação de novos conteúdos que são originais, mas baseados em padrões previamente aprendidos a partir de grandes volumes de dados. Utilizando modelos complexos, como Redes Generativas Adversariais (GANs) e Modelos de Transformadores (Transformers), essa categoria de IA é capaz de produzir textos, imagens, áudios e até códigos de programação que são indistinguíveis de conteúdos criados por humanos. Sua capacidade de síntese e criatividade abre um leque de possibilidades em design, arte, música e, notavelmente, na produção de conteúdo textual, como artigos, resumos e minutas.

No contexto jurídico, a aplicação da IA tem promovido uma transformação significativa. A IA Tradicional e o Machine Learning já permitiam avanços notáveis, como a análise preditiva (antecipando resultados de casos com base em históricos), a automação de tarefas rotineiras (como a triagem de documentos e o preenchimento de formulários) e o apoio à tomada de decisões (fornecendo dados e insights para advogados e juízes).

1.2 Inteligência artificial e transformação jurídica

A introdução dos modelos generativos, especialmente os baseados na arquitetura GPT (Generative Pre-trained Transformer), representa uma das inflexões mais expressivas na história recente da linguagem jurídica. A automação, que antes se limitava a tarefas estruturadas e previsíveis, passou a alcançar níveis de sofisticação cognitiva inéditos. Esses modelos, treinados em vastos "corpora" textuais, incluindo bases jurídicas, doutrinárias e jurisprudenciais, são capazes de compreender nuances de linguagem, padrões argumentativos e estruturas lógicas — habilidades até então restritas à cognição humana.

No campo jurídico, a IA generativa aprimora a advocacia, elaborando minutas de contratos e peças processuais, analisando jurisprudência para extrair precedentes e tendências, revisando textos jurídicos para identificar inconsistências, gerando perguntas e respostas para construção de argumentos e estratégias, e realizando pesquisas jurídicas contextuais com contextualização semântica.

E o que isso implica para a advocacia pública?

A convergência entre IA Tradicional, Aprendizado de Máquina e IA Generativa traz um novo paradigma para as procuradorias e essa integração redefine o papel do procurador: de executor jurídico para curador da inteligência institucional, um mediador entre a linguagem normativa e o raciocínio algorítmico, mas é preciso ainda a garantia da curadoria humana. Nesse estudo inicial, o propósito é abrir o debate sobre a nova forma de escrita jurídica e a necessidade de capacitação para um novo formato centrado no humano e na adaptação da redação jurídica ao processamento por inteligência artificial.

1.3 O papel da IA nas Procuradorias

O desafio contemporâneo das procuradorias não é apenas tecnológico — é também cultural e epistemológico. A busca por eficiência no setor público exige repensar processos e fluxos, abrindo espaço para uma advocacia pública inteligente, analítica e preditiva, que se desenvolve em consonância com o crescimento das novas tecnologias.

Entre as iniciativas mais promissoras destacam-se i) a automação e geração de documentos mediante a criação rápida e precisa de petições, pareceres e contratos, com preenchimento automático e sugestão de cláusulas; ii) redução do tempo em tarefas repetitivas, minimizando erros e liberando procuradores para atividades estratégicas; iii) análise de dados jurídicos mediante o processamento de grandes volumes de informações (processos, decisões, leis) para identificar padrões e prever resultados, permitindo decisões embasadas e a otimização da gestão de litígios e defesa de interesses públicos; iv) gestão inteligente de processos com a otimização do fluxo de trabalho e categorização automática de ações, com distribuição para procuradores e monitoramento de prazos, aumentando a eficiência e proporcionando controle em tempo real e melhor organização do trabalho das Procuradorias.

2 Recomendações para uma redação jurídica adaptada ao processamento por inteligência artificial

Para que uma petição seja corretamente interpretada pelos sistemas de IA utilizados nos tribunais e plataformas digitais, é essencial observar boas práticas de estrutura, linguagem e padronização, tais como: i) estrutura textual organizada mediante divisão do texto em seções numeradas e coerentes, com um tema central por seção; ii) utilização de linguagem clara e objetiva, dando preferência à precisão face a retórica garantindo a interoperabilidade; iii) uso de destaques e resumos empregando listas e negritos para orientar a leitura (tanto humana quanto automatizada); iv) uso de palavras-chave e padronização com adoção de terminologia consistente, respeitando normas da ABNT e boas práticas de interoperabilidade semântica.

Essas medidas permitem que o texto jurídico dialogue com sistemas de IA, apresentando-se de forma compreensível, estruturada e tecnicamente íntegra. Ademais, é recomendável que o procurador tenha domínio das seguintes estruturas de redação:

2.1 Metadados e *tags*

Os metadados funcionam como a ficha técnica do documento jurídico — descrevem número do processo, tipo de ação, partes envolvidas e juízo competente. Já as *tags* operam como marcadores internos, delimitando seções e temas dentro do texto.

Por exemplo:

[FATOS]
[FATOS.INTRODUCAO] Breve relato introdutório dos fatos.
[/FATOS.INTRODUCAO]

[FATOS.EVENTO_PRINCIPAL] Descrição do evento central.
[/FATOS.EVENTO_PRINCIPAL]
[FATOS.CONSEQUENCIAS] Impactos e consequências jurídicas.
[/FATOS.CONSEQUENCIAS]
[/FATOS]

Essas marcações permitem que o sistema de IA compreenda a estrutura lógica do documento e identifique com precisão cada elemento do raciocínio jurídico. Denota-se crucial, ainda, garantir que as *tags* sejam corretamente migradas ao exportar o arquivo para PDF (usando "Salvar como PDF" e ativando a opção marcas de estrutura para acessibilidade) e que as *tags* permaneçam invisíveis ao leitor humano, ajustando a cor da fonte para branco, a fim de preservar a estética e a legibilidade. A correta aplicação dessas técnicas assegura um equilíbrio entre forma e função, tornando o documento simultaneamente acessível, técnico e interoperável.

2.2 Conectores lógicos

Os conectores lógicos são as pontes do raciocínio jurídico. Permitem que a IA compreenda relações de causa e efeito, hierarquia e conclusão. Termos como "portanto", "consequentemente", "dessa forma" e "assim sendo" orientam a leitura algorítmica e fortalecem a coerência argumentativa. Quando bem aplicados, os conectores tornam o texto mais lógico para o sistema e mais elegante para o leitor — uma simetria rara entre tecnologia e retórica.

2.3 Testes de leitura por IA

Realizar testes de leitura por IA é uma estratégia eficaz para avaliar se a petição está clara e inteligível para um sistema automatizado. Ferramentas como o ChatGPT podem ser utilizadas para realizar uma análise técnica do documento, apontando ambiguidades e recomendando ajustes.

Ao realizar o teste de leitura é relevante que o seu PROMPT seja o mais completo possível, solicitando uma profunda análise estrutural do texto, a clareza textual, a hierarquização dos argumentos, a correlação dos fatos com os pedidos, a coerência argumentativa, a adequação técnico-jurídica e a efetividade dos pedidos.

3 Rápida evolução da tecnologia e necessidade de atualização constante

A rápida evolução das tecnologias de inteligência artificial exige que os procuradores se mantenham constantemente atualizados para garantir uma aplicação eficiente e estratégica dessas ferramentas. A seguir, são apresentadas algumas recomendações para promover a atualização contínua:

1. Capacitação Regular: Participar de cursos e treinamentos voltados para IA e novas tecnologias jurídicas é fundamental para acompanhar as inovações do setor. Plataformas online, webinars, workshops e cursos oferecidos por instituições de renome são excelentes meios para obter conhecimento atualizado e aplicável.
2. Monitoramento de Novas Ferramentas: A cada ano, surgem novas ferramentas de IA aplicáveis ao direito. É essencial que os profissionais estejam atentos ao surgimento de novas tecnologias, fazendo uso de softwares inovadores que possam melhorar o trabalho diário. Isso inclui desde plataformas de automação de documentos até sistemas que ajudam na análise de grandes volumes de dados.
3. Networking com Especialistas em Tecnologia: Participar de eventos, conferências e grupos de discussão especializados em tecnologia e direito pode proporcionar uma troca valiosa de experiências e conhecimentos. Esses espaços são ideais para conhecer práticas inovadoras e discutir tendências que podem transformar a atuação jurídica.
4. Leitura e Pesquisa Contínuas: Acompanhar publicações científicas, artigos em periódicos especializados e blogs de tecnologia jurídica é uma maneira de se manter atualizado. Publicações como a "Revista Brasileira de Direito Digital" ou relatórios do CNJ são fontes ricas de informação sobre o uso de IA no direito.
5. Experimentação e Adaptação: Testar novas tecnologias na prática diária é a melhor forma de entender suas potencialidades e limitações. Ferramentas como sistemas de IA generativa, assistentes virtuais e plataformas de automação jurídica devem ser experimentadas para que o profissional

compreenda como integrá-las de maneira eficaz ao seu fluxo de trabalho.

6. Participação em Redes: Grupos de discussão em redes de conhecimento(Rede INOVaGOV, por exemplo), fóruns especializados e comunidades que oferecem atualizações constantes sobre as tendências em inovação e tecnologia.

A atualização constante é um dos principais pilares para garantir que os operadores do direito possam usufruir plenamente dos benefícios que a inteligência artificial oferece. A atualização além de melhorar a qualidade das peças atualmente submetidas ao processoamento por IA e a eficiência do trabalho intelectual, também arante ao procurador a atuação como ator proativo na transformação digital das procuradorias

4 Práticas exitosas do uso de IA por Procuradorias

4.1 PAMPA TAGs + Tramitação Ágil

O Programa PAMPA TAGs + Tramitação Ágil foi desenvolvido com o intuito de proporcionar maior celeridade e organização aos processos judiciais que envolvem a Subprocuradoria de Execução Fiscal do Município de Novo Hamburgo. A principal característica do programa é a utilização de *tags* padronizadas, que identificam de forma clara e objetiva a natureza dos pedidos apresentados, facilitando a análise e o processamento automatizado por sistemas de inteligência artificial.

As *tags* têm um formato específico, como por exemplo: @NH_AT_ASSUNTO@, sendo colocadas em local específico da petição, como abaixo do número do processo ou em nota de rodapé, conforme orientação do programa. Este tipo de padronização permite ao Poder Judiciário interpretar de forma mais eficiente as demandas, utilizando sistemas automatizados que conseguem localizar e identificar rapidamente as informações principais. O programa define diferentes *tags* para os variados tipos de pedidos realizados na execução fiscal. Alguns exemplos de *tags* vigentes incluem:

- @NH_AT_SISBAJUD@: Pedido de penhora online pelo sistema Sisbajud.
- @NH_AT_RENAJUD@: Pedido de pesquisa/penhora pelo sistema Renajud.

- @NH_AT_INFOJUD@: Pedido de pesquisa de bens (IRPF, IRPJ, DOI, ITR) pelo sistema Infojud.
- @NH_AT_INDISPONIBILIDADE@: Pedido de indisponibilidade de bens via CNIB.

Essas *tags* padronizadas são fundamentais para garantir que o sistema possa processar e entender o conteúdo das petições de forma precisa e automatizada. Isso proporciona uma otimização significativa no trâmite processual, reduzindo o tempo de análise e promovendo uma atuação mais célere e eficiente. O uso do Programa PAMPA *tags* trouxe uma série de benefícios para a execução fiscal em Novo Hamburgo-RS. A padronização dos pedidos facilitou a automação da análise processual, diminuindo a sobrecarga de trabalho dos servidores e proporcionando uma tramitação mais ágil. Além disso, a automação dos processos permite uma melhor organização dos pedidos e a rápida identificação das demandas pendentes de decisão.

No entanto, o programa também apresenta alguns desafios, especialmente no que diz respeito à necessidade de capacitação dos envolvidos para o correto uso das *tags*. Qualquer erro na digitação ou uso incorreto das *tags* pode inviabilizar o processamento automatizado, resultando na necessidade de intervenção manual e, consequentemente, na perda de eficiência. Para mitigar esses riscos, o programa prevê orientações específicas e treinamentos para garantir o uso correto das *tags* e o constante monitoramento e acompanhamento dos resultados.

O programa demonstra como a adoção de tecnologias como a utilização de *tags* em processos judiciais pode trazer avanços significativos em termos de eficiência e celeridade. A implementação do Programa PAMPA *tags* é um exemplo de inovação aplicada ao direito, contribuindo para a modernização da administração pública e servindo de modelo para outras regiões que buscam implementar soluções automatizadas na gestão processual.

4.2 CredRank – classificação e ordenação dos devedores do município do Rio de Janeiro

No Município do Rio de Janeiro, o projeto CredRank ilustra como a IA pode classificar e ordenar devedores de forma mais eficiente, substituindo processos manuais e burocráticos por ferramentas tecnológicas avançadas. Essa abordagem permite que a Procuradoria concentre esforços em casos mais complexos, enquanto processos simples são automatizados, otimizando significativamente o tempo e os recursos humanos.

Além da automação, o uso adequado da IA viabiliza a geração de relatórios detalhados e em tempo real sobre a situação das cobranças, permitindo decisões ágeis e embasadas por dados. Essa modernização posiciona a Procuradoria Geral do Município do Rio de Janeiro (PGM-Rio) como referência nacional no uso de tecnologia na administração pública, fortalecendo a arrecadação de tributos e promovendo eficiência operacional.

A integração entre academia e administração pública configura-se essencial para o desenvolvimento de metodologias inovadoras e sustentáveis, particularmente no campo da IA. Instituições acadêmicas oferecem um ambiente fértil para pesquisas que podem resultar em soluções práticas para desafios enfrentados pelas procuradorias. O Laboratório de Métodos de Suporte à Tomada de Decisão (LAMDEC), vinculado ao Instituto de Matemática da UFRJ, exemplifica essa colaboração.

O LAMDEC se dedica ao estudo e desenvolvimento de ferramentas baseadas em IA, com foco em apoiar a tomada de decisão em contextos complexos, como a gestão da Dívida Ativa. Ao conectar conhecimentos acadêmicos com as demandas reais da administração pública, o laboratório possibilitou o desenvolvimento de algoritmos preditivos, otimização de cobranças e automação de processos com precisão e eficiência.

As pesquisas realizadas pelo LAMDEC além de criarem soluções tecnológicas personalizadas, também garantiram inovações sustentáveis e replicáveis em outros contextos administrativos. A colaboração com a academia também assegura que o avanço das tecnologias de IA seja conduzido de forma ética e transparente. Os estudos realizados em ambientes acadêmicos avaliam não apenas a eficiência das metodologias, mas também seus impactos sociais, garantindo benefícios amplos para o setor público e para a sociedade.

A aplicação da metodologia de classificação e ordenação dos devedores do Município demonstra como a tecnologia pode transformar a gestão pública. Ao combinar conhecimentos acadêmicos com demandas práticas, soluções inovadoras são desenvolvidas para desafios históricos, como a inadimplência fiscal. Essa integração tecnológica não só moderniza os processos administrativos, mas também reforça a confiança da sociedade na administração pública, ao demonstrar um compromisso com a eficiência e a transparência.

O caso do Laboratório de Métodos de Suporte à Tomada de Decisão - LAMDEC e sua parceria com a PGM-Rio ilustra o potencial da IA como ferramenta de transformação no setor público. Por meio de colaborações como essa, a administração pública pode avançar em direção a um modelo mais ágil, inovador e preparado para enfrentar os desafios contemporâneos, garantindo uma gestão fiscal mais eficiente e sustentável.

4.3 L.E.V.I – Legal Environment Virtual Inteligence

A PGE-RJ desenvolveu o L.E.V.I. (Legal Environment Virtual Intelligence), um framework baseado em IA para classificar petições iniciais, reduzindo significativamente o esforço manual e otimizando a distribuição das ações. O uso de tecnologias como o Modelo Nacional de Interoperabilidade (MNI) e ferramentas de processamento de linguagem natural permitiu a recuperação de dados judiciais e a classificação precisa das matérias, facilitando o trabalho dos procuradores.

O L.E.V.I. utiliza aprendizado de máquina para identificar a especialidade jurídica das ações com alta precisão, baseando-se no texto das petições iniciais. O processo inclui extração de texto de documentos PDF, aplicação de reconhecimento óptico de caracteres (OCR) para arquivos digitalizados e pré-processamento textual com tokenização e remoção de palavras irrelevantes. Essa sistemática, além de automatizar etapas críticas, minimiza a exposição ao vírus durante a pandemia.

Entre abril de 2020 e fevereiro de 2021, a PGE-RJ enviou mais de 385 mil comunicações judiciais por e-mail, economizando recursos e ampliando a acessibilidade. A integração tecnológica reduziu em 96,56% os erros na distribuição de processos administrativos, evidenciando a eficácia da IA no suporte às atividades jurídicas.

A Procuradoria Geral do Estado do Rio de Janeiro (PGE-RJ) enfrentou a complexidade do contencioso utilizando inteligência artificial (IA) e modelos de interoperabilidade. Essa abordagem marcou um passo decisivo em direção à automatização, incluindo a integração de sistemas judiciais via Web Services e a utilização de algoritmos de aprendizado de máquina para classificar e gerenciar ações judiciais.

5 Diretrizes para o uso de IA generativa na advocacia pública

Em 2024, o Conselho Federal da OAB aprovou uma recomendação para fornecer diretrizes claras para o uso responsável da IA generativa por advogados. O objetivo é garantir que a utilização dessa tecnologia esteja em harmonia com os princípios éticos e legais da advocacia, consagrados no Estatuto da Advocacia e da OAB (Lei nº 8.906/1994), no Código de Ética e Disciplina da OAB e em outras normas, como a Lei Geral de Proteção de Dados (LGPD - Lei nº 13.709/2018).

O conteúdo da recomendação considera que a IA generativa apresenta um potencial significativo para a advocacia, automatizando tarefas, agilizando pesquisas e auxiliando na elaboração de documentos. No entanto, é crucial reconhecer os riscos inerentes, como a geração de informações imprecisas, o viés algorítmico e a possibilidade de violações éticas. A referida recomendação tem por destaque:

1. **Legislação Aplicável:** A utilização da IA generativa na advocacia deve observar o Estatuto da Advocacia e da OAB, o Código de Ética e Disciplina da OAB, a LGPD e outras leis pertinentes, como o Marco Civil da Internet (Lei nº 12.965/2014), que trata da proteção de dados pessoais no ambiente online.
2. **Confidencialidade e Privacidade**: A obrigação de sigilo profissional é fundamental na advocacia. Ao utilizar IA generativa, o advogado deve garantir a proteção das informações confidenciais do cliente. Isso inclui a escolha de sistemas de IA que priorizem a segurança da informação e a adoção de medidas para evitar o acesso não autorizado aos dados. A LGPD exige o consentimento explícito do cliente para o uso de seus dados, inclusive para fins de treinamento de IA, exceto em situações específicas previstas em lei.
3. **Prática Jurídica Ética:** A IA generativa deve ser utilizada como ferramenta auxiliar, sempre sob a supervisão e o discernimento do advogado. É fundamental ter em mente que a tecnologia não substitui o raciocínio jurídico, a análise crítica e a tomada de decisões estratégicas. O advogado é responsável por garantir a precisão das informações geradas

pela IA e evitar a dependência excessiva da tecnologia, que pode comprometer a qualidade do serviço prestado.

4. **Comunicação Transparente:** A relação advogado-cliente se baseia na confiança. O advogado deve ser transparente com o cliente sobre a utilização de IA generativa em seu caso, explicando como a tecnologia será utilizada e quais os seus limites. A obtenção do consentimento informado do cliente para o uso da IA generativa é essencial, demonstrando respeito à autonomia e ao direito à informação.
5. **Atualização Constante:** A IA generativa é uma área em constante evolução. A OAB se compromete a atualizar a recomendação periodicamente para refletir os avanços tecnológicos e garantir que as diretrizes permaneçam relevantes e eficazes na orientação da prática jurídica.

A recomendação ainda aponta algumas observações adicionais:

1. **Uso Responsável**: A IA generativa oferece um grande potencial para a advocacia, mas seu uso deve ser pautado pela ética e responsabilidade, sempre em consonância com os valores e princípios da profissão.
2. **Limitações e Riscos**: É crucial que os advogados estejam cientes das limitações da IA generativa e dos riscos potenciais, como a geração de informações falsas ou enviesadas. A adoção de medidas de precaução, como a validação das informações e a supervisão humana, é fundamental para mitigar esses riscos.
3. **Diretrizes Claras:** A recomendação da OAB visa fornecer diretrizes claras e objetivas para auxiliar os advogados na utilização ética e eficaz da IA generativa, promovendo a inovação tecnológica na advocacia de forma responsável e segura.

Além da recomendação da OAB, Freitas(2020) afirma que a adoção de algoritmos inteligentes na administração pública, como nas Procuradorias, deve ser acompanhada por protocolos éticos e técnicos que assegurem decisões imparciais e baseadas em dados de qualidade. E ressalta que a governança de dados é um elemento essencial para que as tecnologias de IA desempenhem seu papel de forma ética e eficiente, especialmente em ambientes sensíveis como o da advocacia pública.

A transformação digital na advocacia pública não se resume à mera digitalização de serviços, mas à reestruturação de processos e à adoção de novas tecnologias que impulsionem a eficiência e a transparência. Luís Manoel Borges do Vale (2023) destaca que essa evolução requer a utilização de ferramentas como inteligência artificial (IA), aprendizado de máquina e mineração de dados, que promovem um uso mais inteligente e produtivo das informações disponíveis para a Administração Pública.

Lage (2022), por sua vez, descreve a aprendizagem de máquina como um processo sistemático baseado em algoritmos capazes de identificar padrões em dados e utilizá-los para realizar previsões ou classificações. Ela enfatiza a importância do modelo supervisionado, no qual o sistema é treinado com dados previamente rotulados, permitindo que ele generalize o aprendizado para novos cenários. Para isso, o processo envolve etapas fundamentais, como a coleta e organização de dados, o pré-processamento para otimizar a qualidade das informações, e o treinamento e validação do modelo com métricas como precisão e F1-score. A autora ainda destaca a relevância da extração de características, que possibilita a distinção entre classes e a eficiência do modelo em tarefas específicas, como a classificação de textos ou imagens.

Esse entendimento reforça o potencial da aprendizagem de máquina na automação e melhoria de processos analíticos em diversos contextos.

Dimensão	Requisito prático	Evidência/documento
Gestão	Política de IA, papéis e *playbook* de incidentes	AIMS conforme **ISO/IEC 42001**
Risco	Registro de riscos por caso de uso (IAG)	**NIST AI RMF** + **Perfil GAI**
Dados	Catálogo de dados + base legal LGPD	Registro de tratamento + DPA
Técnica	RAG com citações verificáveis	Amostras com *grounding* e links
Métrica	F1 (classificação), *faithfulness* (sumário)	Protocolo de avaliação
Ética	Supervisão humana obrigatória	Procedimento de revisão
Transparência	Aviso ao jurisdicionado/cliente	OAB Rec. 001/2024
Interop.	Conformidade **MNI** (quando aplicável)	Esquemas e logs de web services
Acesso	Acessibilidade e linguagem simples	Diretrizes **Lei 14.129/2021**

Quadro Sinóptico desenvolvido pelos autores.

Desenvolvimento do Quadro 1

O Quadro 1 detalha as dimensões essenciais para a governança da Inteligência Artificial (IA) no contexto da advocacia pública, estabelecendo requisitos práticos e as respectivas evidências ou documentos de conformidade. Cada dimensão aborda um aspecto crítico para a implementação ética, segura e eficiente para uso de sistemas de IA.

Gestão - A dimensão de Gestão refere-se à necessidade de estabelecer uma estrutura organizacional clara para o uso da IA. O requisito prático envolve a criação de uma Política de IA, a definição de papéis e responsabilidades para os envolvidos e o desenvolvimento de um playbook de incidentes para lidar com falhas ou comportamentos inesperados dos sistemas. A evidência/documento para essa dimensão é a conformidade com um Sistema de Gestão de IA (AIMS), conforme a norma internacional ISO/IEC 42001:2023 (INTERNATIONAL ORGANIZATION FOR STANDARDIZATION, 2023). Esta norma fornece um arcabouço para que as organizações estabeleçam, implementem, mantenham e melhorem continuamente um sistema de gestão de IA, garantindo controle, rastreabilidade e mitigação de riscos.

Risco - A dimensão de Risco foca na identificação, avaliação e mitigação dos riscos associados ao uso da IA, especialmente a IA Generativa (IAG). O requisito prático é a manutenção de um registro detalhado de riscos para cada caso de uso da IAG. A evidência/documento para essa dimensão é a adesão ao NIST AI Risk Management Framework (AI RMF 1.0) (NATIONAL INSTITUTE OF STANDARDS AND TECHNOLOGY, 2023) e ao Perfil de IA Generativa (NIST AI 600-1, 2024) (NIST, 2024). Esses frameworks de referência internacional são fundamentais para a análise de riscos e a confiabilidade em sistemas de IA, fornecendo uma abordagem estruturada para gerenciar os riscos de IA ao longo de todo o seu ciclo de vida.

Dados - A dimensão de Dados aborda a gestão e a proteção das informações utilizadas pelos sistemas de IA. O requisito prático é a existência de um catálogo de dados e a garantia da base legal para o tratamento desses dados, em conformidade com a Lei Geral de Proteção de Dados (LGPD). A evidência/documento inclui o registro de tratamento dos dados e um Data Protection Agreement (DPA). A Resolução CD/ANPD nº 18/2024 da Agência Nacional de Proteção de Dados (AGÊNCIA NACIONAL DE PROTEÇÃO DE DADOS, 2024) estabelece diretrizes brasileiras para governança e gestão de riscos em IA no setor público, reforçando a importância da conformidade com a LGPD.

Técnica - A dimensão Técnica concentra-se na robustez e na capacidade dos sistemas de IA de fornecer informações precisas e verificáveis. O requisito prático é o uso de Retrieval Augmented Generation (RAG) com citações verificáveis. A evidência/documento são as amostras com grounding e links, demonstrando que as informações geradas pela IA são baseadas em fontes confiáveis e podem ser rastreadas. Isso é crucial para garantir a acurácia e a confiabilidade das saídas da IA em um contexto jurídico.

Métrica - A dimensão de Métrica trata da avaliação do desempenho e da qualidade dos modelos de IA. O requisito prático é a avaliação dos modelos por métricas de desempenho como F1 (F1-score) para classificação e faithfulness para sumário. A evidência/documento é um protocolo de avaliação bem definido. O F1-score, por exemplo, é uma métrica que combina precisão e recall, sendo útil para avaliar a performance de modelos de classificação (LAGE, 2022). A faithfulness avalia o quão bem o sumário gerado pela IA reflete as informações do texto original.

Ética - A dimensão Ética é fundamental para garantir que a IA seja utilizada de forma responsável e alinhada aos valores da justiça. O requisito prático é a supervisão humana obrigatória em todos os fluxos decisórios automatizados. A evidência/documento é um procedimento de revisão que detalha como essa supervisão é realizada. A Recomendação OAB nº 001/2024 (CONSELHO FEDERAL DA OAB, 2024) normatiza o uso ético da IA generativa na advocacia, reforçando a importância da supervisão humana e da transparência.

Transparência - A dimensão de Transparência visa assegurar que o uso da IA seja claro e compreensível para todos os envolvidos. O requisito prático é a emissão de um aviso ao jurisdicionado/cliente sobre a utilização da IA. A evidência/documento é a OAB Rec. 001/2024 (CONSELHO FEDERAL DA OAB, 2024), que exige a comunicação transparente sobre o uso da IA generativa em seus casos.

Interoperabilidade - A dimensão de Interoperabilidade refere-se à capacidade dos sistemas de IA de se comunicarem e trocarem informações com outros sistemas. O requisito prático é a conformidade com o Modelo Nacional de Interoperabilidade (MNI), quando aplicável. A evidência/documento são os esquemas e logs de web services. O MNI 2.0, lançado em 2025, com esquemas XML atualizados e APIs padronizadas, facilita a integração entre diferentes sistemas do Judiciário e das procuradorias.

Acesso - A dimensão de Acesso garante que os sistemas de IA sejam acessíveis e compreensíveis para todos os usuários. O requisito prático é a acessibilidade e o uso de linguagem simples. A evidência/documento são as diretrizes da Lei 14.129/2021, que estabelece princípios e regras para o Governo Digital e para a eficiência pública, incluindo a acessibilidade e a simplificação da linguagem.

6 Conclusão

A incorporação da inteligência artificial (IA) no sistema judiciário brasileiro representa uma evolução inevitável, trazendo desafios e oportunidades significativas para as procuradorias. A adaptação das práticas de redação jurídica para atender às demandas dos sistemas automatizados se mostra como um caminho viável e estratégico. Esse movimento busca garantir maior eficiência na comunicação com os sistemas judiciais e posicionar os operadores do direito como agentes de vanguarda no uso de tecnologias emergentes.

O uso de metadados, *tags* e conectores lógicos nas petições permite que os sistemas de IA compreendam e processem os documentos de maneira mais precisa, contribuindo para uma tramitação processual ágil e confiável. É fundamental que os procuradores se mantenham atualizados sobre os avanços tecnológicos, desenvolvendo habilidades para utilizá-los de forma ética e eficiente.

A recomendação do Conselho Federal da OAB para o uso responsável da IA generativa na advocacia destaca a necessidade de conciliar inovação com princípios éticos, como sigilo profissional e proteção de dados. A experiência prática com frameworks como o L.E.V.I. na Procuradoria Geral do Estado do Rio de Janeiro (PGE-RJ) ilustra o potencial transformador da tecnologia na advocacia pública, desde a automatização de tarefas até a redução de erros administrativos. Esse modelo demonstra como a aplicação de IA pode promover eficiência e sustentabilidade, economizando recursos e otimizando processos.

No campo fiscal, a aplicação de IA, como exemplificado pela parceria da PGM-Rio com o LAMDEC da UFRJ, reforça a importância de integrar soluções tecnológicas à gestão pública, priorizando eficiência, transparência e modernização. Essa abordagem inovadora fortalece a atuação jurídica, a arrecadação tributária e posiciona as procuradorias como referências nacionais em tecnologia aplicada.

Por fim, o desenvolvimento contínuo de práticas e pesquisas que alinhem os avanços tecnológicos às necessidades do sistema jurídico brasileiro é imperativo. A advocacia deve transcender o simples uso de tecnologias, adotando uma postura proativa, técnica e inovadora, capaz de moldar o futuro da justiça e contribuir para um ambiente jurídico mais eficiente, acessível e transparente.

Referências

AGÊNCIA NACIONAL DE PROTEÇÃO DE DADOS (ANPD). Resolução CD/ANPD nº 18, de 22 de abril de 2024. Disponível em: https://www.in.gov.br/en/web/dou/-/resolucao-cd/anpd-n-18-de-16-de-julho-de-2024-572632074 Acesso em: 11 out. 2025.

ARAUJO FONTES, C. L. E. V. I. I: inteligência artificial e integração web service para automatização da distribuição de ações em meio à crise da Covid-19. *Revista Eletrônica da PGE-RJ*, v. 4, n. 1, 2021. Disponível em: https://revistaeletronica.pge.rj.gov.br/index.php/pge/article/view/205 Acesso em: 18 nov. 2024.

CONSELHO FEDERAL DA OAB. Recomendação nº 001/2024 — Diretrizes para uso ético da IA generativa na advocacia. Brasília, 2024. Disponível em: https://diario.oab.org.br/pages/materia/842347

CONSELHO NACIONAL DE JUSTIÇA. Relatório sobre o uso de Inteligência Artificial no Judiciário Brasileiro. Disponível em: https://www.cnj.jus.br/wp-content/uploads/2024/09/cnj-relatorio-de-pesquisa-iag-pj.pd Acesso em: 18 nov. 2024.

CONSELHO NACIONAL DE JUSTIÇA. Relatório IA 2024 – Resumo Executivo. [S.l.]: CNJ, 2025. Disponível em: https://www.cnj.jus.br/wp-content/uploads/2025/09/relatorio-ia-2024-resumo-executivo-set2025.pdf Acesso em: 11 out. 2025.

FALEIROS, Júnior, José Luiz de Moura. *Administração pública digital*: proposições para o aperfeiçoamento do Regime Jurídico Administrativo na sociedade da informação. Editora Foco, 2020.

FREITAS, Juarez. *Direito e inteligência artificial*: em defesa do humano. 1. reimp. Belo Horizonte: Fórum, 2020. 172 p. ISBN 978-65-5518-065-6.

INTERNATIONAL ORGANIZATION FOR STANDARDIZATION. ISO/IEC 42001:2023 — Artificial Intelligence Management System (AIMS). Geneva: ISO, 2023. Disponível em: https://www.iso.org/standard/42001 Acesso em: 11 out. 2025.

LAGE, Fernanda de Carvalho. *Manual de inteligência artificial no direito brasileiro*. 2. ed. rev., atual. e ampl. São Paulo: Editora Juspodivm, 2022. 416 p.

NATIONAL INSTITUTE OF STANDARDS AND TECHNOLOGY (NIST). AI Risk Management Framework (AI RMF 1.0). Gaithersburg, 2023. Disponível em: https://www.nist.gov/system/files/documents/2023/01/26/NIST%20AI%20RMF%201.0.pdf. Acesso em: 11 out. 2025.

NIST. Generative AI Profile (NIST AI 600-1). Washington, 2024. Disponível em: https://nvlpubs.nist.gov/nistpubs/ai/NIST.AI.600-1.pdf. Acesso em: 11 out. 2025.

UNIVERSIDADE FEDERAL DO RIO DE JANEIRO. *Iniciativa da UFRJ e da Procuradoria do Município do Rio pretende aperfeiçoar inteligência fiscal.* Conexão UFRJ, 20 abr. 2023. Disponível em: https://conexao.ufrj.br/2023/04/iniciativa-da-ufrj-e-da-procuradoria-do-municipio-do-rio-pretende-aperfeicoar-inteligencia-fiscal/. Acesso em: 12 out. 2025.

RIBEIRO, J. Inteligência Artificial e Direito: o futuro das petições jurídicas. *Revista Brasileira de Direito Digital*, 2023.

VALE, Luís Manoel Borges do; RODRIGUES, Marco Antonio (orgs.). *Procuradorias 4.0.* Londrina: Thoth, 2023.

VALE, Luís Manoel Borges do; SANTOS, João Sérgio dos. *Teoria geral do processo tecnológico.* São Paulo: Thomson Reuters Brasil, 2023.

Informação bibliográfica deste texto, conforme a NBR 6023:2018 da Associação Brasileira de Normas Técnicas (ABNT):

FLORIANO, Eduardo; VILA, Cinara de Araújo. Procuradoria 4.0: Adaptação da redação jurídica ao processamento por inteligência artificial. *In*: BRITTO, Anne Karole Silva Fontenelle de; SILVA, Bruno Sampaio Ferreira da; NEURAUTER, Maíra; FLORIANO, Eduardo de Souza (coord.). *Direito municipal em debate*. Belo Horizonte: Fórum, 2025. p. 19-37. ISBN 978-85-450-0976-4. v. 9.

PLANOS DIRETORES E O PLANEJAMENTO DE GESTÃO DAS ÁREAS DE RISCO

Edson Quirino dos Santos

Introdução

O presente texto tem por objetivo discorrer a respeito da importância dos planos diretores municipais como instrumento da política pública municipal na gestão de áreas de risco.

De início consideremos que a partir do desenho constitucional, dentre outras atribuições, é de competência dos Municípios "*promover, no que couber, adequado ordenamento territorial, mediante planejamento e controle do uso, do parcelamento e da ocupação do solo urbano*" (artigo 30, inciso VIII), embora estabeleça o artigo 184 do mesmo texto, ao tratar da Política Urbana, que as diretrizes gerais da política de desenvolvimento urbano tem como "*objetivo ordenar o pleno desenvolvimento das funções sociais da cidade e garantir o bem- estar de seus habitantes*" é de competência da legislação federal, figurando os entes municipais como entes estatais executores dessa política pública.

Daí a importância do planejamento urbano como instrumento que viabilize o acompanhamento do crescimento das cidades "*cuja principal função é promover a função social da propriedade em detrimento de interesses privados*" (VIEIRA; ISENSEE, 2020, p. 1958), embora não se possa negar o fato de que tal crescimento nem sempre ocorre da forma como planejado, por meio da intervenção do estado através da produção de infraestrutura e com a instituição leis de zoneamento que promovam a ocupação do território de forma ordenada, na medida em que, para a maioria da população, sobram apenas os mercados informais e irregulares, em terras que a legislação urbanística e ambiental vetou para a construção ou não disponibilizou para o mercado formal ou nos espaços precários das periferias (ROLNIK, 2009, p. 33), espaços esses em que há o crescimento de forma "espontânea", à margem dessa estrutura de ações de planejamento, não alcançadas pelas intervenções do capital e da classe dominante, acirrando as desigualdades sociais e a luta de classes. (REANI *et al.*, 2020, p. 118).

O quadro que aqui se delineia impõe ao gestor público, aos planejadores e àqueles que têm como ferramenta de trabalho as normas do direito urbanístico a necessidade de que sejam introduzidas práticas de ações de planejamento urbano, para além das preocupações formais, estéticas e funcionais (LAGE E LAGE; FRANCISCO FILHO, 2020, p. 13) para traçar mecanismos que contribuam para modificar situações indesejáveis que os munícipes estejam sofrendo (SALEME; BONAVIDES, 2018, p. 89). Além disso, impõe-se, ainda, a necessidade da construção de uma agenda de planejamento inclusiva, em consonância com os Objetivos de Desenvolvimento Sustentável – ODS, ao instituir a chamada "Agenda 2030", assinada durante a Cúpula das Nações Unidas em 2015. Na ocasião, fixou-se a meta ODS 11, ao reconhecer a necessidade de as cidades e comunidades serem sustentáveis, tornando os assentamentos humanos inclusivos, seguros, resilientes, superando os conflitos entre a questão ambiental e urbana (KLINK *et. al*, 2016. p. 384-385) e a lógica da visão funcionalista do ordenamento do território, que associa o planejamento a determinada ordem, na perspectiva do desenho urbano regular, atribuindo uma conotação negativa a tudo aquilo que seja "desordenado", irregular e/ou ilegal, desconsiderando que a informalidade urbana é um processo cada vez presente nas cidades (COSTA, 2008, p. 86)

Nesse sentido, considerando a realidade de que parte significativa da população está inserida no contexto do crescimento não planejado ou ordenado, dentre elas as que ocupam as chamadas áreas de risco, novas políticas urbanas devem ser incorporadas ao planejamento local para que novos mecanismos de prevenção e diminuição de impactos sejam incorporados na rotina daqueles que são afetados por chuvas torrenciais (SALEME; BONAVIDES, 2018, p. 91), por meio de ações de proteção e defesa civil, realização prévia de estudos técnicos que identifiquem as áreas de risco no município, incorporando no plano diretor as áreas identificadas (LEITE, 2017, p. 13), acompanhadas de medida de gestão dos riscos verificados.

Ao se tratar de planejamento, consideremos que há duas modalidades: o econômico e o físico. O planejamento físico comporta três modalidades: o territorial, o urbanístico e o setorial. Os dois primeiros são semelhantes, pois tentam ordenar de forma integral o território, a partir de uma distribuição em unidades menores de acordo com a homogeneidade e função. O planejamento urbanístico, por sua vez, considera os aspectos relacionados ao uso do solo, enquanto o territorial leva em consideração os elementos estruturantes regionais. No que se refere ao planejamento físico setorial, são levados em consideração os aspectos da distribuição geográfica de uma determinada função, e se distingue, em sua maioria, em três grandes áreas: infraestrutura, equipamentos e meio ambiente (PORTO; BREMER, 2018, p. 89).

Ainda quanto aos aspectos gerais do planejamento urbano, é necessário levar em consideração a realidade dada, buscando promover a articulação das dimensões natural e humana, cuja discussão seja coerente ao discurso da sustentabilidade (SANTOS *et al.*, 2021, p. 314), sendo, portanto, as questões ambientais um desafio cada vez mais presente nas ações de planejamento urbano, o que indicada a importância do tema que aqui se propõe.

1 O contexto brasileiro: desafio diante das ocupações em áreas de risco

As ocupações irregulares no Brasil, embora não seja fato recente, vêm despertando maior atenção nos últimos anos, diante da recorrência de sinistros e o seu agravamento em razão das mudanças climáticas, realidade que exige dos gestores públicos uma nova postura.

Como bem destaca Ferreira (2024), o território brasileiro é frequentemente cenário de eventos hidrológicos que afetam um grande número de pessoas, como alagamentos, inundações e deslizamentos de terra que retiram as pessoas de suas casas, por ocuparem as chamadas áreas de riscos.

Tais ocupações, por fatores socioeconômicos, envolvem aglomerações de famílias, que vivem em comunidades vulneráveis formadas por população de baixa renda; por falta de melhores condições e do déficit habitacional, passam a viver em locais de risco e de precária infraestrutura urbana, o que contribuiu para a segregação socioespacial urbana, a manutenção do ciclo de vulnerabilidade e o crescimento desordenado das cidades com a proliferação de assentamentos precários (FERRI, 2024).

A situação de precariedade é ainda mais agravada com o aumento das mudanças climáticas, afetando tanto capitais costeiras quanto interioranas, cidades de pequeno ou médio porte, de modo que, diante dessa realidade, torna-se mais que preciso orientar o planejamento e a gestão municipal para adaptação urbana, mitigação de impactos, prevenção e ampliação de resiliência da cidade e de suas respectivas populações (ESPÍNDOLA; RIBEIRO, 2020).

O enfrentamento dos impactos climáticos por certo implica diferentes estratégias: em geral, as grandes cidades têm maior capacidade de mobilização de recursos financeiros, políticos e técnicos, ao passo que os municípios menores tendem a ter maior dificuldade para prover tais recursos e enfrentar os mesmos problemas (MARQUES *et al.*, 2023).

Nesse contexto, os projetos urbanos – locais, regionais ou nacionais – devem ser pensados doravante, com foco na solução de problemas relacionados a catástrofes, sem desconsiderar o desenvolvimento local aliado a suas particularidades naturais e climatológicas, imputando a agentes públicos e privados intervenções no sentido de viabilizar soluções preferencialmente preventivas, de forma a evitar mortes ou outros resultados gravosos (SALEME; BONAVIDES, 2022).

Os impactos socioambientais sofridos pelo planeta em razão de atividades humanas são causados por milhões de pequenas decisões, dentre elas a mudança do uso da terra, capitaneado pelo desmatamento – muitas vezes ilegal –, o principal vilão das emissões de gases de efeito estufa (SOUSA; SILVA, 2023). A resolução do problema passa por diferentes níveis, com ações conjuntas, mesmo que ocorram em diferentes escalas (ESPÍNDOLA, RIBEIRO, 2020).

2 Crescimento das cidades

Diante do contexto apresentado, cabe aqui discorrermos a respeito do crescimento das cidades e a sua relação com o agravamento das mudanças climáticas. Dados demográficos apontam para um crescimento mundial das populações urbanas até pelo menos 2030, quando então deverá haver uma estabilização em torno de nove bilhões de habitantes, dos quais 70% em cidades, concentrados principalmente nos países mais pobres. Haverá, então, estreita relação entre crescimento populacional, urbanização acelerada e aquecimento global, devido ao aumento do consumo de recursos naturais e a geração de emissões de gases de efeito estufa das atividades humanas nos últimos 250 anos (MACEDO, 2016).

As mudanças climáticas já em andamento colocam as cidades em posição de destaque, seja pelo fato de que serão as que mais sofrerão com os efeitos negativos das alterações climáticas, seja por serem as que mais contribuem para a intensificação desse processo; é nas cidades que o planejamento retoma à questão principal, e nelas devem surgir medidas que procurem amenizar os efeitos das mudanças climáticas, por meio da formulação de políticas a serem elaboradas, integradas e utilizadas como forma de controle do uso e ocupação do solo (DRUMOND *et al.*, 2023).

A urbanização atua, desse modo, como um acelerador do aquecimento global, e com isso cabe aos municípios cooperar e estarem atentos ao aumento da temperatura do planeta (SALEME; BONAVIDES, 2022), já que é no território das cidades que se observa os maiores impactos na atmosfera, por meio da poluição do ar, da formação de ilhas de calor e da alteração do regime de chuvas locais, o que, por vezes, são consequências, como dito, da forma como se ocupa o solo, mas também como as edificações são construídas e como se usa energia (MARQUES *et al.*, 2023).

Ao olharmos para as ocupações das áreas de risco e a sua relação com o crescimento das cidades, observa-se que o crescimento desordenado das cidades e a ausência de políticas públicas habitacionais representam os principais vetores das ocupações nas chamadas áreas de risco, situação agravada por ações e omissões humanas, por vezes associadas a planos urbanísticos ineficazes, além da omissão fiscalizatória por parte do poder público, fomentando a probabilidade de desastres como inundações, deslizamentos e outros fenômenos meteorológicos.

Diante desse crescimento desornado, o que se observa é um distanciamento do cumprimento da meta do ODS 11, no sentido de tornar as cidades e os assentamentos humanos inclusivos, seguros, resilientes e sustentáveis, revelando um dos maiores desafios do direito urbanístico contemporâneo, que envolve a ocupação de áreas de risco e enseja um aparente conflito entre o direito fundamental à moradia, a tutela das populações mais vulneráveis e a necessidade de proteção do meio ambiente físico e natural (FERRI, 2024).

Nesse processo de mudanças climáticas, em síntese, conclui-se que as cidades desempenham um papel importante, tanto pelo fato de sofrerem com os impactos dessas alterações no clima quanto por contribuírem para a intensificação desse processo por múltiplos fatores, como assinalado: a concentração populacional em seus territórios, o crescimento acelerado de forma descontrolada e sem observância do que fora planejado, o que resulta ocupações em áreas de risco e em ambientes degradados, causando diretamente impactos negativos ao meio ambiente, modicado para atender às demandas das populações (ESPÍNDOLA; RIBEIRO, 2020).

3 A Política Nacional de Defesa Civil

Ainda no plano constitucional, observemos que o artigo 5º da Constituição Federal, por meio de seus incisos, assegura ao cidadão a inviolabilidade do direito à vida e à segurança, de modo que a partir desses princípios constitucionais não há como o Estado se furtar em garantir a incolumidade de seus cidadãos mesmo diante de ocupações ditas irregulares ou que vivam em locais inseguros sujeitos a deslizamentos e desabamentos (SALEME; BONAVIDES, 2018).

É nessa toada que foi instituída a Política Nacional de Defesa Civil no ano de 2012, por meio da Lei nº 12.608/12, como política estruturante ligada à Política Urbana, com o objetivo de pensar e planejar a cidade em sinergia na redução dos riscos de desastres, tendo como principal instrumento local dessa política em nível local os planos diretores, ao definir em seu território as áreas de risco, nas quais deve coibir a ocupação e a implantação de loteamentos, contribuindo, dessa maneira, para prevenir e minimizar os desastres e promover a criação de cidades mais resilientes (REANI *et al.*; 2020).

Como medidas precursoras dessa política, por meio do Decreto Federal nº 97.274/88 já havia sido instituído no Brasil o Sistema Nacional da Defesa Civil – SINDEC, cujo objetivo é planejar e promover a defesa permanente contra as calamidades públicas, em atendimento ao que dispõe o art. 21, inciso XVIII da Constituição Federal, ao estabelecer que compete à União "*XVIII - planejar e promover a defesa permanente contra as calamidades públicas, especialmente as secas e as inundações*", substituído pelo Decreto Federal nº 5736/2005, ao colocá-lo sob a coordenação da Secretaria Nacional de Defesa Civil.

No que se refere à partilha das competências, cabe à União identificar as áreas de risco nas regiões geográficas e grandes bacias hidrográficas do país, por meio do Plano Nacional de Proteção e Defesa Civil; aos estados, a obrigação de mapear as áreas de risco e realizar estudos sobre suscetibilidade e vulnerabilidades, além de identificar as bacias hidrográficas com risco de ocorrência de desastres, por meio do Plano Estadual de Proteção e Defesa Civil; e por fim, aos municípios, mapear áreas de risco nos seus territórios, além de, por meio de fiscalização efetiva, proibir a ocupação das áreas de risco, incorporando ao seu planejamento ações de proteção e defesa civil (PORTO; BREMER, 2018).

Como etapas de uma eficiente gestão de risco, a política instituída indica a necessidade de ações de prevenção, preparação, resposta e reconstrução. A prevenção se dá por meio de um conjunto de ações no sentido de evitar que o desastre aconteça e, quando não for possível impedi-lo, diminuir sua intensidade e suas consequências; a preparação, por sua vez, pressupõe o conjunto de ações para melhorar a capacidade da comunidade diante dos desastres, para que saibam como agir em casos de sinistros; já a resposta visa socorrer e auxiliar as pessoas atingidas pelos sinistros, reduzir os danos e prejuízo causados e garantir o funcionamento dos serviços e equipamentos essenciais; por fim, a reconstrução destina-se às medidas necessárias à reconstrução local, de modo a permitir o seu retorno às condições de normalidade e a adoção de estratégias para minimizar novos desastres (SILVA JUNIOR; SZLAFSZTEIN, 2013).

É notável o fato de que o Brasil é um dos países signatários do Marco de Sendai, subscrito em 2015, por ocasião da Terceira Conferência Mundial sobre Redução do Risco de Desastres (2015-2030), por meio do qual foram instituídas metas, princípios e prioridades de ação, trazendo novas abordagens conceituais e analíticas de governança da gestão de risco de desastres (GRD) para o desenvolvimento sustentável, elegendo quatro prioridades: 1 – Compreender o risco de desastres; 2 – Fortalecer a governança do risco de desastres para gerenciar o risco de desastres; 3 – Investir na redução do risco de desastres para a resiliência; 4 – Aumentar a preparação para desastres com uma resposta eficaz e para "Reconstruir Melhor" em recuperação, reabilitação e reconstrução (JASEN; VIEIRA, 2022).

Diante desse contexto, as políticas públicas de gestão de riscos e desastres necessitam integrar-se às demais políticas públicas setoriais já existentes para tornarem-se intrínsecas ao processo de desenvolvimento. Na busca de um desenvolvimento territorial mais sustentável, resiliente (JASEN; VIEIRA, 2022, p. 557), dentre essas políticas, a principal delas é o plano diretor, que trata das questões relacionadas ao ordenamento territorial e promove a adequação das propostas nele delimitadas a sua legislação de uso e ocupação de áreas identificadas como vulneráveis, destacadas pelo Conselho de Proteção e Defesa Civil local como suscetíveis a enchentes e inundações (SANTOS *et al.*, 2021).

4 Principais inovações atinentes ao planejamento decorrentes da Lei nº 12608/12

A Lei nº 12.608/12 foi publicada sob a comoção da tragédia ocorrida na região serrana do estado do Rio de Janeiro em 2011, vindo para contribuir com a busca de ações efetivas no combate a tragédias como aquela que ocorreu nos municípios fluminenses. Diante de tragédias por desabamentos e catástrofes climáticas (SALEME; BONAVIDES, 2018), alguns acréscimos ao Capítulo III ("Do Plano Diretor") do Estatuto da Cidade minimizam a deficiência do texto em casos específicos e tornam o plano obrigatório, ainda que o Município não tenha 20 mil habitantes, quando as cidades estiverem "*incluídas no cadastro nacional de Municípios com áreas suscetíveis à ocorrência de deslizamentos de grande impacto, inundações bruscas ou processos geológicos ou hidrológicos correlatos*" (artigo 41, inciso VI da Lei nº 10.257/01). Além disso, estabeleceu (artigo 42-A) parâmetros de parcelamento para a legislação local ao tratar do uso e da ocupação do solo, impondo a necessidade de mapeamentos das áreas suscetíveis a sinistros, dentre outras exigências (LAGE E LAGE; FRANCISCO FILHO, 2020), modernizando a abordagem ao tema, na medida em que, antes disso, nenhuma outra norma legislativa se preocupava com os significantes desastres ocorridos de forma reiterada no Brasil (SALEME; BONAVIDES, 2018).

Assim, diante do disposto no artigo 26 da Lei nº 12608/12, como dito, foi acrescentado ao Estatuto da Cidade – Lei nº 10.257/01 – o artigo 42-A (incisos I a V), dispondo acerca do conteúdo dos planos diretores dos municípios incluídos no cadastro nacional, objeto do regulamento editado pelo Decreto nº 10.692/21, tendo ao mesmo artigo 42-A a Lei nº 12.983/14, acrescentado o inciso VI, apresentando o texto do artigo 42-A[1] a seguinte redação:

> Art. 42-A. Além do conteúdo previsto no art. 42, o plano diretor dos Municípios incluídos no cadastro nacional de municípios com áreas suscetíveis à ocorrência de deslizamentos de grande impacto, inundações bruscas ou processos geológicos ou hidrológicos correlatos deverá conter: (Incluído pela Lei nº 12.608, de 2012)

[1] Disponível em: https://www.planalto.gov.br/ccivil_03/leis/leis_2001/l10257.htm. Acesso em: 5 nov. 2024.

I - parâmetros de parcelamento, uso e ocupação do solo, de modo a promover a diversidade de usos e a contribuir para a geração de emprego e renda; (Incluído pela Lei nº 12.608, de 2012)
II - mapeamento contendo as áreas suscetíveis à ocorrência de deslizamentos de grande impacto, inundações bruscas ou processos geológicos ou hidrológicos correlatos; (Incluído pela Lei nº 12.608, de 2012)
III - planejamento de ações de intervenção preventiva e realocação de população de áreas de risco de desastre; (Incluído pela Lei nº 12.608, de 2012)
IV - medidas de drenagem urbana necessárias à prevenção e à mitigação de impactos de desastres; e (Incluído pela Lei nº 12.608, de 2012)
V - diretrizes para a regularização fundiária de assentamentos urbanos irregulares, se houver, observadas a Lei no 11.977, de 7 de julho de 2009, e demais normas federais e estaduais pertinentes, e previsão de áreas para habitação de interesse social por meio da demarcação de zonas especiais de interesse social e de outros instrumentos de política urbana, onde o uso habitacional for permitido. (Incluído pela Lei nº 12.608, de 2012)
VI - Identificação e diretrizes para a preservação e ocupação das áreas verdes municipais, quando for o caso, com vistas à redução da impermeabilização das cidades. (Incluído pela Lei nº 12.983, de 2014)

Atualmente integram o cadastro nacional 1.942 municípios com áreas suscetíveis a ocorrência de deslizamentos de grande impacto, inundações bruscas ou processos geológicos ou hidrológicos correlatos, constantes do Anexo I da Nota Técnica nº 1/2023/SADJ-VI/SAM/CC/PR – Processo SUPER nº 00042.000497/2023-74.[2]

Nota-se, assim, que a alteração legislativa indica a necessidade de os municípios, no exercício da sua competência legislativa relacionada ao interesse local e em consonância com a competência concorrente, legislarem a respeito da ordem urbanística e ambiental, sob a perspectiva da prevenção de desastres, notadamente quando tenham em seu território a presença de áreas de risco e constem do cadastro nacional, além de promoverem adaptações em seus respectivos planos diretores como forma de prevenir desastres, potencializados em um contexto de mudanças climáticas.

Diante da norma contida no art. 41, inciso VI, da Lei nº 10.257/01, uma vez elaborado o cadastro nacional, os municípios indicados com áreas suscetíveis a sinistros deverão elaborar mapeamento de áreas

---

2 Disponível em: https://www.gov.br/mdr/pt-br/centrais-de-conteudo/publicacoes/protecao-e-defesa-civil-sedec/copy_of_NotaTcnica12023SADJVISAMCCPR_SEI_00042.000497_2023_74.pdf. Acesso em: 5 nov. 2024.

propensas a desastres deflagrados por fatores geológicos/hidrológicos; elaborar plano de obras e serviços para redução de risco de desastres; criar mecanismos de controle e fiscalização para evitar a edificação em áreas suscetíveis à ocorrência desses desastres; elaborar carta geotécnica de aptidão à urbanização; estabelecer diretrizes urbanísticas voltadas para a segurança dos novos parcelamentos do solo (Art. 22), bem como ficam impedidos de conceder licença ou alvará de construção em áreas de risco indicadas como não edificáveis no plano diretor ou legislação que dele derive (Art.23) (REANI *et al.*, 2020).

5 Áreas de risco, desastres e vulnerabilidade

As questões atinentes às ocupações de áreas de risco são, antes de ser uma questão urbanística, sociais, que não devem ser desprezadas pelo gestor púbico nas ações de planejamento, uma vez que a população que ocupa essas áreas o faz diante da flagrante situação de vulnerabilidade social à qual está exposta, não tendo alternativa como forma de assegurar a moradia.

Assim, ao se falar em vulnerabilidade, precisamos compreendê-la como a probabilidade de um sujeito ou população estar exposto ou localizado em área de influência de ameaça, de acordo com o seu grau de suscetibilidade socioeconômica e demográfica e de sua capacidade de resposta para voltar ao estado próximo anterior ao desastre e sofram danos ou perdas humanas e materiais no momento do impacto do fenômeno, e assim tenham dificuldades de se recuperar (SILVA JUNIOR; SZLAFSZTEIN, 2013).

Compreendido o conceito de vulnerabilidade, o conceito de risco só existirá diante de pessoas que o percebam, ou mesmo sofram ou estejam expostos a um evento lesivo, em que as consequências dependem da vulnerabilidade do indivíduo ou grupo (VIEIRA; ISENSEE, 2020), sendo a desigualdade social fator determinante para as pessoas atingidas pelos sinistros em áreas de risco (PORTO; BREMER, 2018).

Diante desse contexto, verifica-se a proximidade entre vulnerabilidade e áreas de risco, já que a vulnerabilidade decorre de processos sociais e mudanças ambientais que envolvem a combinação entre precárias condições de vida – que tornam alguns grupos de pessoas vulneráveis aos desastres – e alterações ambientais que fazem determinadas áreas se tornarem vulneráveis à ocorrência de ameaças e eventos danosos (VIEIRA; ISENSEE, 2020).

Vários são os processos que propiciam as condições de vulnerabilidade; não se pode as atribuir única e exclusivamente a fenômenos de ordem natural, mas igualmente a processos sociais, históricos e territorialmente circunscritos, cujas práticas econômicas e político-institucionais contribuem para tornar determinados grupos sociais vulneráveis, (REANI *et al.*, 2020), o que indica que pobreza e desigualdade, de um lado, e ambiente, de outro, formam os dois principais temas nos atuais estudos da vulnerabilidade (COUTINHO *et al.*, 2015) e que não devem ser desprezados nas ações de planejamento por parte dos gestores públicos.

Observa-se, dessa forma, que quanto mais vulnerável for determinada população, mais está sujeita aos efeitos adversos das ocupações em áreas de risco, comumente denominados de desastres.

São considerados desastres os eventos que provocam perturbação significativa no funcionamento de uma comunidade, causando perdas humanas, materiais, econômicas ou ambientais que excedem a capacidade de suporte da comunidade em arcar isoladamente com seus próprios recursos (VIEIRA; ISENSEE, 2020), podendo ser natural, em que há consequências do impacto de um perigo natural em um sistema socioeconômico com dada vulnerabilidade, ou tecnológicos e ambientais, quando os desastres naturais se combinam com a ocorrência de prejuízos tecnológicos e ambientais (PORTO; BREMER, 2018).

Dentre as principais causas de desastres no Brasil, podemos indicar as ações antrópicas decorrentes da ocupação incorreta do solo em áreas ambientalmente protegidas, contribuindo para a ocorrência de escorregamentos e inundações (REANI *et al.*, 2020). Em razão do processo de urbanização nas grandes cidades de forma intensa e desigual, para parte significativa da população, menos abastada e sem acesso ao mercado formal imobiliário, não restou alternativa a não ser ocupar áreas impróprias para habitação, tornando-as vulneráveis aos desastres hidrológicos, como deslizamentos de massas úmidas e inundações (VIEIRA; ISENSEE, 2020).

Situações como as expostas indicam que o aumento dos desastres está intimamente conectado ao crescente processo de subdesenvolvimento e desigualdade social (REANI *et al.*, 2020), associados à ação humana, especialmente com relação ao modo de atuação do poder público para lidar com as relações entre a expansão urbana e as características naturais dos terrenos ocupados (REANI *et al.*, 2020).

6 Gestão das áreas de risco

As ações de gestão de risco, a partir das disposições contidas na Lei nº 12.608/12, devem ser adotadas de forma integrada pelos três entes da Federação – União, Estados e Municípios – e contempladas no planejamento municipal, ao instituir e/ou revisar seu plano diretor e a legislação que trate do parcelamento do solo, no que se refere às áreas ocupadas que já estejam consolidadas.

Diante disso, compreende-se que a gestão de risco de desastres é de grande importância no desenvolvimento territorial; é necessário estabelecer uma estreita relação com as diretrizes decorrentes da aplicação de instrumentos governamentais de planejamento e gestão, tal como o Plano Diretor Municipal (PDM) (SALEME; BONAVIDES, 2018), traduzindo-se a gestão de risco como processo contínuo de adoção de políticas, estratégias e práticas para reduzir os riscos de desastres ou minimizar seus efeitos por meio de ações de intervenções sobre as causas que geram vulnerabilidade e perigo à população local, sujeita a seus efeitos extremos (SILVA JUNIOR; SZLAFSZTEIN, 2013), integrando as políticas públicas existentes para um desenvolvimento mais sustentável, a fim de fortalecer e proteger essa população cada vez mais (JASEN; VIEIRA; 2022).

Como estratégia de desenvolvimento, impõe-se o zoneamento e o ordenamento do uso do território, prática já adotada em diversas partes do mundo, com vistas a atenuar os riscos de desastres, mitigar os seus impactos através da diminuição das condições das vulnerabilidade existentes, entendidas como medidas corretivas, assim como a não geração de novas condições de vulnerabilidade, entendidas como medidas proativas (SILVA JUNIOR; SZLAFSZTEIN, 2013). Tais práticas estão associadas à consolidação de uma cultura de gerenciamento de riscos, notadamente por parte dos gestores públicos, em que o foco seja a prevenção e preparação aos desastres, e não simplesmente a resposta e recuperação quando os eventos ocorrem, dotando os órgãos responsáveis por seu planejamento de orçamento não apenas após a ocorrência do desastre (PORTO; BREMER, 2018).

Assim, quando se pensa em gestão das áreas de risco, deve-se ter em conta que a redução dos desastres socioambientais em áreas urbanas pressupõe a adoção de estratégias e ações planejadas de forma antecipada (COUTINHO *et al.*, 2015), levando-se em consideração especialmente aspectos de prevenção e mitigação, precedidos de avaliação de riscos de desastres compreendendo o estudo de ameaças, grau de vulnerabilidade e hierarquização do grau de risco, acompanhado da elaboração de bancos de dados, mapas temáticos por meio dos quais sejam descritas e quantificadas as ameaças, vulnerabilidades e os riscos existentes. No que se refere à redução de risco de desastres, quando do planejamento prévio poderão ser previstas medidas estruturais e não estruturais, tudo com o objetivo de reduzir os riscos de desastres através da minimização de ameaças e/ou de vulnerabilidades (BEPPLER *et al.*, 2018).

7 Plano diretor no contexto da gestão das áreas de risco

De início, cabe aqui o registro histórico de indicar que o plano diretor, embora com outra roupagem, está presente entre nós desde a década de 1930, oriundo do urbanismo francês, e tratava basicamente de assuntos concernentes ao traçado viário, expansão urbana, usos e ocupação do solo, tendo a partir da Constituição de 1988 assumido uma conotação bastante diferente daquela concebida originalmente, tornando-se mais abrangente de conteúdo, inclusive com a necessidade de participação e legitimação pela sociedade civil (LAGE E LAGE; FRANCISCO FILHO, 2020).

Dessa forma, o plano diretor, instituído pelo artigo 40 da Lei nº 10.257/01 (Estatuto da Cidade), na forma do artigo 183, §1º da Constituição Federal, surge no sentido de criar condições no município para que as cidades e zonas rurais possam planejar seu crescimento (SILVA JUNIOR; SZLAFSZTEIN, 2013), constituído por um complexo de normas legais e diretrizes técnicas para o desenvolvimento global e constante do município, sob os aspectos físico, social, econômico e administrativo (SALEME; BONAVIDES, 2018).

Como assinalado no item anterior, com vistas à adequada gestão das áreas de risco, o plano diretor passa a ser peça fundamental à elaboração dos planos orçamentários: plano plurianual (PP), lei de diretrizes orçamentárias (LDO) e lei orçamentária anual (LOA), tudo com vistas à adequação dos objetivos e diretrizes traçados pelo plano, no que se refere às ações necessárias à gestão dos riscos das áreas suscetíveis a desastres no território do município (SALEME; BONAVIDES, 2018).

Podemos, assim, dizer que o plano diretor é um documento que precisa contemplar um diagnóstico completo da realidade física, social, econômica, política, cultural e administrativa de um município, devendo o prévio conhecimento do meio físico, inclusive o prognóstico ambiental, ser uma das prioridades do plano diretor, precedido de estudos interdisciplinares no contexto do diagnóstico ambiental, sob pena, em sentido contrário, de se negligenciar a dinâmica natural em ambientes antrópicos, contribuir para a ocorrência de efeitos catastróficos tanto para a natureza quanto para a sociedade (SANTOS *et al.*, 2021).

Outro aspecto de crucial relevância na atualidade e que deve ser compatibilizado quando da elaboração ou atualização dos planos diretores diz respeito às questões relacionadas às mudanças climáticas e seu enfrentamento, diante da possibilidade de agravamento de seus efeitos decorrentes nas ocupações em áreas de riscos, considerando o fato de que as mudanças climáticas causariam um aumento na frequência e na intensidade de eventos extremos (PORTO; BREMER, 2018). A tendência observada até agora é de que as regiões mais úmidas tendem a ficar mais úmidas, e as regiões secas, mais secas, com o aumento de temperatura média global (PORTO; BREMER, 2018), fato esse ainda mais perceptível nas megacidades, assim definidas como aquelas com mais de 10 milhões de habitantes, em que os modos de vida associados à urbanização são um dos principais motores das mudanças ambientais em curso, como eventos extremos (DI GIULIO *et al.*, 2017).

Considerando que a maior parte da população mundial (aproximadamente 55%) vive em áreas urbanas, as cidades têm exercido um papel crucial na intensificação das mudanças climáticas, tornando-se altamente vulneráveis aos impactos de tais mudanças e ao mesmo tempo contribuindo e sofrendo diretamente com elas. A situação não é diferente no Brasil, onde 80% da população vive nas áreas urbanas, e apesar do avanço legislativo, os esforços para lidar com as mudanças climáticas, em especial nos campos do planejamento e da gestão, ainda são lentos e incipientes (TEIXEIRA *et al.*, 2022).

Assim, planejamento é a ordem do dia diante dessa realidade; nas cidades, em especial nas maiores, ações e medidas de mitigação e adaptação às mudanças climáticas precisam estar atreladas à política habitacional, ao saneamento, aos planos diretores, à política e gestão de recursos hídricos e à revisão das formas de mobilidade urbana (DI GIULIO *et al.*, 2017).

Observa-se, desse modo, que o plano diretor municipal é a principal política pública local de desenvolvimento e planejamento do espaço urbano, podendo exercer função essencial diante das mudanças climáticas (TEIXEIRA *et al.*, 2022).

Considerações finais

Com base nos elementos extraídos da análise feita no presente texto, podemos observar que o desenho normativo relacionado à gestão das áreas de risco parte dos princípios previstos na Constituição Federal, dentre eles a autonomia dos municípios para legislar sobre assuntos de interesse local (artigo 30 da CF); em matéria de planejamento urbano, a competência é delineada no artigo 184 do mesmo texto Constitucional, ao tratar da política urbana, regulamentada por meio do Estatuto da Cidade – Lei nº 10257/12 –, instrumento que trouxe expressamente a previsão dos chamados planos diretores aos municípios em que a sua obrigatoriedade se impõe.

No que diz respeito à gestão das áreas de risco, a disciplina da matéria foi objeto de regulamentação por meio da Lei nº 12.608/12, estabelecendo competências e diretrizes a serem seguidas pelos três entes da federação, instituindo alterações significativas no Estatuto da Cidade, dentre elas a obrigatoriedade da instituição de planos diretores em municípios sujeitos à risco, independentemente do número de habitantes, o que revela que tal instrumento é de crucial importância para a implementação das medidas de prevenção e mitigação de riscos, principalmente em um contexto de mudanças climáticas.

Foi nesse sentido que procuramos discorrer a respeito das questões atinentes ao planejamento urbano, presentes nas discussões que decorrem a partir da edição da Lei Federal nº 12608/12, notadamente sobre as áreas de risco, gestão dos riscos e os planos diretores.

Referências

BEPPLER, Cleonice Maria; MONDINI, Leandro; MONDINI, Raviane Cristina Werner. Planos diretores de proteção e defesa civil: um diagnóstico da situação entre os municípios prioritários. *Revista Gestão & Sustentabilidade Ambiental*, Florianópolis, v. 7, n. esp., p. 367-378, jun. 2018.

COSTA, H. S. de M. A trajetória da temática ambiental no planejamento urbano no brasil: o encontro de racionalidades distintas. *In:* COSTA, G. M. & J. G. de Mendonça (orgs.). *Planejamento urbano no Brasil*: trajetória, avanços e perspectivas. Belo Horizonte: Estado da Arte, 2008. pp. 80-93.

COUTINHO, Marcos Pellegrini; LONDE, Luciana de Resende; LIMA SANTOS, Leonardo Bacelar; LEAL, Paulo Jorge Vaitsman. Instrumentos de planejamento e preparo dos municípios brasileiros à política de proteção e defesa civil. *Urbe – Revista Brasileira de Gestão Urbana*, set./dez., p. 383-396, 2015.

DI GIULIO, Gabriela Marques; BEDRAN-MARTINS, Ana Maria; VASCONCELLOS, Maria da Penha; RIBEIRO, Wagner Costa. Mudanças climáticas, riscos e adaptação na megacidade de São Paulo, Brasil. *Sustentabilidade em Debate – Brasília*, v. 8, n. 2, p. 75-87, ago./2017.

DRUMOND, Rafael Augusto Santos; ALMEIDA, Renan Pereira; NASCIMENTO, Nilo de Oliveira. Mudanças climáticas e plano diretor: mitigação de inundações em Belo Horizonte. *Cad. Metrop.*, São Paulo, v. 25, n. 58, pp. 899-922, set./dez. 2023.

ESPÍNDOLA, Isabela Battistello; RIBEIRO, Wagner Costa Ribeiro. Cidades e mudanças climáticas: desafios para os planos diretores municipais brasileiros. *Cad. Metrop.*, São Paulo, v. 22, n. 48, p. 365-395, maio/ago. 2020.

ESPIRITO-SANTO, Celina Marques do; SZLAFSZTEIN, Claudio Fabian. Gestão de risco de desastres em planos diretores de três municípios da zona costeira do estado do Pará, Brasil. *Revista de Gestão Costeira Integrada - Journal of Integrated Coastal Zone Management*, vol. 16, n. 2, pp. 223-230, jun. 2016.

FERRI, Giovani. A prevenção de desastres e os desafios da política nacional de proteção e defesa civil perante as ocupações em áreas de risco. *Desastres Socioambientais e Mudanças Climáticas – Aspectos doutrinários*. Conselho Nacional do Ministério Público, p. 190-213, 2024.

FERREIRA, Ximena Cardozo. Planejamento territorial como instrumento de prevenção de danos causados por inundações. *Desastres Socioambientais e Mudanças Climáticas* – Artigos da atuação do Ministério Público. Conselho Nacional do Ministério Público, p. 162-189, 2024.

JANSEN, Giane Roberta; Vieira, Rafaela. Análise da integração da gestão de risco de desastres à política de desenvolvimento territorial local. *Revista Interações*, Campo Grande, vol. 23, n. 2, p. 555-574, abr.-jun. 2022.

KLINK, J. *et al.* O campo e a práxis transformadora do planejamento: reflexões para uma agenda brasileira. *Revista brasileira de Estudos Urbanos e Regionais*, v. 18, n. 3, p. 381-92, 2016.

LAGE E LAGE, Selena Duarte; FRANCISCO FILHO, Lauro Luiz. A construção do estatuto da cidade e da ideia de plano diretor numa perspectiva histórica: discutindo a adequação destes instrumentos aos municípios de pequeno porte populacional. *Revista de Pesquisa em Arquitetura e Urbanismo*, IAU-USP, São Paulo. v. 18, p. 1-16, 2020.

LEITE, Luis Felipe Tegon Cerqueira. *Áreas de risco*. Centro de Apoio Operacional de Meio Ambiente e Urbanismo. Ministério Público do Estado de São Paulo, jun. 2017, p. 6-14.

MACEDO, Laura Valente. Contribuição das cidades para a mitigação das mudanças climáticas no Brasil. *Cadernos Adenauer*, XVII, n. 2, p. 69-83, 2016.

MARQUES, Luiza Barbosa; FERREIRA, Camila Carvalho; MOL, Natalia Aguiar; LOURA, Rejane Magiag; SOUZA, Roberta Vieira Gonçalves. Mudanças climáticas e planos diretores em cidades de pequeno porte: possibilidades e desafios para o enfrentamento da crise climática na escala local. *XVII Encontro Nacional de Conforto no Ambiente Construído; XIII Encontro Latino-Americano de Conforto no Ambiente Construído*. São Paulo, pp. 1-10, 2023.

PORTO, Daniel Trespach.; BREMER, Ulisses Franz. Interfaces entre planejamento territorial e gestão de risco de desastres na bacia hidrográfica do Rio dos Sinos, estado do Rio Grande do Sul, Brasil. *Boletim Geográfico do Rio Grande do Sul,* Porto Alegre, n. 32, p. 82-97, dez. 2018.

REANI, Regina Tortorella; SORIANO, Érico; LONDE, Luciana R.; TOMÁS, Lívia Rodrigues; VIANNA Maria Lígia Nakamura Guillen; LIMA SANTOS, Leonardo Bacelar. Interfaces legais entre planejamento urbano e redução de riscos e desastres. *Caminhos de Geografia Uberlândia-MG,* v. 21, n. 76, p. 116-133, ago. 2020.

ROLNIK, R. Democracia no fio da navalha: limites e potencialidades para a implementação de uma agenda de reforma urbana no Brasil. *Revista brasileira de estudos urbanos e regionais,* v. 11, n. 2, p. 32-50, 2009.

SALEME, Edson Ricardo; BONAVIDES, Renata Soares. A Política Nacional de Proteção e Defesa Civil – PNPDEC nas cidades brasileiras. *Rev. de Direito Urbanístico, Cidade e Alteridade,* Porto Alegre. v. 4, n. 2, p. 85-100, jul./dez. 2018.

SALEME, Edson Ricardo; BONAVIDES, Renata Soares. Mudanças climáticas e planos diretores citadinos. *Cadernos Jurídicos,* São Paulo, ano 23, n. 62, p. 75-84, abr./jun. 2022.

SANTOS, Clibson Alves dos; ADORNO, Caio Faria da Cunha Barbosa; ARAUJO, Raphaela A. de Oliveira. Análise do meio físico como subsídio à definição de diretrizes em planos diretores municipais no sul de Minas Gerais. *Caderno de Geografia,* v. 31, n. esp. 2, p. 313-333, 2021.

SILVA JUNIOR, Orleno Marques da; SZLAFSZTEIN, Claudio Fabian. A importância dos conceitos de ameaça, vulnerabilidade e risco em planos diretores municipais: estudo de caso no município de Alenquer (Pará). *Revista GeoAmazônia,* Belém, n. 1, v. 1, p. 55-71, jan./jun. 2013.

SIMPLÍCIO, Marina Nicoletti; ABREU, Ana Elisa Silva de. Planejamento municipal e evolução da ocupação em área sujeita a inundações na divisa dos municípios de Campinas e Jaguariúna, SP. *Revista Geociências – UNESP,* v. 40, n. 2, p. 539-550, 2021.

SOUZA, Marcelo Bruno Bedoni; SILVA, José Irivaldo Alves Oliveira. Crise climática e a importância dos planos diretores e setoriais de mudanças climáticas. *Boletim de conjuntura (BOCA),* ano V, vol. 16, n. 46, Boa Vista, p. 1-25, 2023.

TEIXEIRA, Rylanneive Leonardo Pontes; PESSOA, Zoraide Souza; DIAS, Eric Mateus Soares. As mudanças climáticas no planejamento urbano de Natal/RN, Brasil: panorama, desafios e perspectivas. *Revista Espinhaço,* vol. 11, n. 1, p. 1-16, jan./dez. 2022.

VIEIRA, Rafaela; ISENSEE, Leandro José; CLAUDINO, Gilson de Oliveira. Instrumentos legais como ferramentas para redução de riscos e desastres a inundações. *Redes* v.25, ed. especial., (St. Cruz Sul, On-line), p. 1953-1972, 2020.

Informação bibliográfica deste texto, conforme a NBR 6023:2018 da Associação Brasileira de Normas Técnicas (ABNT):

SANTOS, Edson Quirino. Planos diretores e o planejamento de gestão das áreas de risco. *In*: BRITTO, Anne Karole Silva Fontenelle de; SILVA, Bruno Sampaio Ferreira da; NEURAUTER, Maíra; FLORIANO, Eduardo de Souza (coord.). *Direito municipal em debate*. Belo Horizonte: Fórum, 2025. p. 39-56. ISBN 978-85-450-0976-4. v. 9.

OS IMPACTOS DO JULGAMENTO DEFINITIVO DO TEMA Nº 1.234 PELO STF NO DIREITO MUNICIPAL AO RESSARCIMENTO EM FACE DA UNIÃO NO ÂMBITO DO SUS

Fábio Silveira Rachelle
Felipe Leal Markusons
Thiago Klug Arjona

Introdução

O Sistema Único de Saúde (SUS), estruturado com base nos princípios da universalidade, integralidade e equidade, é sustentado por uma complexa repartição de competências entre União, Estados e Municípios. No entanto, a cooperação entre os entes federados, essencial ao funcionamento do SUS, muitas vezes gera conflitos sobre a alocação de responsabilidades e o financiamento de políticas públicas de saúde. Nesse contexto, destaca-se o Tema nº 1.234, julgado pelo Supremo Tribunal Federal (STF), que tratou – dentre tantos assuntos – do direito dos entes subnacionais (dentre os quais, destacamos os Municípios) ao ressarcimento pela União em situações específicas no âmbito do SUS.

O presente artigo tem como objetivo analisar os impactos desse julgamento no direito municipal ao ressarcimento, com enfoque no fornecimento de medicamentos oncológicos e integrantes do Grupo 1A da Relação Nacional de Medicamentos Essenciais (RENAME).

A discussão será guiada por uma análise do modelo federativo brasileiro, das competências no SUS e das consequências jurídicas e práticas do precedente firmado pelo STF. Busca-se oferecer uma visão crítica e propositiva, considerando os desafios enfrentados pelos Municípios na judicialização da saúde e a necessidade de aprimorar a governança colaborativa entre os entes federados.

1 O modelo de estado federado como base teórica e prática do sistema de repartição de competências no âmbito do SUS

1.1 O federalismo como movimento do constitucionalismo

Desde o surgimento do constitucionalismo, a limitação ao poder público figura como preocupação central. Pode-se entender como constitucionalismo movimentos constitucionais que visam ao desenho de um governo limitado indispensável ao exercício de direitos pelos cidadãos inseridos em determinado território. Canotilho ensina que o constitucionalismo moderno corresponde a uma "técnica específica de limitação do poder com fins garantísticos"[1] – e não arbitrário.

É bem verdade que há relatos importantes do constitucionalismo já na antiguidade clássica entre os hebreus. Agrega-se a isso o desenvolvimento das cidades-estado na Grécia antiga, o que fora teorizado no legado de Platão (*A República*) e de seu proeminente aluno Aristóteles (em especial, *A Política*).

Foi a Magna Carta de 1215, entretanto, que parece ter corporificado o grande marco do constitucionalismo.

A forma de estado que atende à limitação territorial interna do poder central é o federalismo, de modo que o Estado Federado apresenta oposição ao Estado Unitário. A respeito dessa dicotomia, se há poder concentrado nas mãos de um órgão sobre todo o território estatal, sobre as pessoas e seus bens, está-se diante de um estado unitário. Ao contrário, se o poder público é repartido no espaço territorial (divisão especial de poderes), gerando uma multiplicidade de organizações governamentais, distribuídas regionalmente, estamos diante do estado federal, que corresponde a uma forma de estado composta por diversos entes.

Para a maioria da doutrina, o federalismo nasceu nos Estados Unidos da América, a partir da Constituição de 1787. A formação da federação norte-americana decorreu do que a doutrina chama de movimento centrípeto, de fora para dentro, porquanto os estados soberanos cederam parcela de sua soberania, em verdadeiro movimento de

[1] CANOTILHO, J. J. Gomes. *Direito Constitucional e Teoria da Constituição*. 7. ed. p. 51. *apud* LENZA, Pedro. *Direito Constitucional Esquematizado*. 24. ed. São Paulo: Saraiva, 2020. p. 64.

aglutinação. Do ponto de vista da formação, a federação brasileira foi formada por um processo diferente: resultou de movimento centrífugo, de dentro para fora, a partir da diminuição do poder central em benefício do poder regional e local.

Daniel Sarmento esclarece que o federalismo é um "arranjo institucional que envolve a partilha vertical do poder entre diversas entidades políticas autônomas, que coexistem no interior de um Estado soberano".[2] É bem verdade que o estado unitário não necessariamente leva ao estado arbitrário, mas é inegável que o estado federado, dada a limitação do poder central, oferece ambiente mais propício à concretização de valores do constitucionalismo democrático.

Nesse sentido, o estado federal aproxima o exercício do poder político dos seus destinatários, possibilitando que o povo tenha maior participação e exerça mais de perto o controle sobre as decisões e atividades públicas. Enfim, a "federação favorece o pluralismo e a diversidade, ao preservar espaços para o poder local, que tende a ser mais receptivo às demandas e peculiaridades das respectivas populações".[3]

Não por acaso, o Brasil adotou a forma federativa de Estado, conferido poderes aos Estados e, a partir da Constituição de 1988, os Municípios, que foram alçados a ente federado no art. 1º, *caput*, da CF:[4]

> Art. 1º. A República Federativa do Brasil, formada pela união indissolúvel dos Estados e Municípios e do Distrito Federal, constitui-se em Estado Democrático de Direito e tem como fundamentos: [...].

1.2 O Federalismo como critério para repartição de competências dos entes no âmbito do SUS

O federalismo impõe ao estado certa repartição de competências para fazer sentido à própria ideia de redução do poder central em benefício dos demais integrantes da federação.

Como se sabe, o direito à saúde é direito de todos e dever do Estado (*lato sensu*), o que resulta na responsabilidade solidária dos entes

---

2 SARMENTO, Daniel; SOUZA NETO, Cláudio Pereira de. *Direito Constitucional:* teoria, história e métodos de trabalho. 2. ed. Belo Horizonte: Fórum, 2017. p. 303.

3 *Idem, ibidem.*

4 BRASIL. [Constituição (1988)]. *Constituição da República Federativa do Brasil:* promulgada em 5 de outubro de 1988. 66. ed. Brasília, DF: Edições Câmara dos Deputados, 2024.

federados na sua prestação, conforme preconizam os artigos 23, II, e 196, ambos da CF/88[5] – *in verbis*:

> Art. 23. É competência comum da União, dos Estados, do Distrito Federal e dos Municípios:
> [...]
> II - cuidar da saúde e assistência pública, da proteção e garantia das pessoas portadoras de deficiência; [...].
> Art. 196. A saúde é direito de todos e dever do Estado, garantido mediante políticas sociais e econômicas que visem à redução do risco de doença e de outros agravos e ao acesso universal e igualitário às ações e serviços para sua promoção, proteção e recuperação.

Todavia, não se pode perder de vista os dizeres do artigo 198, I, também da Constituição Federal,[6] o qual assim dispõe:

> Art. 198. As ações e serviços públicos de saúde integram uma rede regionalizada e hierarquizada e constituem um sistema único, organizado de acordo com as seguintes diretrizes:
> I - descentralização, com direção única em cada esfera de governo;

Logo, para a concretização da saúde como direito social fundamental, o Texto Maior estabeleceu que as ações e os serviços de saúde integram uma rede regionalizada e hierarquizada, que tem como importante diretriz a descentralização.

Com efeito, a Constituição Federal de 1988 apenas positivou uma regra lógica para a manutenção do Sistema Público de Saúde, tendo em vista o federalismo assimétrico vivenciado no nosso país, especialmente pela enorme diferença de capacidade arrecadatória entre os entes federados e consequente disponibilidade orçamentária para o atendimento de todas as políticas públicas necessárias para a concretização do mínimo existencial.

Em decorrência disso, em 20 de setembro de 1990, foi publicada a Lei Federal n.º 8.080,[7] a qual nasceu para regular, em âmbito nacional, as

[5] BRASIL. [Constituição (1988)]. *Constituição da República Federativa do Brasil: promulgada em 5 de outubro de 1988*. 66. ed. Brasília, DF: Edições Câmara dos Deputados, 2024.

[6] BRASIL. [Constituição (1988)]. *Constituição da República Federativa do Brasil: promulgada em 5 de outubro de 1988*. 66. ed. Brasília, DF: Edições Câmara dos Deputados, 2024.

[7] BRASIL. Lei nº 8.080, de 19 de setembro de 1990. Dispõe sobre as condições para a promoção, proteção e recuperação da saúde, a organização e o funcionamento dos serviços correspondentes e dá outras providências. *Diário Oficial da República Federativa do Brasil,*

ações e serviços de saúde executados por pessoas naturais ou jurídicas, de direito público ou privado, além de disciplinar as condições para a correta promoção, proteção e recuperação da saúde, além da organização e o funcionamento dos serviços necessários ao atendimento do direito fundamental social em análise.

Do supracitado Diploma Legal,[8] no que se refere às competências da União, cabe trazer à baila os dizeres do artigo 16, III, "a", e XIII, e o artigo 19-Q, *caput*:

> Art. 16. À direção nacional do SUS compete:
> [...]
> III - definir e coordenar os sistemas:
> a) de redes integradas de assistência de alta complexidade; [...]
> XIII - prestar cooperação técnica e financeira aos Estados, ao Distrito Federal e aos Municípios para o aperfeiçoamento da sua atuação institucional;
> Art. 19-Q. A incorporação, a exclusão ou a alteração pelo SUS de novos medicamentos, produtos e procedimentos, bem como a constituição ou a alteração de protocolo clínico ou de diretriz terapêutica, são atribuições do Ministério da Saúde, assessorado pela Comissão Nacional de Incorporação de Tecnologias no SUS.

Por fim, com o objetivo de regulamentar a Lei nº 8.080/90, sobreveio o Decreto Federal nº 7.508/2011,[9] que, ao especificar as atribuições do Ministério da Saúde, assim previu:

> Art. 26. O Ministério da Saúde é o órgão competente para dispor sobre a RENAME e os Protocolos Clínicos e Diretrizes Terapêuticas em âmbito nacional, observadas as diretrizes pactuadas pela CIT.

Brasília, DF, 20 set.1990. Disponível em: https://www.planalto.gov.br/ccivil_03/leis/l8080.htm. Acesso em: 17 nov. 2024.

8 BRASIL. Lei nº 8.080, de 19 de setembro de 1990. Dispõe sobre as condições para a promoção, proteção e recuperação da saúde, a organização e o funcionamento dos serviços correspondentes e dá outras providências. *Diário Oficial da República Federativa do Brasil*, Brasília, DF, 20 set.1990. Disponível em: https://www.planalto.gov.br/ccivil_03/leis/l8080.htm. Acesso em: 17 nov. 2024.

9 BRASIL. Decreto Federal nº 7.508, de 28 de junho de 2011. Regulamenta a Lei nº 8.080, de 19 de setembro de 1990, para dispor sobre a organização do Sistema Único de Saúde – SUS, o planejamento da saúde, a assistência à saúde e a articulação interfederativa, e dá outras providências. *Diário Oficial da República Federativa do Brasil*, Brasília, DF, 29 jun.2011. Disponível em: https://www.planalto.gov.br/ccivil_03/_ato2011-2014/2011/decreto/d7508.htm. Acesso em: 17 nov. 2024.

Parágrafo único. A cada dois anos, o Ministério da Saúde consolidará e publicará as atualizações da RENAME, do respectivo FTN e dos Protocolos Clínicos e Diretrizes Terapêuticas.

Diante da repartição de competências expressas na legislação de regência da matéria, especialmente nos dispositivos citados neste tópico, observa-se que a União possui atribuições bem definidas quanto a alguns tratamentos/medicamentos. Exemplo disso é o caso dos medicamentos inseridos no Grupo 1A e 1B da RENAME, dos medicamentos não integrantes da lista da RENAME e dos tratamentos oncológicos.

2 A competência da União para fornecimento de medicamentos para tratamento oncológico e para os integrantes do Grupo 1A da RENAME

2.1 Competência da União para financiamento de medicamentos para tratamento oncológico

A esse propósito, cumpre referir que a Portaria nº 876,[10] de 16 de maio de 2013, do Ministério da Saúde, "dispõe sobre a aplicação da Lei nº 12.732, de 22 de novembro de 2012, que versa a respeito do primeiro tratamento do paciente com neoplasia maligna comprovada, no âmbito do Sistema Único de Saúde (SUS)". Tal norma, em seu artigo 8º, dispõe o seguinte:

> Art. 8º. Compete ao Ministério da Saúde:
> I - prestar apoio e cooperar tecnicamente com os gestores dos Estados, do Distrito Federal e dos Municípios para organização dos serviços de saúde a fim de cumprir o disposto nesta Portaria;
> II - garantir o financiamento para o tratamento do câncer, nos moldes das pactuações vigentes, de acordo com as suas responsabilidades;
> III - elaborar protocolos clínicos e diretrizes terapêuticas relacionadas ao tratamento de neoplasias malignas;
> IV - definir diretrizes para a organização das linhas de cuidado na prevenção e controle do câncer; e

[10] BRASIL. Portaria nº 876, de 16 de maio de 2013. Dispõe sobre a aplicação da Lei nº 12.732, de 22 de novembro de 2012, que versa a respeito do primeiro tratamento do paciente com neoplasia maligna comprovada, no âmbito do Sistema Único de Saúde (SUS). *Diário Oficial da República Federativa do Brasil*, Brasília, DF, 27 maio 2013. Disponível em: https://bvsms.saude.gov.br/bvs/saudelegis/gm/2013/prt0876_16_05_2013.html. Acesso em: 17 nov. 2024.

> V - monitorar o cumprimento do prazo de 60 (sessenta) dias de que trata o art. 2º da Lei nº 12.732, de 2012, e tomar as providências cabíveis, quando necessário, de acordo com as suas responsabilidades.

Hodiernamente, a mesma responsabilidade encontra-se estabelecida no artigo 42, II, do Anexo IX, da Portaria de Consolidação GM/MS[11] nº 2 de 2017, nos seguintes termos:

> Art. 42. Compete ao Ministério da Saúde:
> [...]
> II - garantir o financiamento para o tratamento do câncer, nos moldes das pactuações vigentes, de acordo com as suas responsabilidades;

Além disso, cabe ressaltar que a Portaria nº 1.399,[12] de 17 de dezembro 2019, também do Ministério da Saúde, ao redefinir os critérios e parâmetros referenciais para a habilitação de estabelecimentos de saúde na alta complexidade em oncologia no âmbito do SUS, estabeleceu, em seu artigo 14, o seguinte:

> Art. 14. A assistência na alta complexidade em oncologia compreende os seguintes serviços:
> I - cirurgia (cirurgia geral, cirurgia do aparelho digestivo, coloproctologia, ginecologia, mastologia, urologia, cabeça e pescoço, pele e cirurgia plástica, cirurgia torácica, cirurgia de ossos e partes moles, neurocirurgia e oftalmologia);
> II – radioterapia;
> III - oncologia clínica;
> IV - hematologia; e
> V - oncologia pediátrica.

---

11 BRASIL. Portaria de Consolidação nº 2, de 28 de setembro de 2017. Consolida as normas sobre as políticas nacionais de saúde do Sistema Único de Saúde. *Diário Oficial da República Federativa do Brasil*, Brasília, DF, 29 set. 2017. Disponível em: https://www.saude.pr.gov.br/sites/default/arquivos_restritos/files/documento/2020-05/10_portaria_de_consolidacao_n_2_2017_contratualizacao_cosems.pdf. Acesso em: 17 nov. 2024.

12 BRASIL. Portaria SAES/MS nº 1.399, de 17 de dezembro de 2019. Redefine os critérios e parâmetros referenciais para a habilitação de estabelecimentos de saúde na alta complexidade em oncologia no âmbito do SUS. *Diário Oficial da República Federativa do Brasil*, Brasília, DF, 18 dez. 2019. Disponível em: https://www.inca.gov.br/sites/ufu.sti.inca.local/files//media/document//portaria_1399_17dez2019.pdf. Acesso em: 17 nov. 2024.

Adiante, a própria Portari[13] citada no parágrafo anterior define as competências do gestor federal do SUS. Dentre as quais, destacam-se duas delas (art. 20, incisos I e VI):

> Art. 20. Compete ao gestor federal do SUS:
> I - Habilitar os estabelecimentos de saúde na alta complexidade em oncologia, nos termos desta Portaria, indicados pelos respectivos gestores municipal, estadual e distrital. Para a publicação da portaria de habilitação, solicitar a ratificação do respectivo gestor estadual, quando a aprovação pela CIB datar de mais de seis (6) meses;
> [...]
> VI - tornar públicos os protocolos, critérios e parâmetros de referência que possam contribuir na organização das linhas de cuidados em oncologia;

Dessarte, os usuários do SUS que necessitam de fornecimento de tratamento oncológico são encaminhados para os centros de referência, denominados de Centro de Assistência de Alta Complexidade em Oncologia (CACON) e de Unidade de Assistência de Alta Complexidade em Oncologia (UNACON), que passam a oferecer tratamento integral e especializado ao paciente com câncer.

Por oportuno, vale reforçar que tais centros são habilitados e remunerados pelo Ministério da Saúde, órgão integrante da administração direta da União.

A exemplo, veja-se julgado do Egrégio Tribunal Regional Federal da 4ª Região:[14]

> MEDICAMENTOS. ÓBITO. PERDA SUPERVENIENTE DO OBJETO DA AÇÃO. EXTINÇÃO SEM JULGAMENTO DO MÉRITO. CUSTEIO DOS FÁRMACOS. TRATAMENTO DE DOENÇAS ONCOLÓGICAS. RESPONSABILIDADE FINANCEIRA. HONORÁRIOS ADVOCATÍCIOS.
> 1. Nas ações versando sobre fornecimento de medicamentos e tratamentos de saúde, diante do caráter personalíssimo do pedido, o óbito do autor

---

[13] BRASIL. Portaria SAES/MS nº 1.399, de 17 de dezembro de 2019. Redefine os critérios e parâmetros referenciais para a habilitação de estabelecimentos de saúde na alta complexidade em oncologia no âmbito do SUS. *Diário Oficial da República Federativa do Brasil*, Brasília, DF, 18 dez. 2019. Disponível em: https://www.inca.gov.br/sites/ufu.sti.inca.local/files//media/document//portaria_1399_17dez2019.pdf. Acesso em: 17 nov. 2024.

[14] BRASIL. Tribunal Regional Federal da 4ª Região. Apelação Cível nº 5000164-73.2021.4.04.7216. Apelante: UNIÃO - ADVOCACIA GERAL DA UNIÃO. Apelado: GENOIR DE OLIVEIRA, Relator: Desembargador Federal SEBASTIÃO OGÊ MUNIZ. Florianópolis, 16 mai. 2023. Disponível em: https://jurisprudencia.trf4.jus.br/pesquisa/inteiro_teor.php?orgao=1&numero_gproc=40003865569&versao_gproc=3&crc_gproc=af983f41. Acesso em: 17 nov. 2024.

> acarreta a perda superveniente do objeto da ação e, por consequência, sua extinção sem julgamento do mérito. 2. É pacífico o entendimento de que a responsabilidade financeira pelo custeio de fármacos destinados ao tratamento de doenças oncológicas é da União. 3. Na dicção do artigo 85, §10, do Código de Processo Civil, nos casos de perda do objeto, os honorários serão devidos por quem deu causa ao processo. 4. Devido à probabilidade de procedência da demanda, cabível a manutenção da condenação da parte ré ao pagamento de honorários ao advogado da parte autora. (TRF4, AC 5000164-73.2021.4.04.7216, TURMA REGIONAL SUPLEMENTAR DE SC, Relator SEBASTIÃO OGÊ MUNIZ, juntado aos autos em 19/05/2022)

Em razão da sistemática posta cima, resta evidente que a responsabilidade por tratamentos oncológicos é da União. Veja-se, a seguir, o detalhamento sobre a responsabilidade da União quanto ao fornecimento de medicamentos integrantes do Grupo 1A do Componente Especializado da Assistência Farmacêutica.

2.2 Competência da União para financiamento de medicamentos integrantes do Grupo 1A da RENAME

Ainda no que toca às competências da União, sabe-se que foi publicada a Portaria nº 1.554,[15] de 30 de julho de 2013, do Ministério da Saúde. Tal ato normativo dispõe sobre as regras de financiamento e execução do Componente Especializado da Assistência Farmacêutica no âmbito do Sistema Único de Saúde (SUS). Veja-se o teor dos seus arts. 3º, 54 e 66, §3º:

> Art. 3º. Os medicamentos que fazem parte das linhas de cuidado para as doenças contempladas neste Componente estão divididos em três grupos conforme características, responsabilidades e formas de organização distintas:
> I – Grupo 1: medicamentos sob responsabilidade de financiamento pelo Ministério da Saúde, sendo dividido em:
> a) Grupo 1A: medicamentos com aquisição centralizada pelo Ministério da Saúde e fornecidos às Secretarias de Saúde dos Estados e Distrito Federal,

---

[15] BRASIL. Portaria nº 1.554, de 30 de julho de 2013. Dispõe sobre as regras de financiamento e execução do Componente Especializado da Assistência Farmacêutica no âmbito do Sistema Único de Saúde (SUS). *Diário Oficial da República Federativa do Brasil*, Brasília, DF, 31 jul. 2013. Disponível em: https://bvsms.saude.gov.br/bvs/saudelegis/gm/2013/prt1554_30_07_2013.html. Acesso em: 17 nov. 2024.

> sendo delas a responsabilidade pela programação, armazenamento, distribuição e dispensação para tratamento das doenças contempladas no âmbito do Componente Especializado da Assistência Farmacêutica;
> [...].
> Art. 54. A responsabilidade pela programação, armazenamento e distribuição dos medicamentos dos Grupos 1A e 1B é das Secretarias de Saúde dos Estados e do Distrito Federal, sendo a responsabilidade pela aquisição dos medicamentos do Grupo 1A do Ministério da Saúde e dos medicamentos do Grupo 1B das Secretarias de Saúde dos Estados e do Distrito Federal.
> Art. 66. O financiamento para aquisição dos medicamentos do Componente Especializado da Assistência Farmacêutica está diretamente relacionado ao Grupo em que os mesmos estão alocados.
> [...]
> § 3º. Os medicamentos pertencentes ao Grupo 1 são financiados pelo Ministério da Saúde, sendo que, para o Grupo 1A, na forma de aquisição centralizada, e para o Grupo 1B, na forma de transferência de recursos financeiros.

Dessarte, caso o Município venha a ser obrigado, por força de decisão judicial, a financiar o fornecimento de medicamento que, segundo a legislação acima detalhada, seria de responsabilidade da União, o ressarcimento ao ente municipal é medida que se impõe, especialmente diante do pacto federativo costurado entre tais entes no texto constitucional.

3 O município como titular do direito ao ressarcimento em face da União

Neste ponto, o tema perpassa necessariamente os conceitos de solidariedade e de ressarcimento, que se refere o Código Civil[16] – em especial, nos arts. 259, parágrafo único, e 285. Vejam-se a redação de tais dispositivos:

> Art. 259. Se, havendo dois ou mais devedores, a prestação não for divisível, cada um será obrigado pela dívida toda.

[16] BRASIL. Lei nº 10.406, de 10 de janeiro de 2002. Institui o Código Civil. *Diário Oficial da República Federativa do Brasil*, Brasília, DF, 11 jan. 2002. Disponível em: https://www.planalto.gov.br/ccivil_03/leis/2002/l10406compilada.htm. Acesso em: 17 nov. 2024.

> Parágrafo único. O devedor, que paga a dívida, sub-roga-se no direito do credor em relação aos outros coobrigados.
> Art. 285. Se a dívida solidária interessar exclusivamente a um dos devedores, responderá este por toda ela para com aquele que pagar.

Da leitura da Lei Federal nº 8.080/90,[17] constata-se que o ressarcimento pela União aos Municípios possui expressa previsão no seu artigo 35, inciso VII. *In verbis*:

> Art. 35. Para o estabelecimento de valores a serem transferidos a Estados, Distrito Federal e Municípios, será utilizada a combinação dos seguintes critérios, segundo análise técnica de programas e projetos:
> [...]
> VII - ressarcimento do atendimento a serviços prestados para outras esferas de governo.

Cotejando os elementos acima declinados, constata-se o ente municipal tem direito ao reembolso do que despendeu. Isso porque teria arcado com a prestação de serviço público de saúde atribuído, do ponto de vista normativo, a outro ente da federação (*in casu*, a União).

A jurisprudência do egrégio Supremo Tribunal Federal consolidou-se nesse sentido desde, ao menos, a edição do Tema nº 793. Ao julgar os Embargos Declaratórios no Recurso Extraordinário nº 855.178/SE,[18] o STF formou o seguinte precedente:

> CONSTITUCIONAL E ADMINISTRATIVO. EMBARGOS DE DECLARAÇÃO EM RECURSO EXTRAORDINÁRIO COM REPERCUSSÃO GERAL RECONHECIDA. AUSÊNCIA DE OMISSÃO, CONTRADIÇÃO OU OBSCURIDADE. DESENVOLVIMENTO DO PROCEDENTE. POSSIBILIDADE. RESPONSABILIDADE DE SOLIDÁRIA NAS DEMANDAS PRESTACIONAIS NA ÁREA DA SAÚDE. DESPROVIMENTO DOS EMBARGOS DE DECLARAÇÃO. 1. É da jurisprudência do Supremo

[17] BRASIL. Lei nº 8.080, de 19 de setembro de 1990. Dispõe sobre as condições para a promoção, proteção e recuperação da saúde, a organização e o funcionamento dos serviços correspondentes e dá outras providências. *Diário Oficial da República Federativa do Brasil*, Brasília, DF, 20 set.1990. Disponível em: https://www.planalto.gov.br/ccivil_03/leis/l8080.htm. Acesso em: 17 nov. 2024.

[18] BRASIL. Supremo Tribunal Federal. Embargos de Declaração no Recurso Extraordinário nº 855.178/SE. Embargante: UNIÃO – ADVOCACIA GERAL DA UNIÃO. Embargada: MARIA AUGUSTA DA CRUZ SANTOS, Relator: LUIZ FUX, Relator p/ Acórdão: EDSON FACHIN. Brasília, 16 abr.2020. Disponível em: https://redir.stf.jus.br/paginadorpub/paginador.jsp?docTP=TP&docID=752469853. Acesso em: 17 nov. 2024.

> Tribunal Federal que o tratamento médico adequado aos necessitados se insere no rol dos deveres do Estado, porquanto responsabilidade solidária dos entes federados. O polo passivo pode ser composto por qualquer um deles, isoladamente, ou conjuntamente. 2. A fim de otimizar a compensação entre os entes federados, compete à autoridade judicial, diante dos critérios constitucionais de descentralização e hierarquização, direcionar, caso a caso, o cumprimento conforme as regras de repartição de competências e determinar o ressarcimento a quem suportou o ônus financeiro. 3. As ações que demandem fornecimento de medicamentos sem registro na ANVISA deverão necessariamente ser propostas em face da União. Precedente específico: RE 657.718, Rel. Min. Alexandre de Moraes. 4. Embargos de declaração desprovidos. (RE 855178 ED, Relator(a): LUIZ FUX, Relator(a) p/ Acórdão: EDSON FACHIN, Tribunal Pleno, julgado em 23-05-2019, PROCESSO ELETRÔNICO REPERCUSSÃO GERAL - MÉRITO DJe-090 DIVULG 15-04-2020 PUBLIC 16-04-2020)

Como se vê, é consabido que a parte autora, cidadão que reclama a prestação de serviço público de saúde por parte do Poder Público, tem a faculdade de exercer seu direito de ação por meio do ajuizamento da *ação de obrigação de fazer* em face de qualquer dos entes federados. É também verdade que o Poder Judiciário passa a ter a competência de direcionar o cumprimento ao ente responsável pelo tratamento e determinar o ressarcimento a quem suportou o ônus financeiro.

Em outras palavras, o Tema nº 793 elucida que, embora o ente federado responsável pelo tratamento de saúde postulado possa não estar presente no polo passivo do processo originário, este deve arcar com o ônus financeiro do cumprimento da ordem judicial proferida.

Do contrário, surgiria um cenário caótico, em que o indivíduo passaria a escolher e determinar qual ente federado para suportar o ônus financeiro pelo seu atendimento. Essa noção, de uma só vez, afrontaria as regras de repartição de competências do Sistema Único de Saúde e o próprio equilíbrio do Sistema.

Em complemento, cabe sublinhar que o Tema nº 793 do STF está em total sintonia com o enunciado nº 60, aprovado na II Jornada de Direito da Saúde, promovida pelo Conselho Nacional de Justiça, que assim orienta:

> A responsabilidade solidária dos entes da Federação não impede que o Juízo, ao deferir medida liminar ou definitiva, direcione inicialmente o seu cumprimento a um determinado ente, conforme as regras administrativas

de repartição de competências, sem prejuízo do redirecionamento em caso de descumprimento.

Por conseguinte, visando ao cumprimento das normas de repartição de competências do SUS, bem como em respeito ao sistema de precedentes judiciais vinculantes ou obrigatórios com força normativa, estabelecido pelo artigo 927, inciso III, do Código de Processo Civil, tem-se que deve ser seguido o Tema nº 793 do STF – à exceção do fornecimento de medicamentos, conforme decidiu recentemente o STF quanto do julgamento definitivo do Tema nº 1.234.

Curiosamente, a União tinha entendimento administrativo que recomendava aos órgãos da AGU que não efetuassem o ressarcimento aos demais entes federados nos casos em que União não havia integrado o polo passivo da lide originária (ação de saúde).

A esse respeito, o Parecer Referencial nº 00030/2018/CONJUR-MS/CGU/AGU,[19] exarado pela Consultoria Jurídica junto ao Ministério da Saúde, órgão da Advocacia-Geral da União, apresenta as seguintes conclusões:

> 1) A União é parte no processo e está obrigada a ressarcir por força de decisão judicial expressa: dever de ressarcir, mediante procedimento administrativo orientado pelos princípios do formalismo, da segurança jurídica e da publicidade. Necessidade de observar a disciplina orçamentária. Ulterior reequilíbrio, por meio da Comissão Intergestores.
> 2) A União é parte no processo mas não está judicialmente obrigada a ressarcir: pactuação consensual na Comissão Intergestores, com o fim de promover o reequilíbrio econômico financeiro do Sistema Único de Saúde.
> 3) A União é parte no processo e a ela foi imposta o custeio conjunto da obrigação: adimplemento da obrigação em expediente administrativo de contato e gestão com os demais coobrigados. Ulterior reequilíbrio, por meio da Comissão Intergestores.
> 4) A União não é parte no processo: impossibilidade de ressarcimento por força própria e apartado de regulamentação prévia. Pacto consensual na Comissão Intergestores, com a finalidade de promover o reequilíbrio econômico-financeiro do Sistema Único de Saúde.

[19] BRASIL. Parecer Referencial nº 00030/2018/CONJUR-MS/CGU/AGU, exarado pela Consultoria Jurídica junto ao Ministério da Saúde, órgão da Advocacia-Geral da União. Dispõe sobre as regras de financiamento e execução do Componente Especializado da Assistência Farmacêutica no âmbito do Sistema Único de Saúde (SUS). *Diário Oficial da República Federativa do Brasil*, Brasília, DF, 31 jul. 2013. Disponível em: https://bvsms.saude.gov.br/bvs/saudelegis/gm/2013/prt1554_30_07_2013.html. Acesso em: 17 nov. 2024.

> 5) A União é credora: dever de cobrança do crédito. Pactuação consensual na Comissão Intergestores, com o fim de promover o reequilíbrio econômico financeiro do Sistema Único de Saúde, por meio de mecanismos de glosa dos repasses ordinários pela União.

A simples leitura do texto acima colacionado permite concluir que o próprio ente devedor nas ações de ressarcimento reconhece o direito do ente menor em ver seus gastos indenizados. É clara, portanto, a necessidade de ressarcir os entes subnacionais que tenham prestado atendimento de saúde de competência da União. A questão posta no Parecer supracitado consiste em diferenciar o ressarcimento administrativo quando a União está ou não no polo passivo de ação judicial.

Ainda, importante salientar que o Parecer da AGU em análise explica que o Ministério da Saúde não possui procedimentos sistematizados e regulados para a realização de ressarcimento financeiro a Estados e Municípios que custeiam ações e serviços de saúde judicializados, que são de competência do ente federal.

4 O julgamento definitivo do Tema nº 1.234/STF e seus efeitos no ressarcimento dos cofres municipais

Importante identificar neste ponto qual ente federado, afinal, é o responsável financeiro pelo fornecimento de medicamentos no caso concreto. Isso depende da repartição de competências no âmbito do SUS, como vimos acima.

Neste ponto, o federalismo também deixa suas marcas, porquanto a responsabilidade pelo custeio dos medicamentos e do tratamento solicitado nas demandas de saúde dá-se conforme a repartição de competências entre os entes federados conforme a sua natureza.

4.1 Hipóteses de custeio integral pela União

Se a ação for, de fato, de competência da Justiça Federal, o custeio integral do medicamento ou do tratamento será proporcionado pela União. Ou seja, se a justiça comum federal for a competente para processo e julgamento do caso – seja em caso de medicamentos incorporados, seja em caso de não incorporados –, a União será responsável por arcar integralmente com o custo do medicamento/tratamento.

Nesse sentido, se algum Estado ou o Distrito Federal forem eventualmente obrigados a custear o medicamento em casos de urgência ou por outro motivo (a decisão chama isso de condenação supletiva), eles serão posteriormente ressarcidos pela União.

Ocorre que o modelo descrito pela Suprema Corte é diferente do que vinha sendo feito até o julgamento definitivo do Tema nº 1.234/STF. Tal ressarcimento ocorrerá por meio de repasses "Fundo a Fundo" – ou seja, o Fundo Nacional de Saúde (FNS) repassará os recursos ao Fundo Estadual de Saúde (FES).

A decisão colegiada do STF também tratou de determinar que o Ministério da Saúde, órgão do Poder Executivo federal, elabore os detalhes do repasse pela União aos entes subnacionais no prazo de 90 (noventa) dias.

Veja-se trecho da ementa do acórdão do RE nº 1.366.243,[20] julgado em 16/9/24, que se refere exatamente a esse ponto:

> 3) As ações de fornecimento de medicamentos incorporados ou não incorporados, que se inserirem na competência da Justiça Federal, serão custeadas integralmente pela União, cabendo, em caso de haver condenação supletiva dos Estados e do Distrito Federal, o ressarcimento integral pela União, via repasses Fundo a Fundo (FNS ao FES), na situação de ocorrer redirecionamento pela impossibilidade de cumprimento por aquela, a ser implementado mediante ato do Ministério da Saúde, previamente pactuado em instância tripartite, no prazo de até 90 dias.

Detalhe importante ainda dentro da competência da União para custeio integral de medicamentos e tratamentos é que, mesmo em caso de participação de outros entes no polo passivo desses tipos de ação, os Estados, os Municípios e o Distrito Federal não devem ser condenados nem mesmo ao pagamento de ônus sucumbenciais.

A esse respeito, é importante mencionar que a Suprema Corte protegeu os entes subnacionais reconhecendo que, afinal, não foram eles que deram causa ao ajuizamento da demanda, mas a União. Resta contemplado, assim, o princípio da causalidade na distribuição dos ônus de sucumbência

---

20 BRASIL. Supremo Tribunal Federal. Recurso Extraordinário nº 1.366.243. Recorrente: Estado de Santa Catarina. Recorrido: União e Outros. Relator: Gilmar Mendes, Tribunal Pleno, Brasília, 11 out. 2024. Disponível em: https://redir.stf.jus.br/paginadorpub/paginador.jsp?docTP=TP&docID=781043699. Acesso em: 17 nov. 2024.

E isso pode se dar mesmo que, inicialmente, a União seja a única parte demandada no processo (única integrante do polo passivo da lide). Há casos em que exsurge a necessidade de ingresso na lide dos entes subnacionais (Estados, Municípios e DF), ainda que apenas para executar atos materiais de fornecimento do medicamento. Nesses casos, o juiz pode incluí-los no processo para garantir o cumprimento da decisão.

O ponto diferente é que, contudo, tal inclusão não implicará, ao final, responsabilidade financeira para esses entes incluídos. Isso porque não serão condenados pelo Judiciário em ônus sucumbenciais. E também porque posteriormente os entes subnacionais serão ressarcidos pela União. Essa inclusão seria apenas para garantir, de acordo com as peculiaridades do caso concreto, que o paciente receba o medicamento/tratamento a tempo – considerada a própria natureza célere da ação de medicamentos.

Confira-se como restou consagrada a tese do STF[21] neste ponto:

> 3.1) Figurando somente a União no polo passivo, cabe ao magistrado, se necessário, promover a inclusão do Estado ou Município para possibilitar o cumprimento efetivo da decisão, o que não importará em responsabilidade financeira nem em ônus de sucumbência, devendo ser realizado o ressarcimento pela via acima indicada em caso de eventual custo financeiro ser arcado pelos referidos entes.

Ademais, o STF teve a cautela de estipular uma limitação ao preço do medicamento. Explica-se: o juízo, ao determinar o fornecimento do medicamento, deve garantir que o preço de venda esteja limitado (i) ao valor com desconto registrado durante o processo de incorporação na CONITEC (Comissão Nacional de Incorporação de Tecnologias no SUS); ou (ii) ao preço que já tenha sido praticado em compras públicas.

Dentre os dois critérios acima, o juízo deve escolher o que refletir menor valor de medicamento. Contudo, deve também ser considerado o reajuste de preços de medicamentos definido pela CMED (Câmara de Regulação do Mercado de Medicamentos). Em todo caso, o teto determinado para o preço é o valor correspondente ao Preço Máximo de Venda

---

[21] BRASIL. Supremo Tribunal Federal. Recurso Extraordinário nº 1.366.243. Recorrente: Estado de Santa Catarina. Recorrido: União e Outros. Relator: Gilmar Mendes, Tribunal Pleno, Brasília, 11 out. 2024. Disponível em: https://redir.stf.jus.br/paginadorpub/paginador.jsp?docTP=TP&docID=781043699. Acesso em: 17 nov. 2024.

ao Governo (PMVG). Em nenhuma hipótese, o valor do medicamento custeado pelo Poder Público pode ultrapassar o limite do PMVG.

Outro ponto que merece relevo é o fato de que a serventia judicial deve contratar o fabricante ou distribuidor do medicamento. Trata-se de cuidados e providências adicionais que devem ser observadas pelo Poder Judiciário. Tais quais outros pontos da decisão, delegou-se a momento futuro a criação de um fluxo para viabilizar esse cumprimento.

Veja-se a decisão colegiada do STF[22] quanto a este ponto:

> 3.2) Na determinação judicial de fornecimento do medicamento, o magistrado deverá estabelecer que o valor de venda do medicamento seja limitado ao preço com desconto, proposto no processo de incorporação na Conitec (se for o caso, considerando o *venire contra factum proprium/tu quoque* e observado o índice de reajuste anual de preço de medicamentos definido pela CMED), ou valor já praticado pelo ente em compra pública, aquele que seja identificado como menor valor, tal como previsto na parte final do art. 9º na Recomendação 146, de 28.11.2023, do CNJ.

4.2 Ressarcimento pela União em Ações na Justiça Estadual

Se a ação tramitar na Justiça Estadual e envolver medicamentos não incorporados ao SUS, e os estados ou municípios forem condenados a fornecer esses medicamentos, eles serão ressarcidos pela União por meio de repasses "Fundo a Fundo" (do Fundo Nacional de Saúde ao Fundo Estadual ou Municipal de Saúde). O juiz pode incluir outros entes no processo, se necessário, para garantir que a decisão seja cumprida, sem gerar encargos adicionais para o ente incluído, conforme vimos acima.

Entretanto, o ressarcimento não será necessariamente integral. Para medicamentos não incorporados cujo custo anual fique entre 7 e 210 salários mínimos, o ressarcimento aos estados ou municípios será de 65% do valor desembolsado.

Esse ressarcimento será feito pela União, seguindo os mesmos procedimentos de repasse, em até 90 dias, após um ato do Ministério da Saúde, pactuado entre os entes federativos.

---

22 *Idem.*

Confira como ficou redigida a tese do STF[23] neste ponto:

> 3.3) As ações que permanecerem na Justiça Estadual e cuidarem de medicamentos não incorporados, as quais impuserem condenações aos Estados e Municípios, serão ressarcidas pela União, via repasses Fundo a Fundo (FNS ao FES ou ao FMS). Figurando somente um dos entes no polo passivo, cabe ao magistrado, se necessário, promover a inclusão do outro para possibilitar o cumprimento efetivo da decisão.
> 3.3.1) O ressarcimento descrito no item 3.3 ocorrerá no percentual de 65% (sessenta e cinco por cento) dos desembolsos decorrentes de condenações oriundas de ações cujo valor da causa seja superior a 7 (sete) e inferior a 210 (duzentos e dez) salários-mínimos, a ser implementado mediante ato do Ministério da Saúde, previamente pactuado em instância tripartite, no prazo de até 90 dias.

4.3 Ressarcimento para medicamentos oncológicos

Para medicamentos oncológicos fornecidos em ações ajuizadas antes de 10 de junho de 2024, a União será responsável por ressarcir 80% do valor total pago pelos Estados e Municípios.

Esse ressarcimento ocorrerá independentemente de a ação ter sido julgada definitivamente (independente de trânsito em julgado).

Para as ações ajuizadas depois dessa data, o percentual de ressarcimento será pactuado na CIT (Comissão Intergestores Tripartite), também em até 90 dias.

Confira como ficou redigida a tese do STF[24] neste ponto:

> 3.4) Para fins de ressarcimento interfederativo, quanto aos medicamentos para tratamento oncológico, as ações ajuizadas previamente a 10 de junho de 2024 serão ressarcidas pela União na proporção de 80% (oitenta por cento) do valor total pago por Estados e por Municípios, independentemente do trânsito em julgado da decisão, a ser implementado mediante ato do Ministério da Saúde, previamente pactuado em instância tripartite, no prazo de até 90 dias.
> O ressarcimento para os casos posteriores a 10 de junho de 2024 deverá ser pactuado na CIT, no mesmo prazo.

---

23 *Idem*.

24 *Idem*.

5 A ideia de uma plataforma nacional: uma governança colaborativa

Na ocasião do julgamento sob exame, o STF assentou que os entes federados (sabidamente: União, Estados, Municípios e Distrito Federal) deverão, em colaboração com o Poder Judiciário, criar uma plataforma nacional de informações sobre demandas de medicamentos. Isso tudo no intuito de facilitar o acesso dos cidadãos, assim como o controle por parte dos Entes e do Judiciário.

A intenção é de que tal plataforma centralize todas as informações relacionadas a pedidos administrativos e judiciais sobre medicamentos, facilitando o acesso do público e promovendo mais eficiência na gestão dos processos. Claramente, o objetivo é melhorar o controle e a resolução das demandas judiciais envolvendo medicamentos, além de padronizar o acesso e o fornecimento desses fármacos por meio do SUS.

A porta de entrada para essa plataforma será o uso de prescrições eletrônicas, devidamente certificadas. Com isso, médicos terão que emitir receitas digitais para que os medicamentos sejam monitorados. Além disso, essa medida visa a garantir o controle ético das prescrições, permitindo que os entes federativos informem o Conselho Federal de Medicina (CFM) em caso de eventuais irregularidades na prescrição, como medicamentos não adequados ou fora das diretrizes do SUS. Inegavelmente, o ato médico de prescrição de tratamentos ganha maior transparência com a medida.

Como se não bastasse, a plataforma será utilizada para organizar e orientar todos os envolvidos no sistema público de saúde, incluindo médicos, farmacêuticos, administradores e o próprio Poder Judiciário. Ela deverá criar fluxos diferenciados de atendimento, dependendo se o medicamento solicitado está – ou não – incluído na política pública do SUS. Isso garante mais eficiência na análise e no tratamento dos casos, assegurando que as demandas judiciais ou administrativas sejam tratadas de maneira adequada.

Importante: até que sobrevenha a implementação da plataforma, os juízes devem intimar a Administração Pública para justificar a negativa de fornecimento na seara administrativa, nos moldes do acordo e dos fluxos aprovados na Comissão Especial, de modo a viabilizar a análise da legalidade do ato de indeferimento.

Um dos principais objetivos da plataforma é identificar quem será o responsável pelo custeio e fornecimento administrativo dos medicamentos. Com base nos fluxos acordados pelos entes federativos, a plataforma permitirá o monitoramento das decisões judiciais e dos pacientes beneficiados, usando informações como CPF, nome do medicamento, CID (Código Internacional de Doenças), entre outros. Tudo isso, claro, deve ser feito observando a Lei Geral de Proteção de Dados (LGPD) e outras normas que protegem informações sensíveis dos pacientes.

Também consta do julgado que o serviço de saúde cujo profissional prescrever medicamento não incorporado ao SUS "deverá assumir a responsabilidade contínua pelo acompanhamento clínico do paciente, apresentando, periodicamente, relatório atualizado do estado clínico do paciente, com informações detalhadas sobre o progresso do tratamento",[25] incluindo melhorias, estabilizações ou deteriorações no estado de saúde do paciente, assim como qualquer mudança relevante no plano terapêutico.

6 Modulação dos efeitos da decisão

A respeito da modulação dos efeitos de decisões dos tribunais, o art. 926, §3º, do Código de Processo Civil dispõe o seguinte:

> Art. 926. Os tribunais devem uniformizar sua jurisprudência e mantê-la estável, íntegra e coerente.
> [...]
> § 3º. Na hipótese de alteração de jurisprudência dominante do Supremo Tribunal Federal e dos tribunais superiores ou daquela oriunda de julgamento de casos repetitivos, pode haver modulação dos efeitos da alteração no interesse social e no da segurança jurídica.

Apesar de não ter implicado drástica alteração do entendimento do STF sobre a competência, é inegável que o julgado (e a necessidade de observância do acordo) modificou da situação jurídico-processual de diversos processos em trâmite em todos os graus de jurisdição.

Quanto aos processos que teriam de ser remetidos para a justiça comum federal, para que não houvesse nenhum prejuízo às partes – em especial, aos cidadãos demandantes – os efeitos dos acordos, unicamente quanto à modificação de competência, deverão incidir somente

---

[25] *Idem.*

sobre os processos ajuizados após a publicação da ata do julgamento em tela. Dito de outro modo: quanto ao deslocamento de competência, serão atingidos apenas os processos ajuizados após a publicação da ata do julgamento.

Em consequência disso, os feitos ajuizados até tal marco ainda deverão atender os efeitos da cautelar deferida nos mesmos autos do recurso extraordinário sobe estudo, mantendo-se onde estiverem tramitando sem deslocamento de competência, todavia, aplicando-se imediatamente os demais itens dos acordos.

7 A edição da Súmula Vinculante nº 60

De início, cumpre situar que as súmulas vinculantes são enunciados interpretativos criados pelo Supremo Tribunal Federal com o objetivo de uniformizar a aplicação do direito e garantir a integridade da jurisprudência pátria. Elas possuem força vinculante, ou seja, são de observância obrigatória por toda a administração pública e pelo Poder Judiciário, nos casos que tratem da mesma questão jurídica abordada pela súmula.

Seu fundamento normativo consta do artigo 103-A da Constituição Federal de 1988, que fora incluído pela Emenda Constitucional nº 45/2004 (Reforma do Judiciário). Tal dispositivo estabelece o seguinte:

> Art. 103-A. O Supremo Tribunal Federal poderá, de ofício ou por provocação, mediante decisão de dois terços dos seus membros, após reiteradas decisões sobre matéria constitucional, aprovar súmula que, a partir de sua publicação na imprensa oficial, terá efeito vinculante em relação aos demais órgãos do Poder Judiciário e à administração pública direta e indireta, nas esferas federal, estadual e municipal, bem como proceder à sua revisão ou cancelamento, na forma estabelecida em lei.

O principal objetivo das súmulas vinculantes é promover a unidade do entendimento jurisprudencial e prevenir decisões contraditórias sobre a mesma questão constitucional. Além disso, elas visam a reduzir a litigiosidade, pois, ao estabelecer uma interpretação uniforme, evita-se a repetição de demandas judiciais sobre questões já pacificadas; a dar maior segurança jurídica, porquanto as súmulas vinculantes proporcionam previsibilidade ao comportamento da Justiça e da administração pública.

Uma vez editada, a súmula vinculante deve ser seguida por todos os tribunais e órgãos administrativos. Caso alguma autoridade ou tribunal descumpra uma súmula vinculante, pode ser ajuizada uma reclamação constitucional perante o STF, que terá o papel de assegurar a aplicação correta do enunciado.

Por isso, a fim de ampliar a eficácia da decisão detalhada neste estudo, o STF aprovou a Súmula Vinculante nº 60, determinando a aplicação obrigatória do entendimento. Veja o teor do enunciado:

> Súmula vinculante 60: O pedido e a análise administrativos de fármacos na rede pública de saúde, a judicialização do caso, bem ainda seus desdobramentos (administrativos e jurisdicionais), devem observar os termos dos 3 (três) acordos interfederativos (e seus fluxos) homologados pelo Supremo Tribunal Federal, em governança judicial colaborativa, no tema 1.234 da sistemática da repercussão geral (RE 1.366.243).

Conclusão

O julgamento definitivo do Tema nº 1.234 pelo STF representa um marco significativo para a concreção do direito à saúde no Brasil e também para o direito municipal, ao cristalizar novos contornos ao direito dos Municípios ao ressarcimento pela União e pelos Estados, em determinadas circunstâncias tratadas acima. Além de buscar reforçar os princípios do federalismo cooperativo, a decisão visa a estabelecer parâmetros importantes para a repartição de custos entre os entes federados no fornecimento de medicamentos em demandas judiciais e administrativas.

No entanto, os desafios remanescem. A implementação efetiva da decisão exige um esforço coordenado para aprimorar os mecanismos de ressarcimento e evitar a perpetuação de litígios judiciais.

Nesse sentido, a proposta de uma plataforma nacional de governança colaborativa surge como uma alternativa até certo ponto viável para promover maior eficiência e transparência na alocação de recursos no SUS.

Por fim, a edição da Súmula Vinculante nº 60 reafirma o papel do STF como guardião da Constituição e da integridade do pacto federativo, consolidando um precedente que fortalece o direito dos Municípios e contribui para a sustentabilidade do SUS no Brasil.

Referências

BRASIL. [Constituição (1988)]. *Constituição da República Federativa do Brasil: promulgada em 5 de outubro de 1988*. 66. ed. Brasília, DF: Edições Câmara dos Deputados, 2024.

BRASIL. Lei nº 8.080, de 19 de setembro de 1990. Dispõe sobre as condições para a promoção, proteção e recuperação da saúde, a organização e o funcionamento dos serviços correspondentes e dá outras providências. *Diário Oficial da República Federativa do Brasil*, Brasília, DF, 20 set. 1990. Disponível em: https://www.planalto.gov.br/ccivil_03/leis/l8080.htm. Acesso em: 17 nov. 2024.

BRASIL. Decreto Federal nº 7.508, de 28 de junho de 2011. Regulamenta a Lei nº 8.080, de 19 de setembro de 1990, para dispor sobre a organização do Sistema Único de Saúde – SUS, o planejamento da saúde, a assistência à saúde e a articulação interfederativa, e dá outras providências. *Diário Oficial da República Federativa do Brasil*, Brasília, DF, 29 jun. 2011. Disponível em: https://www.planalto.gov.br/ccivil_03/_ato2011-2014/2011/decreto/d7508.htm. Acesso em: 17 nov. 2024.

BRASIL. Lei nº 10.406, de 10 de janeiro de 2002. Institui o Código Civil. *Diário Oficial da República Federativa do Brasil*, Brasília, DF, 11 jan. 2002. Disponível em: https://www.planalto.gov.br/ccivil_03/leis/2002/l10406compilada.htm. Acesso em: 17 nov. 2024.

BRASIL. Parecer Referencial nº 00030/2018/CONJUR-MS/CGU/AGU, exarado pela Consultoria Jurídica junto ao Ministério da Saúde, órgão da Advocacia-Geral da União. Dispõe sobre as regras de financiamento e execução do Componente Especializado da Assistência Farmacêutica no âmbito do Sistema Único de Saúde (SUS). *Diário Oficial da República Federativa do Brasil*, Brasília, DF, 31 jul. 2013. Disponível em: https://bvsms.saude.gov.br/bvs/saudelegis/gm/2013/prt1554_30_07_2013.html. Acesso em: 17 nov. 2024.

BRASIL. Portaria de Consolidação nº 2, de 28 de setembro de 2017. Consolida as normas sobre as políticas nacionais de saúde do Sistema Único de Saúde. *Diário Oficial da República Federativa do Brasil*, Brasília, DF, 29 set. 2017. Disponível em: https://www.saude.pr.gov.br/sites/default/arquivos_restritos/files/documento/2020-05/10_portaria_de_consolidacao_n_2_2017_contratualizacao_cosems.pdf. Acesso em: 17 nov. 2024.

BRASIL. Portaria nº 876, de 16 de maio de 2013. Dispõe sobre a aplicação da Lei nº 12.732, de 22 de novembro de 2012, que versa a respeito do primeiro tratamento do paciente com neoplasia maligna comprovada, no âmbito do Sistema Único de Saúde (SUS). *Diário Oficial da República Federativa do Brasil*, Brasília, DF, 27 maio 2013. Disponível em: https://bvsms.saude.gov.br/bvs/saudelegis/gm/2013/prt0876_16_05_2013.html. Acesso em: 17 nov. 2024.

BRASIL. Portaria nº 1.554, de 30 de julho de 2013. Dispõe sobre as regras de financiamento e execução do Componente Especializado da Assistência Farmacêutica no âmbito do Sistema Único de Saúde (SUS). *Diário Oficial da República Federativa do Brasil*, Brasília, DF, 31 jul. 2013. Disponível em: https://bvsms.saude.gov.br/bvs/saudelegis/gm/2013/prt1554_30_07_2013.html. Acesso em: 17 nov. 2024.

BRASIL. Portaria SAES/MS nº 1.399, de 17 de dezembro de 2019. Redefine os critérios e parâmetros referenciais para a habilitação de estabelecimentos de saúde na alta complexidade em oncologia no âmbito do SUS. *Diário Oficial da República Federativa do Brasil*, Brasília, DF, 18 dez. 2019. Disponível em: https://www.inca.gov.br/sites/ufu.sti.inca.local/files//media/document//portaria_1399_17dez2019.pdf. Acesso em: 17 nov. 2024.

BRASIL. Supremo Tribunal Federal. Recurso Extraordinário nº 1.366.243. Recorrente: Estado de Santa Catarina. Recorrido: União e Outros. Relator: Gilmar Mendes, Tribunal Pleno, Brasília, 11 out. 2024. Disponível em: https://redir.stf.jus.br/paginadorpub/paginador.jsp?docTP=TP&docID=781043699. Acesso em: 17 nov. 2024.

BRASIL. Supremo Tribunal Federal. Embargos de Declaração no Recurso Extraordinário n.º 855.178/SE. Embargante: UNIÃO – ADVOCACIA GERAL DA UNIÃO. Embargada: MARIA AUGUSTA DA CRUZ SANTOS, Relator: LUIZ FUX, Relator p/ Acórdão: EDSON FACHIN. Brasília, 16 abr. 2020. Disponível em: https://redir.stf.jus.br/paginadorpub/paginador.jsp?docTP=TP&docID=752469853. Acesso em: 17 nov. 2024.

BRASIL. Tribunal Regional Federal da 4ª Região. Apelação Cível nº 5000164-73.2021.4.04.7216. Apelante: UNIÃO – ADVOCACIA GERAL DA UNIÃO. Apelado: GENOIR DE OLIVEIRA, Relator: Desembargador Federal SEBASTIÃO OGÊ MUNIZ. Florianópolis, 16 maio 2023. Disponível em: https://jurisprudencia.trf4.jus.br/pesquisa/inteiro_teor.php?orgao=1&numero_gproc=40003865569&versao_gproc=3&crc_gproc=af983f41. Acesso em: 17 nov .2024.

CANOTILHO, J. J. Gomes. *Direito constitucional e teoria da constituição*. 7. ed.

LENZA, Pedro. *Direito constitucional esquematizado*. 24. ed. São Paulo: Saraiva, 2020.

SARMENTO, Daniel; SOUZA NETO, Cláudio Pereira de. *Direito Constitucional: teoria, história e métodos de trabalho*. 2. ed. Belo Horizonte: Fórum, 2017.

Informação bibliográfica deste texto, conforme a NBR 6023:2018 da Associação Brasileira de Normas Técnicas (ABNT):

RACHELLE, Fábio Silveira; MARKUSONS, Felipe Leal; ARJONA, Thiago Klug. Os impactos do julgamento definitivo do tema nº 1.234 pelo STF no Direito Municipal ao ressarcimento em face da união no âmbito do SUS. *In*: BRITTO, Anne Karole Silva Fontenelle de; SILVA, Bruno Sampaio Ferreira da; NEURAUTER, Maíra; FLORIANO, Eduardo de Souza (coord.). *Direito municipal em debate*. Belo Horizonte: Fórum, 2025. p. 57-80. ISBN 978-85-450-0976-4. v. 9.

ADEQUAÇÃO DA TEORIA DA RESPONSABILIDADE CIVIL DO ESTADO POR DANOS DECORRENTES DO USO DE SISTEMAS DE INTELIGÊNCIA ARTIFICIAL NA PRESTAÇÃO DE SERVIÇOS PÚBLICOS

Janaina Leite Tavares
Livia Meira Toscano Pereira

1 Introdução

Na atualidade, as discussões sobre regulamentação do uso da Inteligência Artificial (IA) nas mais diversas artes e habilidades humanas vêm sendo o tema central nos debates acadêmicos. Não poderia ser diferente: demos olhos e ouvidos (terceira onda: áudio visual das telas), conferimos braços e pernas (automação de eletroportáteis que executam tarefas) e, nesta quarta onda da revolução das máquinas, estamos dotando-as de inteligência artificial (IA).

As máquinas, dantes vistas como uma mera ferramenta operada pelo ser humano, estão agora tomando decisões a partir do que os cientistas da área denominam de "redes neurais artificiais",[1] simulando o funcionamento do cérebro humano para, de forma autônoma, tomar decisões, resolver problemas complexos e realizar tarefas antes apenas competentes aos seres humanos.

Muito já se discute no campo da problemática social e política sobre os impactos da inteligência artificial (IA), desde as questões climáticas ao desemprego em massa. No entanto, outro campo, o

---

[1] PIMENTEL, A. F. *Inteligência Artificial e a Internet, 2.12. IA, Machine Learning e Deep Learning: como os algoritmos tomam decisões.* 1. ed. Recife: Editora Publius, 2023. p. 281-285. O aprendizado automático de máquina é o estudo da construção de algoritmos que podem aprender a partir de seus erros e realizar previsões sobre dados. Arthur Samuel definiu aprendizado de máquina em 1959 como o "campo de estudo que dá aos computadores a habilidade de aprender sem serem explicitamente programados".

jurídico-político, também desperta a atenção dos diversos atores interessados no desenvolvimento e disseminação do uso da IA, que envolve a questão econômica do direito à tecnologia, isto é, **a reparação civil por danos, eventualmente, ocasionados pelo uso da IA**.

Nesse ponto, destacamos os paradoxos éticos e morais envolvidos no uso desses sistemas, tão bem expostos em documentários como *We need to talk about IA* e *A.I. – Artificial Inteligency*. Obviamente, essa nova tecnologia, impondo mudanças no *modus vivendi*, tem gerado o que alguns denominam de "risco do medo",[2] isto é, o paradoxal comportamento, próprio do ser humano, de autodefesa contra a mudança, em que a sociedade reage de forma alarmante contra a tecnologia, podendo retardar o seu desenvolvimento. Na história da humanidade, o medo tem a sua utilidade, uma vez que impele o animal a ter cautela na apreensão do conhecimento. No entanto, esse é também o combustível que escancara a necessidade do debate e do enfrentamento científico dessas novas tecnologias para abraçar o futuro inescapável.

Numa sociedade em que o discurso não é construído em cima de argumentos racionais e finalidades coletivas, mas, muitas vezes, em interesses individuais daqueles que têm melhor acesso aos meios de comunicação, é preciso manter o espírito crítico em relação aos alardes de posições de polos, seja aquelas que propagam que a inteligência artificial (IA) seria um "demônio" para a humanidade, seja a de que seria uma "entidade divina", com solução para todos os problemas humanos. Já nos ensinava o filósofo italiano Antônio Gramsci: o desafio da modernidade é viver sem ilusões, sem se tornar desiludido.[3]

Neste breve ensaio, realizamos uma pesquisa bibliográfica qualitativa sobre os aspectos fundamentais das teorias da responsabilidade civil do Estado, as propostas para atender a nova tecnologia e as complexidades de estabelecer essa responsabilidade por danos causados pelo uso da inteligência artificial (IA) na prestação de serviços públicos.

Sabemos que, visando otimizar o atendimento dos cidadãos, o Poder Público já vem utilizando a inteligência artificial (IA) na prestação de serviços públicos. As vantagens proporcionadas por essa tecnologia, em especial na análise de grandes volumes de dados e celeridade

---

[2] MARANHÃO, J. *IA e o "risco do medo"*. Disponível em: https://www.jota.info/artigos/ia-e-o-risco-do-medo . Acesso em: 28 out. 2024.

[3] GRAMSCI, A. *Cadernos do Cárcere. Concepção dialética da história*. Título original do italiano: *Il materialismo storico e La filosofia de Benedetto Croce*. Trad. Carlos Nelson Coutinho. 8. ed. Rio de Janeiro: Civilização Brasileira, 1989.

em algumas etapas e procedimentos, vêm auxiliando os servidores no atendimento das necessidades apresentadas pelo cidadão.

Embora ainda não haja treinamento e capacitação suficientes dos servidores públicos, vem-se constatando que o uso da inteligência artificial (IA), em algumas etapas do serviço público, permite significativa redução do tempo de espera do cidadão por uma resposta do Poder Público, superando o trabalho humano.[4]

No Poder Judiciário, a inteligência artificial (IA) é empregada na prática jurídica por meio de ferramentas como Victor (usada pelo Supremo Tribunal Federal no Brasil) e Athos (usada pelo Superior Tribunal de Justiça), para o cumprimento de etapas de tramitação de processos judiciais e atribuições que tomariam horas de um servidor público, apresentando enorme ganho de produtividade com a utilização da inteligência artificial (IA), como a identificação dos feitos relacionados aos temas de repercussão geral, elaboração de minutas iniciais de documentos, identificação de impulso de massa, entre outros. Na Advocacia Pública, destacam-se iniciativas como o Sapiens (AGU) e SPA (Procuradoria Municipal de João Pessoa e de Jaboatão dos Guararapes), que gerenciam eletronicamente documentos, controle de fluxos administrativos e utilizam robôs de leitura de documentos e automação, além de promover a integração entre os sistemas do Poder Judiciário e do Poder Executivo.

Já no Poder Executivo, observamos a implantação do "Governo Digital", recentemente por meio Decreto nº 12.069, publicado em 21 de junho de 2024, regulamentando a Lei nº 14.129, de 29 de março de 2021, que dispõe sobre princípios, regras e instrumentos para o Governo Digital e para o aumento da eficiência pública, estabelecendo estratégia nacional para implantar Rede gov.br, a fim de utilizar as tecnologias digitais para o atendimento eficiente do cidadão, a integração de serviços e de políticas públicas e a promoção da transparência, aproximando o Estado da população. O Governo do Estado de Alagoas vem implantando política idêntica, por meio da Lei Estadual nº 9.272, de 11 de junho de 2024, a fim introduzir um "'sistema de gestão de procedimentos internos e serviços públicos que, com base nas Tecnologias da Informação e da Comunicação – TICs, visa melhorar a qualidade da atuação do

[4] TOLEDO, A. T.; MENDONÇA, M. A aplicação da Inteligência Artificial na busca de eficiência pela Administração Pública. *Revista do Serviço Público* (RSP), Brasília 74 (2), abr./jun. 2023. Disponível em: https://revista.enap.gov.br/index.php/RSP/article/view/6829. Acesso em: 30 out. 2024.

Poder Público e os serviços prestados para a sociedade, aumentando a sua transparência, aprimorando a sua operação e qualificando a sua governança e gestão".

Apesar dos impactos positivos do uso da inteligência artificial (IA), há o risco de falhas nos algoritmos, despertando a preocupação em razão das consequências oriundas dessas. Há pontos no uso da IA que não estão claramente definidos, como é o caso da responsabilidade civil por eventuais danos resultantes de seu emprego, visto que não há regulamentação específica no ordenamento jurídico brasileiro a esse respeito.

Todavia, a ausência de normas destinadas a tais situações não pode ensejar desamparo legal para aqueles que forem atingidos pelos infortúnios oriundos da utilização da tecnologia, seja pela ausência do dever de cuidado, seja pela inserção de dados equivocados, por dolo ou erro, especialmente, nas relações envolvendo Estado *versus* cidadãos, dada a importância do interesse coletivo envolvido na prestação de serviços públicos.

Este artigo investiga as principais propostas, discutidas na atualidade, sobre a responsabilização civil por danos causados pelo uso de sistemas de inteligência artificial (IA) e se essas são satisfatórias. Para tanto, a análise é estruturada em três partes, cada uma com um objetivo específico: no primeiro tópico, expomos o panorama da regulamentação existente na Europa e na América Latina; no segundo tópico, será apresentado um apanhado das análises e propostas doutrinárias de regimes de responsabilidade civil de reparação de danos ocasionados por sistemas de inteligência artificial (IA), que concluem em favor da responsabilidade civil objetiva (independentemente de culpa), principalmente para desenvolvedores e supervisores de sistemas de inteligência artificial (IA), como a melhor forma de atribuir o dever de indenizar em casos de danos; no terceiro tópico, analisamos a teoria da responsabilidade civil do Estado no Brasil, sob a perspectiva do uso dessa nova tecnologia, apresentando nossas considerações finais quanto à melhor solução para a reparação de danos e falhas pelo uso de inteligência artificial (IA) na prestação dos serviços públicos.

2 Regulamentação e regulação dos sistemas de IA no Brasil

Adotamos o conceito de Maria Silvia Zanella Di Pietro,[5] que distingue as palavras "regulamentação" e "regulação". Segundo a Professora, podemos definir que regulamentação se refere à competência legislativa (art. 84, III e VI, da CRFB), e a regulação, ao trabalho realizado pelo Poder Executivo de orientar, fiscalizar e controlar as atividades econômicas de interesse público.

Muito tem se discutido acerca da regulamentação da inteligência artificial (IA) no nosso país. No entanto, a pauta foi politicamente cooptada por debates desprovidos de racionalidade ou preocupações com o bem comum, impedindo sua aprovação no nosso país. Sabemos que a problemática social não advém da tecnologia em si, mas do seu uso não regulamentado que aumenta o risco de violações dos direitos fundamentais e discriminação, sendo imperioso que o Legislativo exerça sua competência constitucional e adote providências para a segurança dos cidadãos.

Em termos de regulamentação da inteligência artificial (IA), a União Europa saiu na frente e, em 13 de julho de 2024, aprovou o Regulamento nº 2024/1689,[6] traçando as primeiras normas para o uso da inteligência artificial. A regulamentação foi realizada considerando uma gradação de riscos dos âmbitos em que a inteligência artificial (IA) seja utilizada, a fim de que os sistemas autônomos utilizados na UE sejam seguros, transparentes, rastreáveis, não discriminatórios e sustentáveis.

O primeiro fato que nos chama atenção é que o Regulamento Europeu trata a inteligência artificial (IA) como uma ferramenta ou produto (juridicamente, no nosso ordenamento, pode ser classificado

---

5 DI PIETRO, M. S. Z. *Direito Regulatório*: temas polêmicos. 2 ed. rev. ampl. Belo Horizonte: Fórum, 2004. A definição foi estabelecida a partir do Plano Nacional de Desestatização (PND – Lei nº 9.491/1997), que inseriu no Estado Democrático de Direito, a necessidade de agências reguladoras para orientar, fiscalizar, e controlar as atividades econômicas da iniciativa privada que, legalmente, viesse a assumir a prestação de serviços ou administração de bens e imóveis do Estado.

6 UNIÃO EUROPEIA. *Regulamento Europeu nº 1689, de 13 de julho de 2024*. Regulamento (UE) 2024/1689 do Parlamento Europeu e do Conselho, de 13 de junho de 2024, que cria regras harmonizadas em matéria de inteligência artificial e que altera os Regulamentos (CE) nº 300/2008, (UE) nº 167/2013, (UE) nº 168/2013, (UE) 2018/858, (UE) 2018/1139 e (UE) 2019/2144 e as Diretivas 2014/90/UE, (UE) 2016/797 e (UE) 2020/1828 (Regulamento da Inteligência Artificial). Texto relevante para efeitos do EEE. Parlamento Europeu, Disponível em: https://eur-lex.europa.eu/legal-content/PT/TXT/?uri=OJ:L_202401689. Acesso em: 2 out. 2024.

como coisa ou produto), que deverá ser "controlada e supervisionada por seres humanos",[7] sendo, portanto, responsabilidade do desenvolvedor e do supervisor o dever de cuidado ao prestar serviços de fornecimento e contraprestação por meio da inteligência artificial (IA). Esse primeiro olhar já delimita o marco jurídico da natureza da inteligência artificial (IA) e, consequentemente, o tratamento legal indicado para abordagem das problemáticas jurídicas.

Outro ponto importante, constante do Regulamento europeu, é a questão da responsabilidade pelos riscos, em que há uma escolha pela responsabilização daqueles que se beneficiam pela atividade de risco,[8] algo comparável no nosso ordenamento jurídico à responsabilidade empresarial pelos riscos do fato ou defeito do produto.

Em outubro de 2023, o Consórcio AlSur publicou a pesquisa "As vias regulatórias para a IA na América Latina. Compilação de Estudos de caso no Brasil, México, Peru e Colômbia",[9] em que apresenta um cenário de como países latino-americanos têm iniciado a utilização de sistemas de IA. As discussões se iniciaram com a narrativa de desenvolvimento econômico, porém, ainda não temos um diploma legal de regulamentação ou um plano de regulação desses sistemas.

Essa lacuna pode nos expor a riscos de violação de direitos fundamentais, como liberdade, intimidade, privacidade, uso indevido de dados sensíveis, discriminação algorítmica e vieses presentes nos

---

[7] UNIÃO EUROPEIA. *Regulamento Europeu nº 1689, de 13 de julho de 2024*. Regulamento (UE) 2024/1689 do Parlamento Europeu e do Conselho, de 13 de junho de 2024: "*De acordo com as orientações do IA HLEG, «iniciativa e supervisão por humanos» significa que todos os sistemas de IA são desenvolvidos e utilizados como uma ferramenta ao serviço das pessoas, que respeita a dignidade humana e a autonomia pessoal e que funciona de uma forma que possa ser adequadamente controlada e supervisionada por seres humano*".

[8] UNIÃO EUROPEIA. *Regulamento Europeu nº 1689, de 13 de julho de 2024*. Regulamento (UE) 2024/1689 do Parlamento Europeu e do Conselho, de 13 de junho de 2024: "(10) ... *Da mesma forma, não afeta as obrigações dos prestadores nem dos responsáveis pela implantação de sistemas de IA, enquanto responsáveis pelo tratamento de dados ou subcontratantes, decorrentes do direito da União ou do direito nacional em matéria de proteção de dados pessoais, na medida em que a conceção, o desenvolvimento ou a utilização de sistemas de IA envolva o tratamento de dados pessoais. É igualmente conveniente clarificar que os titulares de dados continuam a usufruir de todos os direitos e garantias que lhes são conferidos por esse direito da União, incluindo os direitos relacionados com as decisões individuais exclusivamente automatizadas, nomeadamente a definição de perfis (11) O presente regulamento não prejudica as disposições em matéria de responsabilidade dos prestadores de serviços intermediários conforme prevista no Regulamento (UE) 2022/2065 do Parlamento Europeu e do Conselho.*"

[9] CONSÓRCIO ALSUR. *As vias regulatórias para a IA na América Latina*. Compilação de estudos de caso no Brasil, México, Peru e Colômbia. Pesquisa publicada em 2024. Disponível em: https://www.alsur.lat/sites/default/files/2024-/ALSUR%20-%20IA%20en%20Latam%20%5BPOR%5D-1.pdf. Acesso em: 19 out. 2024.

sistemas de inteligência artificial (IA), não se podendo deixar de mencionar o risco de aumento do desemprego devido à automação em larga escala, para os quais a sociedade não está preparada.

O Ministro do STJ Ricardo Villas Bôas Cueva, com uma comissão de juristas, apresentou ao Senado Federal um relatório geral (900 páginas) sobre a importância e necessidade de regulamentação dos sistemas de IA. Com base nesse relatório, foi iniciada a discussão legislativa do Projeto de Lei nº 2.338/2023,[10] de autoria do Senador Rodrigo Pacheco, que seria o Marco Regulatório das IAs no Brasil, estando atualmente com 145 emendas parlamentares. Dentre essas emendas, destacamos a emenda apresentada pelo Senador Marcos Pontes, que sugere a adoção de um sistema de responsabilidade segundo a gradação de riscos, em um modelo assemelhado àquele aprovado pelo Parlamento Europeu.

É bem verdade que o Marco Civil da Internet (Lei Federal nº 12.965/2014) e a Lei Geral de Proteção de Dados (Lei Federal nº 13.709/2018) foram importantes para fixar princípios, garantias, direitos e deveres para o uso da Internet, proteção dos dados pessoais (uso e tratamento). No entanto, esses diplomas não dão conta de atender aos novos problemas jurídicos advindos do uso de uma tecnologia que, simulando a complexidade do ser humano, pretende substituí-lo, sendo capaz não apenas de agir dentro de um sistema de cruzamento de dados fornecidos (automação), mas, igualmente, de aprender com esses dados e apresentar novas soluções jamais atingíveis, na rapidez e variação, pelo cérebro humano.

De toda forma, antes de pensarmos em adequar e/ou importar a experiência europeia, devemos considerar o arcabouço legal do Brasil, em particular as disposições do Código de Defesa do Consumidor (art. 12 e ss., CDC)[11] e do Código Civil (art. 931, CC),[12] vez que essas disposições já preveem uma proteção para os usuários por fato do produto.

---

10 BRASIL. Projeto de Lei nº 2.338, de 3 de maio de 2023. SENADO FEDERAL. Senador Rodrigo Pacheco Disponível em: https://legis.senado.leg.br/sdlegetter/documento?dm=9347622&ts=1730186717950&disposition=inline. Acesso em: 20 out. 2024.

11 BRASIL. *Código de Defesa do Consumidor*. Lei Federal nº 8.078/90: "Art. 12. O fabricante, o produtor, o construtor, nacional ou estrangeiro, e o importador respondem, independentemente da existência de culpa, pela reparação dos danos causados aos consumidores por defeitos decorrentes de projeto, fabricação, construção, montagem, fórmulas, manipulação, apresentação ou acondicionamento de seus produtos, bem como por informações insuficientes ou inadequadas sobre sua utilização e riscos."

12 BRASIL. *Código Civil*. Lei Federal nº 10.406/2002: "Art. 931. Ressalvados outros casos previstos em lei especial, os empresários individuais e as empresas respondem independentemente de culpa pelos danos causados pelos produtos postos em circulação"

Considerando que os sistemas de IA começam a ser aplicados nos mais diversos campos da atividade pública e privada, podendo realizar diversas tarefas: vir a diagnosticar doenças a partir informações genéticas; realizar identificação biométrica; realizar análises financeiras; atividades jurídicas; educacionais; e, de saúde, imprescindível iniciar os trabalhos de problematização e prospecção de soluções para possíveis falhas e consequentes danos, que esses sistemas autônomos possam impor à cadeia produtiva humana, em especial, nos serviços de interesse coletivo e de competência estatal.

Analisaremos nos próximos tópicos as propostas de regimes de responsabilidade civil por danos decorrentes do uso de sistemas de IA, a fim de entender se o nosso ordenamento jurídico atual já atende satisfatoriamente a entrada dessas tecnologias no nosso mercado ou se há a necessidade de adequação.

3 Propostas de regimes de responsabilidade civil de reparação de danos ocasionados por sistemas de IA

O conceito de responsabilidade está ligado à liberdade. Somente podemos exigir responsabilidade daqueles que têm margem de arbítrio (liberdade) para fazer escolhas e responder pelas consequências dessas escolhas. É de Kant a definição de que a liberdade é a condição para que, racionalmente, possamos escolher agir segundo o dever ser, com consciência das nossas responsabilidades para com os demais, tendo proposto sua famosa fórmula do imperativo categórico "age como se a máxima da tua ação devesse se tornar, pela tua vontade, em lei universal da natureza".[13]

No ordenamento jurídico brasileiro, sabemos que essa responsabilidade pode ser exigida a partir das características dos fatos que ensejam sua incidência, podendo ser de natureza civil, penal ou administrativa. Dentro do âmbito civil, com foco na reparação do dano causado, a responsabilidade pode ser apurada de forma subjetiva ou objetiva, conforme a necessidade de comprovar, ou não, o elemento culpa do agente, ou risco da atividade desenvolvida.

A partir da problematização da complexidade que envolve os sistemas de IA, a doutrina vem desenvolvendo algumas teses para a

[13] KANT, I. *Fundamentação da metafísica dos costumes*. Trad. Paulo Quintela. Lisboa: Edições 70,1997.

reparação dos danos decorrentes do uso de IA na prestação de alguns serviços.

A partir do tema responsabilidade civil, o primeiro pressuposto submetido à análise do estudo é a existência de um autor, com patrimônio e uma vítima, o que já se torna um desafio, considerando que decisões podem ser geradas por um fator não humano e, *a priori*, sem patrimônio.[14] Com o avanço das tecnologias automatizadas, robôs são capazes de dirigir automóveis, entregar pacotes, pilotar aeronaves, realizar cirurgias com mínima intervenção humana e outras atividades que demandam capacidade cognitiva. A alta complexidade do algoritmo e o ajuste dinâmico da programação geram uma escala geométrica de possibilidades de tomada de decisões imprevisíveis, o que torna os robôs de autoaprendizagem diferente de outras máquinas.

A professora Mafalda Miranda Barbosa[15] expõe que a grande dificuldade para aplicação da teoria geral de reparação civil de danos decorrentes do uso de sistemas de IA decorre de sua essência de autonomia para aprendizagem crescente e da incerteza da classificação de sua natureza jurídica. Isso acarreta um obstáculo tanto para os sistemas de responsabilidade civil amparados na culpa como para aqueles que adotam a teoria objetiva do risco.

A mencionada Civilista explica que, se antes os programadores detinham algum controle sobre o objeto programado, com as formas de *machine learning* e *deep learning*,[16] os algoritmos são capazes de aprendizagem automática, com base na experiência acumulada e, a partir desse conhecimento acumulado, tomam decisões independentes das decisões tomadas pelo desenvolvedor (programador) e/ou supervisor, "ou seja,

---

14 Diversos autores citam a criação de fundos compensatórios e/ou a personificação dos sistemas de IA, como em *Direito Digital e Inteligência Artificial:* diálogos entre Brasil e Europa., de A. Barreto Menezes Cordeiro *et al.*, coordenado por Felipe Braga Netto *et al.* Indaiatuba: Editora Foco, 2021. p. 102.

15 BARBOSA, M. M. Responsabilidade Civil pelos danos causados por entes dotados de inteligência artificial. *In*: MENEZES, A. Barreto; NETTO, Felipe Braga (coord.). *Direito digital e inteligência artificial:* diálogos entre Brasil e Europa. Indaiatuba: Editora Foco, 2021. p. 102.

16 *Machine learning* pode ser definido como um tipo de inteligência artificial em que a tecnologia foi utilizada para capacidade de aprendizado de máquina a partir de dados e experiências. *Deep learning* é um subtipo de *machine learning* que simula o funcionamento do cérebro humano e, a partir de redes neurais artificiais, o algoritmo é capaz de combinar os dados e experiências apresentando dados novos. Esta definição foi sugerida pelas autoras a partir de diversas leituras sobre o tema.

podem aprender por si, de acordo com códigos que vão gerando de dados introduzidos ou pesquisados" .[17]

Outro fator complicador é que esses sistemas são caracterizados pela multiplicidade de participantes e pela multiplicidade de fontes, essas fundamentais ao seu funcionamento, sendo verdadeiros ecossistemas de dados, sem os quais eles não funcionam. Isso ocasiona problemas quando temos que lidar com uma situação lesiva da qual decorre a pretensão indenizatória, pois as estruturas clássicas de definição de ato ilícito não estão preparadas para lidar com esses novos desafios.

Do ponto de vista do elemento subjetivo (culpa), em sistemas autônomos de aprendizagem artificial, mesmo havendo hipóteses em que podem ser constatada a sua presença, como os casos de inobservância do dever de cuidado (*e.g.* atualização do software), supervisão do especialista na área ou mesmo inserção de regras ao nível de programação do sistema, é possível identificar outras inúmeras hipóteses em que esse elemento subjetivo estará totalmente ausente, já que a dependência dos dados sujeita esses sistemas a vulnerabilidades, como a interferência de terceiros, autorizada e não autorizada (*hackers*).

Assim, pode não ser fácil identificar o elemento ilicitude, entendido na lição de Nelson Rosenvald[18] como a conjunção da antijuridicidade e imputabilidade, ante a desmaterialização que decorre das ações produzidas com uso da IA. É o que ocorre, por exemplo, no caso de investimentos financeiros vultosos aconselhados e definidos com o auxílio de uma IA *adviced*. Nesse caso, havendo um prejuízo ruinoso por decisão errônea aconselhada por IA, torna-se difícil definir qualquer imputabilidade ou ilicitude para encontrar um direito indenizatório. Principalmente porque os investidores anuem ao risco de investimento por IA *adviced* por meio de *smart contracts*, donde advém a necessidade de transparência de funcionamento desses algoritmos.

Problematizando um pouco mais a questão, para se entender a distribuição dessa responsabilidade entre desenvolvedor e supervisor,

---

[17] *Ibidem*, p. 208.

[18] ROSENVALD, N. Desmistificando a simbiose entre o ato ilícito e a responsabilidade civil. Disponível em: https://www.migalhas.com.br/coluna/reforma-do-codigo-civil/415679/desmistificando-a-simbiose-entre-ato-ilicito-e-responsabilidade-civil. Acesso em: 25 out. 2024. Segundo o autor, o "fenômeno do ilícito se concentra na soma dos seguintes elementos: antijuridicidade + imputabilidade. Esse é o cerne do suporte fático da ilicitude, pois faltando qualquer desses dois elementos, inexiste o fato ilícito, em qualquer circunstância. Todavia, o art. 186 não se contenta com essa combinação, acrescendo ao aludido binômio também os elementos integrantes da culpa, dano e nexo causal."

observamos que o dano não se resume ao fato do produto (que foi testado exaustivamente), fato do desenvolvedor, ou dever de cuidado do supervisor, havendo casos em que o dano será puramente patrimonial, sem qualquer possibilidade de constatação de um ilícito civil (imprudência, negligência ou imperícia), o que nos mostra que o elemento da causalidade (nexo) se torna intrincado.

Tudo isto porque, como bem assinala Wesendonck,[19] o conceito de software como simples produto estaria superado. A Professora adverte que o dano causado por robô, software ou algoritmo dotado de inteligência artificial (IA) pode não resultar de um defeito da fabricação ou de informações fornecidas, modalidades de defeito tradicionalmente previstas na legislação, mas da combinação equivocada de dados.

Não por outro motivo, chegou-se a cogitar a adoção da teoria da responsabilidade civil indireta, prevista no art. 933 e art. 934, Código Civil, em que o responsável ou dono da coisa responderá pelo fato de outrem (filhos menores, incapazes) ou fato da coisa (inanimada ou animal), no caso em debate, pela decisão adotada pela IA. A lógica é que, nesses casos, o nosso ordenamento jurídico estabelece que a responsabilidade não decorre da ilicitude da ação do responsável pela reparação do dano, mas apenas da ocorrência do fato.

Imaginemos um dano causado por um robô motorista, um robô funcionário. Realmente, se os sistemas autônomos de IA dependem de dados coletados externamente e esses dados podem estar corrompidos ou submetidos a um processamento algorítmico inadequado, torna-se difícil determinar se a lesão se originou na programação inicial do desenvolvedor, se resultou da aleatoriedade da combinação dessa vasta quantidade de dados operados pelo próprio sistema, ou mesmo se o supervisor, embora realizando o supervisionamento, foi induzido a erro com informações corrompidas. Além disso, a falha ou erro pode advir de enviesamentos na programação inicial ou do próprio algoritmo que, operando com correlações estatísticas, aprende com a experiencia humana de uma maneira totalmente distinta da inteligência humana, o que pode gerar distorções.

19 WESENDONCK, T. Inteligência artificial e responsabilidade civil pelos riscos do desenvolvimento: um estudo comparado entre as propostas de regulamentação da matéria na União Europeia e o ordenamento vigente brasileiro. *In*: MENEZES, A. Barreto; NETTO, Felipe Braga (coord.). *Direito digital e inteligência artificial:* diálogos entre Brasil e Europa. Indaiatuba: Editora Foco, 2021. p. 102.

Diante da complexidade apresentada, bem como o "risco do medo" de que a responsabilização do desenvolvedor implicasse um custo de oportunidade que desestimulasse o desenvolvimento e implantação da IA, houve quem defendesse a tese da irresponsabilidade da IA (algoritmos) e dos agentes desenvolvedores. Isso porque, em princípio, não seria possível atribuir personalidade jurídica aos algoritmos, porque os desenvolvedores e supervisores da IA não teriam condições de ter conhecimento da causa ou motivo que implicou a decisão equivocada, dada a opacidade[20] dos algoritmos.

Billwiller[21] e Calixto,[22] no artigo "A Responsabilidade Civil pelos danos causados por Sistemas de Inteligência Artificial",[23] publicado no dia 19.9.2022 na Coluna de Direito Civil, coordenada pelo professor Marcos Ehrhardt Jr., da *Revista Eletrônica Fórum*, enumeraram seis propostas para a reparação dos danos decorrente do uso de IA: a) modelo de responsabilização do algoritmo (*algorithmic liability*); b) modelo de irresponsabilidade da IA e dos agentes desenvolvedores; c) responsabilidade objetiva da IA; d) responsabilidade subjetiva do programador; e) responsabilidade objetiva da sociedade que aufere lucro com a IA; e, f) responsabilidade objetiva do fornecedor com aplicação do Código de Defesa do Consumidor.

Mesmo antes da aprovação da regulamentação europeia, Barbosa[24] apontava três alternativas para a reparação civil dos danos ocasionados pelo uso de sistemas de IA: a) a personificação dos entes dotados de IA; b) fundos de compensação de danos; e, c) adoção da teoria do risco.

---

[20] Segundo Rafaella Nogarolli, opacidade algorítmica "reflete a absoluta complexidade no processamento dos dados pelos algoritmos, que podem descobrir padrões dentro de um número tão alto de variáveis, que se torna extremamente difícil - ou até mesmo impossível - para uma mente humana compreendê-los". Disponível em: https://www.migalhas.com.br/coluna/migalhas-de-responsabilidade-civil/347150/tripla-dimensao-semantica-da-opacidade-algoritmica-no-consentimento. Acesso em: 31 out. 2024.

[21] Stefannie Billwiller é Mestranda em Direito Civil na PUC-Rio. Bacharela em Direito na PUC-Rio. Advogada.

[22] Marcelo Junqueira Calixto é Doutor e Mestre em Direito Civil (UERJ). Professor Adjunto da PUC-Rio. Professor dos cursos de Pós-Graduação da FGV, UERJ e EMERJ. Advogado.

[23] BILLWILLER, S.; CALIXTO, M. J. A Responsabilidade Civil pelos danos causados por Sistemas de Inteligência Artificial, publicado no dia 19.9.2022, na *Revista Eletrônica Fórum*, Coluna de Direito Civil, coordenada pelo Prof. Marcos Ehrhardt Jr. Disponível em: https://editoraforum.com.br/noticias/responsabilidade-civil-pelos-danos-causados-por-sistemas-de-inteligencia-artificial-coluna-direito-civil/. Acesso em: 31 out. 2024.

[24] BARBOSA, M. M. Responsabilidade Civil pelos danos causados por entes dotados de inteligência artificial. *In*: MENEZES, A. Barreto; NETTO, Felipe Braga (coord.). *Direito digital e inteligência artificial:* diálogos entre Brasil e Europa. Indaiatuba: Editora Foco, 2021. p. 102.

Percebe-se, portanto, algum consenso entre os doutrinadores que vêm debatendo a reparação de danos decorrentes do uso de IA, quanto à aplicação da teoria do risco, havendo, entretanto, discussões acerca de quem e em que grau deverá suportar a responsabilidade objetiva por esses danos, se o desenvolvedor ou o supervisor, ou a empresa que aufere lucros com a IA.

De toda forma, não se cogita a responsabilidade pela Teoria do Risco Integral com a impossibilidade de alegação das excludentes de responsabilidade (nexo e culpa da vítima). O risco integral é adotado pelos nossos tribunais, em geral, para a reparação de direitos difusos e intergeracionais decorrente de crimes ambientais (art. 225, §3º, da CRFB) e nas hipóteses em que não se pode alegar a excludente de responsabilidade, como os atos terroristas, acidentes nucleares e atos de guerra.[25]

A princípio, não seria possível classificar a relação jurídica estabelecida entre os atores (desenvolvedor, supervisor e usuário de bens e serviços prestados por IA) dentro de uma perspectiva de direitos difusos ou transindividuais, mesmo em se tratando de serviços públicos que têm a generalidade como característica, já que estes serviços seriam divisíveis e seus atingidos seriam identificáveis dentro da relação.

No Brasil, já encontramos jurisprudência para situações em que houve prestação de serviços defeituosos com o uso da inteligência artificial, além de fraudes cometidas por meio desses sistemas. Na oportunidade, analisando o caso concreto para encontrar a solução mais equânime, o Judiciário adotou a teoria objetiva prevista no Código de Defesa do Consumidor. Transcrevem-se pequenos trechos do acórdão do E. TJ-RJ. e E. TJ-MT:

> **Conduta perpetrada pela recorrente que constituiu ato ilícito (art. 186 do CC) e falha na prestação do serviço (art. 14 do CDC). Abusiva se revela a conduta da instituição financeira que, como ressaltado na sentença, mediante atividade de inteligência artificial e sem qualquer notificação prévia à consumidora no sentido da sua alegada inadimplência e da necessidade do indigitado refinanciamento do contrato, procede a clara novação objetiva unilateral, mediante celebração de novo negócio jurídico em nome e em desfavor da recorrida** (grifo nosso).

---

[25] DI PIETRO, M. S. Z. *Direito Administrativo*. 29. ed. Rev, atual. e ampl. Rio de Janeiro: Forense, 2016.

> (TJ-RJ - APL: 00002335620218190066, Relator: Des(a). SÉRGIO SEABRA VARELLA, Data de Julgamento: 27/01/2022, VIGÉSIMA QUINTA CÂMARA CÍVEL, Data de Publicação: 28/01/2022)
> **Em tempo em que as tecnologias têm sido cada vez mais usadas para a prática de fraudes bancárias, inclusive mediante sistemas de inteligência artificial, não cabe sustentar a tese da culpa exclusiva da vítima para golpes nos quais estelionatários se passam por parentes solicitando dinheiro,** uma vez que as fraudes por transferências bancárias só ocorrem em decorrência da prévia abertura de conta por terceiros estelionatários, o que se agrava pela inércia das instituições financeiras perante reclamações das vítimas, bem como pela não comprovação do uso de medidas mitigadoras do risco de fraudes e pela não conferência ou confirmação dos dados do estelionatário, mesmo perante o Poder Judiciário. Inteligência dos arts. 8º, 341 e 373, II, do Código de Processo Civil; arts. 6º, VIII, e 14, caput, do Código de Defesa do Consumidor; Súmulas 297 e 479 do Superior Tribunal de Justiça e arts. 2º e 4º, da Resolução nº 4.753/2019 do CMN. 2. **Não sendo caso de ato indevido de restrição de crédito, de inscrição em cadastro de inadimplentes ou golpe por vazamento de dados pessoais bancários, não há falar em dano moral quando a vítima não demonstrou que a privação momentânea da quantia**, transferida por fraude, implicou em situações extraordinárias ou impactou sua renda mensal **(grifo nosso)**
> (TJ-MT - APELAÇÃO CÍVEL: 1001741-07.2023.8.11.0055, Data de Julgamento: 26/03/2024, Quinta Câmara de Direito Privado, Data de Publicação: 02/04/2024)

Nesse último acórdão, verificamos que o colegiado da 5ª Câmara de Direito Privado do TJ-MT entendeu que a instituição financeira tem responsabilidade objetiva (dever de cuidado) de conferir ou confirmar os dados do usuário, elidindo ações de eventuais estelionatários, devendo adotar medidas mitigadoras do risco de fraudes, ou seja, dever de cuidado e responsabilidade de supervisionar o *iter* de sua atividade negocial. No entanto, a *contrario sensu*, o Tribunal não conferiu dano moral à vítima da fraude bancária pela negativação indevida do seu nome, considerando que a restrição de crédito, imposta equivocadamente pela instituição financeira (que também foi vítima da fraude), não impactou sua renda mensal.

Netto e Faleiros Jr.[26] advertem que "se buscarmos o nascimento da teoria do risco na França, veremos que seus precursores se valeram

[26] NETTO, F. B.; FALEIROS JR., J. L. M. A atividade estatal entre o ontem e o amanhã: reflexões sobre os impactos da inteligência artificial no direito público. *In*: MENEZES, A. Barreto;

de novas interpretações de antigas normas", razão porque "a responsabilidade civil é construção não só normativa, mas fundamentalmente histórico-cultural", ao final, concluem que estamos diante da sociedade da informação em que seria possível pensar na adoção da responsabilidade civil do Estado pela teoria do risco, admitindo causas excludentes segundo a análise do caso concreto.

Pois bem, é certo que, há tempos, o nosso ordenamento jurídico evoluiu para uma responsabilidade civil objetiva do Estado (desde a Constituição de 1946), geralmente, pautada no risco. Da revisão bibliográfica do tema, constatamos que os doutrinadores dos mais diversos países entendem pela certa e justa necessidade de impor a reparação civil dos danos que a vítima sofra, em decorrência do emprego da inteligência artificial (IA) nos serviços e bens públicos, sendo uma escolha, eminentemente, de política legislativa, a forma como o legislador disporá a alocação de responsabilidade por esses danos entre o desenvolvedor e o supervisor.

A Profª. Wesendonck[27] destaca o avanço do tratamento legislativo brasileiro quanto ao fato do produto pela teoria do risco do desenvolvimento da atividade, esclarecendo que:

> [...] em nenhum ordenamento europeu há a regra geral de responsabilidade objetiva pelo fato do produto, ou pelos danos do produto posto em circulação, como se vê na regra do Art. 931 do Código Civil [brasileiro]. No âmbito do Direito Europeu, vigora a Diretiva 85/374 que estabelece normas sobre a responsabilidade pelo produto defeituoso [...] O traço que diferencia os dois ordenamentos situa-se na disposição a respeito da exclusão da responsabilidade pelos danos derivados dos riscos do desenvolvimento.

Na verdade, a maioria dos países que compõem a União Europeia não possui cláusulas gerais de responsabilidade civil objetiva, semelhante à previsão legislativa constante no Código Civil (CC) brasileiro, em seus ordenamentos jurídicos internos. E, embora a Diretiva nº 85/374 estabeleça regras sobre a responsabilidade por defeito do produto, não há a previsão da responsabilidade pelo simples risco da atividade desenvolvida como prevê o nosso ordenamento jurídico.

NETTO, Felipe Braga (coord.). *Direito digital e inteligência artificial:* diálogos entre Brasil e Europa. Indaiatuba: Editora Foco, 2021. p. 102.

27 WESENDONCK, T. *Op. cit.*, p. 206.

Ou seja, o que os países europeus passaram a prever em seu ordenamento jurídico com as Diretivas (EU) 771/2019 e 770/2019 quanto à responsabilidade pelo risco do desenvolvimento da atividade, o Brasil já o fazia por meio dos diplomas legais da Lei nº 8.078/90 (CDC), para as relações consumeristas, e da Lei nº 10.406/2002 (CC), para as relações empresariais.

Apesar desse consenso de que a vítima/usuária do serviço deverá obter a justa reparação do seu dano, para além de se analisar, dentro de uma política sociológica e econômica, qual seria a melhor decisão legislativa para distribuição de responsabilidades entre os atores (desenvolvedor ou supervisor), exsurge, ainda, a dificuldade do montante do eventual dano decorrente dessas falhas e erros.

Sabemos que uma decisão errônea, adotada mediante aconselhamento de inteligência artificial (IA), eventualmente decorrente de um algoritmo enviesado ou corrompido, pode importar em "**erros em série**", com produção de prejuízo financeiro em escala impraticável, capaz de levar à bancarrota quaisquer das partes (desenvolvedor ou supervisor).

O tamanho do problema reside, portanto, no fato de que "[...] pela primeira vez, sistemas jurídicos responsabilizarão humanos pelo que a inteligência artificial 'decide fazer'",[28] insegurança que as partes podem não estar dispostas a suportar. É imprescindível, antes da implantação desses sistemas, realizar uma avaliação do custo/benefício de sua adoção pela Administração Pública, apresentando estimativas de que o benefício desses sistema se apresenta maior que os riscos que oferecem, sendo tolerável e suportável sua adoção na prestação dos serviços públicos.

Pensando na prestação de serviços de interesse público, como veremos, é importante, ainda, pensar na adoção de práticas conjuntas para solução das falhas e eventuais riscos de dano aos usuários dos serviços públicos, que vão desde a prevenção (*compliance*, diminuição do nível de erros com testes e supervisão constantes) até a socialização de riscos por meio de fundos de compensação e sistema de seguro obrigatório (*e.g.* transporte coletivo autônomo). Somente como última alternativa, ante uma falha imprevisível e inevitável, devemos pensar

---

[28] ROSENVALD, N. Responsabilidade civil indireta e inteligência artificial. *In*: MENEZES, A. Barreto; NETTO, Felipe Braga (coord.). *Direito digital e inteligência artificial:* diálogos entre Brasil e Europa. Indaiatuba: Editora Foco, 2021. p. 102.

na proteção normativa por meio da responsabilização civil objetiva do Estado pelo dano.

4 Regimes de responsabilidade civil do Estado no Brasil

Após o caso Blanco, ocorrido em 1873,[29] os juristas franceses do século XIX desenvolveram a teoria do risco, partindo do pressuposto de que aquele que exerce uma atividade que, por sua essência, coloque em risco ou perigo os bens materiais (e, atualmente, os imateriais) de terceiros, deve indenizá-los independentemente de culpa.[30]

No Brasil, evoluímos da teoria da culpa presumida para a responsabilidade objetiva nas relações civis, consolidada no Código do Consumidor, em 1990 e, dez anos depois, no Código Civil de 2002, nos casos especificados na lei. No tocante à responsabilidade civil do Estado, a Constituição Federal de 1988 consagrou a opção pela responsabilidade objetiva, prevista no nosso ordenamento desde a Constituição de 1946, adotando, como regra, a **teoria do risco administrativo**.

Trata-se, portanto, de garantia constitucional do cidadão brasileiro diante do risco da atividade estatal, prevista no §6º, art. 37, da CRFB. A referida norma constitucional estabelece que o Estado brasileiro responde **objetivamente** pelos danos causados por seus agentes, isto é, independentemente de culpa, desde que haja nexo causal entre a atividade estatal (comissiva ou omissiva/dever de cuidado) e o dano sofrido pelo administrado.

A teoria do risco administrativo está pautada no prévio dever de cuidado do agente público, tendo como pressuposto o **nexo de causalidade** entre o **dano** e uma **atividade estatal** que, embora de interesse coletivo, pode causar danos a interesses de alguns cidadãos. Tal responsabilidade independe de conceitos morais subjetivos quanto ao ato estatal ser mau ou bom, regular ou irregular, lícito ou ilícito. Isso

---

[29] DI PIETRO, M. S. Z. *Op. cit.*, p. 792. A Professora descreve que "a menina Àgnes Blanco, ao atravessar uma rua da cidade de Bordeaux, foi colhida por uma vagonete da Cia. Nacional de Manufatura do Fumo; seu pai promoveu ação civil de indenização com base no princípio de que o Estado é civilmente responsável por prejuízos causados a terceiros em decorrência de ação danosa de seus agentes."

[30] LIMA, P. L. S.; FONSECA, K. M. M. D. Aspectos Gerais da Responsabilidade Civil e da Teoria do Risco no Direito Brasileiro. *In*: LOPES, C. S. B. (coord.); OLIVEIRA, J. S. (coord.); BOSCO, M. G. D. (coord). *Direito Civil Contemporâneo I*. Florianópolis: CONPEDI, 2015. p. 353373. Disponível em: https://1library.org/document/yj7g5p2y-aspectos-teoria-direito-brasileiro-priscila-luciene-limaarina-fonseca.html. Acesso em: 3 nov. 2024.

porque a responsabilidade objetiva tem seu fundamento no princípio da igualdade de todos perante os encargos sociais, mais precisamente no art. 13 da Declaração dos Direitos do Homem.

Em se tratando de sistemas de inteligência artificial (IA), sabemos que a Constituição Federal estabelece a inovação tecnológica como direito fundamental (art. 218), e pensar em parâmetros de responsabilização civil dos atores dessa invenção não pode importar em impedir os avanços científicos e tecnológicos. De qualquer modo, pensar nesse avanço tecnológico impõe, igualmente, pensar sobre seus riscos e formas de garantir o uso seguro, bem como o respeito aos demais direitos fundamentais conquistados.

Buarque[31] conclui que nos sistemas de inteligência artificial (IA) a "verificação de concepção nem sempre é fácil, máxime considerando a existência de múltiplas cadeias de produção e, ainda, a constatação de que a máquina poderá naturalmente apresentar resultados incomuns ou, ainda, comportar-se conforme o esperado e, mesmo assim, desencadear danos."

Neste ponto, vale refletir que a norma geral de responsabilização civil, prevista no art. 927, do Código Civil, em seu parágrafo único,[32] já prevê que essa responsabilidade independe da comprovação de culpa, quando por sua natureza a atividade desenvolvida oferecer risco à sociedade, restando apenas a problemática do ato ilícito.

A sociedade da informação e do risco, gradativamente, vem abandonando a teoria subjetiva da responsabilidade civil, amparada apenas na reprovabilidade da conduta danosa, pois mesmo os atos lícitos podem impor enormes prejuízos. Em razão desses obstáculos que a evolução das relações comerciais impôs, passamos a adotar a teoria do risco estruturada dentro de bases teóricas que distribuem a responsabilidade entre o desenvolvedor (programador) e o supervisor, que auferem algum benefício, direto ou indireto, no desenvolvimento e uso de produtos ou atividades que por sua natureza apresentam risco ou perigo de dano.

---

[31] BUARQUE, Gabriela. *Responsabilidade civil e inteligência artificial*: os desafios impostos pela inovação tecnológica. Belo Horizonte: Fórum, 2022. p. 168.

[32] *"Art. 927. Aquele que, por ato ilícito (arts. 186 e 187), causar dano a outrem, fica obrigado a repará-lo. Parágrafo único.* ***Haverá obrigação de reparar o dano, independentemente de culpa****, nos casos especificados em lei, ou* ***quando a atividade normalmente desenvolvida pelo autor do dano implicar, por sua natureza, risco para os direitos de outrem****."* BRASIL. Código Civil. Lei nº 10.406, de 10 de janeiro de 2002. Brasília, DF: Presidência da República, 2002. Disponível em: https://www.planalto.gov.br. Acesso em: 29 out. 2024

Analisando nosso sistema jurídico, iniciamos constatando que as relações entre prestadores de serviços públicos (mesmo concessionarias e permissionárias) *versus* seus usuários são, em regra, tratados dentro da legislação consumerista, já que encontramos nessas relações o conceito de fornecedor e consumidor, previstos no art. 2º e art. 3º do Código de Defesa do Consumidor. Logo, independentemente de culpa, o Estado será responsável pelo defeito que o produto ou serviço apresente.

Igualmente, havendo um resultado extraordinário ou não informado de forma clara ao usuário do serviço, o Estado permanecerá responsável pelo risco que o produto ou serviço apresente (art. 14 do Código de defesa do consumidor). Da mesma forma, diante de um comportamento ordinário da máquina dotada de IA, podemos enquadrar a relação dentro da responsabilidade do proprietário da coisa (art. 936, 937 e 938 do Código Civil), estando solucionada a primeira problemática apontada pela doutrina quanto à ilicitude da conduta. Quando a relação com o Estado se enquadrar numa relação consumerista, mesmo diante de atos lícitos, o Estado responderá pelos riscos que apresentarem esses serviços e produtos prestados por meio de IA, dada sua natureza de risco à sociedade.

Logo, a teoria do risco administrativo, adotada para a responsabilização do Estado (§6º, art. 37, da CFRB), continua sendo suficiente a atender as situações em que seus agentes causarem danos ao cidadão pela prestação de serviços com ou sem o uso de inteligência artificial (IA).

O que se apresenta intrincado em matéria de responsabilidade civil por uso de inteligência artificial (IA) na prestação de serviços públicos é desvendar qual patrimônio, ao final, responderá pelo prejuízo, isto é, se a Administração suportará os prejuízos, objetivamente e isoladamente, pelo risco da atividade; ou, segundo a culpabilidade, caberá direito de regresso em face do desenvolvedor ou o servidor (supervisor especialista na área).

Sabemos que a Administração Pública, segundo uma matriz de riscos que demonstre serem superiores os benefícios, com riscos mínimos, necessariamente optará pela implantação do uso da inteligência artificial (IA), o que já podemos constatar na prática. Importa destacar, nesse ponto, que o Regulamento Europeu entendeu por proibir o uso dos sistemas de IA considerados perigosos à sociedade e à democracia, tais como os sistemas que sejam desenvolvidos para influenciar subliminarmente comportamentos individuais, que explorem as vulnerabilidades de certos grupos de pessoas (etários ou deficientes, por exemplo), que estabeleçam um *social score*, analisando o grau de confiabilidade de pessoas com base em comportamento social ou características pessoais, e aqueles que utilizam a identificação biométrica em tempo real (havendo exceções para os casos de averiguação de risco de atentados terroristas, por exemplo).

Quanto ao desenvolvedor e supervisor, nosso ordenamento jurídico prevê que a responsabilidade deverá ser apurada segundo a culpabilidade, o que nos parece razoável. Freitas[33] destaca a necessidade de uma regulamentação residual e excepcional por culpabilidade o programador (desenvolvedor e supervisor), evitando-se excessos regulatórios que possam configurar uma "ameaça desmesurada" ao trabalho desses atores, com especial cautela e como última opção, pensar em previsões normativas na esfera penal.

Dadas as enormes peculiaridades dos sistemas de IA, o mencionado jurista estabelece uma distinção especial na apreciação da culpabilidade do desenvolvedor e supervisor no que toca ao dever de cuidado e do homem razoável, sugerindo uma nova nomenclatura de tais elementos: o "programador razoável[34]" e a previsibilidade.

Como sabemos, a imprevisibilidade é a marca dos sistemas de inteligência artificial, agravada pela sua crescente autonomia, sendo, no mais das vezes, impossível realizar uma avaliação prospectiva dos eventuais danos, já que os algoritmos se modificam e prosseguem em constante evolução após serem inseridos.

A verdade é que "se a previsibilidade já é tarefa árdua no momento da criação da IA, torna-se altamente intrincada à medida que a IA 'aprende' com o mundo ao seu redor".[35] Importante verificar se era razoável exigir do programador antever os riscos que, eventualmente, importaram em dano, isto é, a situação fática tem que ser passível de antevisão de um homem médio prudente com experiência na área de programação.

---

33 FREITAS, Thomas Bellini. *Inteligência Artificial e Responsabilidade Humana*. Belo Horizonte: Fórum, 2023. p. 98-101.

34 "Sugerem-se, por conseguinte, critérios para que se configure o programador razoável levando em consideração uma tríade de elementos: 1) a previsibilidade no momento da programação quanto às futuras situações fáticas adversas; 2) a identificação do nexo causal entre a programação e o evento danoso, considerando-se que existe lacuna entre o que é programado e o ulterior desenvolvimento da IA; e 3) a questão de como determinar os parâmetros técnicos para a programação dos algoritmos, obedecendo ao critério temporal". FREITAS, Thomas Bellini. *Inteligência Artificial e Responsabilidade Humana*. Belo Horizonte: Fórum, 2023. p. 97-98

35 *Idem ibidem*, p. 98.

Feitas essas demarcações legais e doutrinárias iniciais, podemos pensar em duas formas de abordar os novos desafios que o uso da inteligência artificial (IA) na prestação de serviços públicos pode trazer: a) analisar se é necessário a adequação do atual ordenamento jurídico; ou b) considerar que o sistema vigente possui regramento suficiente para a solução dos novos problemas que estão por vir.

Importante, pois, fazermos outras considerações sobre a causalidade e o dano dentro do atual sistema legal brasileiro, partindo do pressuposto de que a inteligência artificial é uma ferramenta ou produto.

Mesmo antes da inserção dos sistemas autônomos de inteligência artificial (IA), a averiguação do nexo causal já gerava controvérsias na doutrina e jurisprudência, havendo várias teorias sobre o conceito de causa (teoria da última condição ou causa próxima, teoria da causa necessária ou *conditio sine qua non*, teoria da equivalência das condições e teoria da causalidade adequada).

Conforme Agostinho Alvim,[36] analisando o teor do art. 403, do Código Civil, é possível concluir que nosso legislador adotou a teoria do dano direto e imediato, segundo o qual é causa do dano a condição provável (próxima e imediata) para sua produção.

Problematizando o pressuposto da causalidade diante de prestação de serviços públicos por meio de IA, constatamos a problemática da causalidade múltipla. Vejamos, se pensarmos num hospital totalmente inteligente, em que os pacientes fornecem os dados para diagnóstico, ocorrendo uma falha no serviço, com diagnóstico equivocado e indicação de tratamento medicamentoso errôneo, comprovando-se que o paciente efetivamente forneceu os dados corretos (*e.g.* febre, dor de cabeça, coriza, que indicassem uma infecção virótica nas vias aéreas) e que o médico observou o protocolo médico para avaliação, poderíamos pensar em uma série de causas: que houve uma programação equivocada ou que foram inseridos dados corrompidos ou que os dados estavam corretos, mas no cruzamento das informações o resultado foi equivocado.

Nas decisões tomadas por uma inteligência artificial (IA), de *machine learning* ou *deep learning*, a partir de dados que são incluídos pelo usuário de um serviço público (*e.g.* serviços de saúde), é imprescindível a **supervisão humana** por um especialista da área de atuação

[36] ALVIM, A. *Da inexecução das obrigações e suas consequências*. 3. ed. Jurídica e Universitária, 1965. p. 331-355. "Ao legislador, portanto, quando adotou a teoria do dano direto e imediato, repugnou-lhe sujeitar o autor do dano a todas as nefastas consequências do seu ato quando já não ligadas a ele diretamente".

(médico, engenheiro, advogado, ou outro competente), já que não há plausibilidade jurídica para se impor ao algoritmo a causalidade de eventual lesão civil.

Essa supervisão, inclusive, servirá de parâmetro para entender se foram observados os protocolos profissionais da área ou foi inobservada a transparência algorítmica pelo desenvolvedor. Além disso, considerando que as atualizações de *software* podem ser realizadas por pessoa diferente do desenvolvedor (programador) inicial, importante que haja controle de registro dessas atualizações, diante da possibilidade de uma causalidade múltipla.

A transparência desses sistemas, portanto, é princípio de sobremaneira importante, devendo ser possível auditar todo o processo de treinamento e/ou do caminho percorrido na combinação de dados, pelos algoritmos da inteligência artificial (IA), que importaram em resultados desastrosos.

Na audiência pública "Inteligência Artificial no Poder Judiciário",[37] realizada pelo Conselho Nacional de Justiça (CNJ), no dia 25 de setembro de 2024, foi levantado como fator primordial a necessidade de uma governança de dados, exatamente como decorrência do princípio de transparência.

Na oportunidade, dois especialistas convidados da área de estudos de tecnologia e ciência digital, o Prof. Dr. Urs Gasser, da Universidade Técnica de Munique, e o Prof. Dr. Phillip Hacker, da Universidade Europeia de Estudos Digitais (European New School of Digital Studies – ENS) destacaram a razoabilidade de se pensar na utilização de uma inteligência artificial (IA) de fontes abertas dentro do Judiciário, em que seja possível rever o caminho percorrido pelos algoritmos na tomada de decisões, bem como a sugestão de que o legislador brasileiro analisasse o direito de confidencialidade empresarial diante dessas falhas, ponderando a função social e o dever de lealdade dos contratos, a fim de que os grupos econômicos que fornecem este tipo de serviço não impeçam o acesso as fontes ou algoritmos, sob alegação de confidencialidade, obstaculizando eventual auditoria desses sistemas e constatação da causa real dos danos.

---

[37] BRASIL. Conselho Nacional de Justiça – CNJ. Audiência Pública sobre "Inteligência Artificial no Poder Judiciário", realizada no dia 25 de setembro de 2024. Disponível em: https://www.youtube.com/live/ec7kXBP7lms?si=hJjcFmeII7OshXI9. Acesso em: 30 out. 2024.

Enfim, já compreendemos que a reparação do dano causado por ato do Estado, mesmo que praticado por meio de IA, é garantia fundamental do cidadão e que deverá ser aplicada a teoria da responsabilidade objetiva (§6º, art. 37, da CRFB), não sendo necessária relação direta entre o responsável e o dano, já que a causalidade é movida para a análise do fato. No caso de prestação de serviços públicos por meio de IA, como vimos, pela própria essência dessa tecnologia, a análise do fato e da causa do dano é de sobremaneira dificultada, vez que a interconectividade e interdependência dos dados conduz a muitos problemas que importam em uma multiplicidade causal.

Essa complexidade pode, ainda, ser ampliada. Basta imaginarmos que, em vez de falhas decorrentes da combinação dos dados, estamos tratando de uma possibilidade de erros propositais, decorrentes de dolo por parte de atores que manejem o sistema autônomo de IA, fora e/ou dentro da Administração Pública, para favorecer ou desfavorecer certos grupos econômicos da sociedade (o problema do enviesamento), situação que pode ocorrer em transações econômicas de alto vulto em que o Estado participa.

De fato, como ocorre em qualquer campo em que o humano opere a tecnologia, a IA pode ser utilizada para fins fraudulentos. O fato é que esses sistemas já estão em circulação, inclusive sendo amplamente adotados na sociedade e dentro da Administração Pública (de todas as esferas), de forma paga e/ou gratuita e, que embora saibamos dos inúmeros benefícios que têm trazido, como instrumento para impulsionar a economia, a produção e a melhoria na prestação de serviços em geral, não se pode deixar de considerar a necessidade de reconhecer e mitigar seus riscos, para que a população possa usufruir dos benefícios de forma segura.

Considerando que eventuais danos causados pela IA podem ser desastrosos e financeiramente impraticáveis por quaisquer das partes envolvidas (empresa desenvolvedora da tecnologia ou pelo ente estatal), para além de se pensar na regulamentação da responsabilidade civil, é preciso que sejam realizados estudos para prevenir ou eliminar possíveis falhas.

Na revisão qualificada da bibliografia estudada, pudemos colher algumas sugestões dos especialistas:

> a) a realização de testes, a fim de corrigir erros e esgotar as probabilidades razoáveis de falhas;

b) treinamento, letramento digital e capacitação dos servidores que irão operar tais tecnologias e dos usuários diretos e indiretos;
c) *compliance*, com a adoção de códigos de boas práticas; e,
d) uma governança de dados e da informação, que realize o gerenciamento adequado dos dados que alimentam a inteligência artificial (IA), tendo em vista a total dependência desses sistemas dos dados com que opera;
e) havendo sugestões de criação de entidade pública com conhecimento especializado para aferir, mediante certificação pública, a qualidade e nível de erro da tecnologia (e.g. INMETRO), além de agência reguladora para fiscalizar a adoção das medidas de prevenção de danos;
f) Outra medida que a doutrina, sob a ótica de Rosenvald[38] e Barbosa[39] sugere, vislumbrando a possibilidade de dano em montante incalculável, é a criação de fundos de compensação de danos ou seguros obrigatórios, em que haja uma socialização dessa responsabilidade, como ocorre, atualmente, com os veículos automotores.

Netto e Faleiros Jr.[40] observam que a empresa que detenha o controle de funcionamento das técnicas de funcionamento pode, a depender da sofisticação tecnológica de sua operacionalização, conseguir blindar contra o poder de polícia estatal, evitando que a Administração obtenha elementos necessários à aferição de ilícitos. Nesse caso, é imperioso rever a legislação sobre confidencialidade empresarial, ou mesmo a criação de ente estatal especializado na fiscalização e certificação digital, sob pena de a alocação dos riscos recair sempre sobre o erário público, mesmo quando houver uma causalidade apurável de ato do desenvolvedor.

Sabe-se que a aquisição de seguros pode encarecer o produto, no entanto, à medida que os sistemas forem implementados, corrigidas as eventuais falhas, havendo previsibilidade e quantificação dos riscos, essas máquinas poderão se tornar mais controláveis e seguras, prescindindo de tais seguros em alguns casos, ou mesmo com a fixação de um teto predeterminado de cobertura.

5 Considerações finais

A Carta Magna brasileira prevê a inovação tecnológica (art. 218) como um direito fundamental no nosso país, não admitindo retrocessos

---

38 ROSENVALD, N. *Op. cit.*, p. 190.

39 BARBOSA, M. M. *Op. cit.*, p. 168.

40 NETTO, F. B.; FALEIROS Jr., J. L. M. A atividade estatal entre o ontem e o amanhã: reflexões sobre os impactos da inteligência artificial no direito público. *In*: *Op. cit.*, p. 463.

tecnológicos, além dos imprescindíveis a segurança da sociedade. A inteligência artificial (IA) vem sendo tratada como uma ferramenta tecnológica, que pode ser transformadora e benéfica para a sociedade, desde que desenvolvida e aplicada com base e respeitos aos princípios e garantias fundamentais.

Princípios como a transparência que garantam que os processos e decisões gerados pela inteligência artificial (IA) sejam compreensíveis e auditáveis, evitando resultados obscuros ou injustos, são importantes para assegurar o respeito ao princípio da dignidade da pessoa humana, garantindo que os sistemas de IA respeitem os direitos individuais e não tratem pessoas como meros dados ou entrem no mercado para substituir o ser humano de forma massiva. Razão por que, repise-se, esses sistemas devem ser tratados como um produto ou ferramenta à disposição da humanidade, sob seu constante controle e supervisão.

Além disso, a adoção de práticas empresariais e administrativas preventivas são fundamentais para mitigar riscos, antes mesmo que problemas éticos ou legais surjam, exigindo que a implementação de desses sistemas autônomos na Administração Pública ocorra apenas sob constante revisão e supervisão humana.

Observamos que o nosso ordenamento jurídico é bem mais avançado que o sistema jurídico europeu para responsabilização civil, adotando a teoria do risco administrativo para a Administração Pública, que responderá objetivamente pelos danos, podendo exigir direito de regresso em face dos desenvolvedores e supervisores, na medida de sua culpabilidade, averiguados elementos como: o dever de cuidado e imperícia de "programador razoável" para previsão de danos.

No entanto, dadas as enormes peculiaridades desses sistemas, entendemos ser importante catalogar desde as medidas preventivas, às condutas necessárias (*numerus apertus*) que delimitem o dever de cuidado e a previsibilidade dos profissionais que manuseiam a inteligência artificial (IA), a fim de que excessos regulatórios não configurem uma "ameaça desmesurada" ao desenvolvimento e implantação dessa tecnologia no nosso país.

Atualmente, estamos atrasados na aprovação da regulamentação dos sistemas de inteligência artificial (IA), embora estudos estatísticos comprovem que esses produtos estão sendo largamente utilizados nos mais diversos campos da cadeia produtiva e política do Braisl, inclusive, pelos entes estatais,[41] muitas vezes sem letramento digital suficiente da sociedade em geral, sem regulamentação específica, sem órgão regulatório ou fiscalização adequada, sem certificação prévia ou notas técnicas das autoridades competentes, que possibilitem a segurança dos cidadãos. Por isso aderimos à acertada afirmação do Ministro Ricardo Villas Bôas Cueva, que "[...] a regulação de inteligência artificial é a regulação da própria vida no planeta Terra, em condições minimamente seguras".

Por fim, da revisão bibliográfica sobre a matéria, constatamos que resolver o problema dos danos e falhas decorrentes de serviços públicos prestados por meio de inteligência artificial não pode ser tratado, apenas, a partir do ponto de vista da reparação civil. Esse é um aspecto jurídico necessário, mas não o único.

A solução jurídico-política para melhor enfrentar a questão no âmbito estatal está na imposição de medidas de prevenção e mitigação de danos, com a realização rigorosa de testes e correção de erros, treinamento e capacitação dos servidores, código de boas práticas para uso, governança dos dados, certificação pública de qualidade mínima de segurança e, segundo o grau de riscos, avaliado o custo-benefício de sua implantação mesmo com alto risco, a criação de fundos de compensação ou seguros obrigatórios que garantam proteção ao usuário.

Informação bibliográfica deste texto, conforme a NBR 6023:2018 da Associação Brasileira de Normas Técnicas (ABNT):

TAVERES, Janaina Leite; pereira, Livia Meira Toscano. Adequação da teoria da responsabilidade civil do Estado por danos decorrentes do uso de sistemas de inteligência artificial na prestação de serviços públicos. *In*: BRITTO, Anne Karole Silva Fontenelle de; SILVA, Bruno Sampaio Ferreira da; NEURAUTER, Maíra; FLORIANO, Eduardo de Souza (coord.). *Direito municipal em debate*. Belo Horizonte: Fórum, 2025. p. 81-106. ISBN 978-85-450-0976-4. v. 9.

[41] No Relatório da Pesquisa Empírica sobre o "Uso da Inteligência Artificial Generativa no Poder Judiciário Brasileiro", os pesquisadores Olívia Gomes Pessoa, do Departamento de Pesquisas Judiciárias (DPJ/CNJ), e Juliano Maranhão, professor da Faculdade de Direito da Universidade de São Paulo (USP), divulgaram alguns dos resultados obtidos a partir das respostas de 1.681 magistrados e 16.844 servidores: "O resultado apurado mostra que a ferramenta é empregada no Judiciário: praticamente a metade, tanto dos magistrados (49,4%) quanto dos servidores (49,5%), utiliza ou já teve experiência com o uso de IAGs de texto. Deve-se destacar, porém, que os usos aqui indicados incluem tanto aqueles na vida pessoal quanto em atividades profissionais e acadêmicas". Disponível em: https://www.cnj.jus.br/wp-content/uploads/2024/09/cnj-relatorio-de-pesquisa-iag-pj.pdf. Acesso em: 10 nov. 2024.

O ADVOGADO PÚBLICO MUNICIPAL COMO INTÉRPRETE CONSTITUCIONAL SOB A ÓTICA DA SOCIEDADE ABERTA DOS INTÉRPRETES DE PETER HÄBERLE

Marcus Vinícius Lopes Pereira

1 Introdução

O presente artigo tem como objetivo realizar uma análise pragmática acerca da atuação do advogado público municipal como legítimo intérprete constitucional, a partir das ideias de sociedade aberta dos intérpretes desenvolvidas pelo jurista alemão Peter Häberle desde a década de 1970.

A sociedade aberta é um objetivo da ciência através de uma teoria geral constitucional e a "sociedade aberta dos intérpretes constitucionais", desenvolvida por Peter Häberle, em 1975, foi uma tentativa especial de aplicar a "sociedade aberta" de Popper à ciência do direito constitucional.

No Brasil, desde que a obra Hermenêutica Constitucional: Sociedade Aberta dos Intérpretes da Constituição – contribuição para a Interpretação Pluralista e Procedimental da Constituição foi traduzida, a doutrina de Peter Häberle foi incorporada de forma contundente no meio acadêmico em geral.

Assim, todos aqueles que vivem a norma constitucional são intérpretes em potencial. Contudo, no cenário jurídico nacional, o advogado público municipal alcança um papel de destaque no que se refere à sua atuação como legítimo intérprete constitucional, considerando o seu papel fundamental na implementação de políticas públicas e proteção dos direitos fundamentais constitucionalmente protegidos.

A literatura jurídica brasileira, ao abordar a força normativa da Constituição, atribuiu ao Poder Judiciário o papel precípuo na efetivação dos ditames constitucionais. Não há que olvidar-se a importância do Poder Judiciário neste mister, contudo, no presente trabalho, demonstrar-se-á a sobrelevada importância da advocacia pública municipal na efetivação dos ditames constantes da Constituição Federal.

2 Breve escorço histórico da advocacia pública nas constituições brasileiras

2.1 Breves considerações acerca da importância da Constituição como diretriz máxima da efetivação dos direitos

Na transição do império da Lei para o império da Constituição, esta se pontifica e passa a desempenhar o papel de ordenadora e diretora de todo o ordenamento jurídico. Dessa forma, "a Constituição é cada vez mais, num consenso que se vai cristalizando, a morada da justiça, da liberdade, dos poderes legítimos, o paço dos direitos fundamentais, portanto, a casa dos princípios, a sede da soberania".[1]

Ocorre uma ênfase maior no aspecto normativo da Constituição, sob a ideia de supremacia material da Constituição, característica do "Estado (neo)constitucional", com características bem peculiares:

> a superioridade axiológica da Constituição sobre a lei; a ideia de que a Constituição não só tem como função a limitação do poder político, senão modelar a sociedade e, portanto, não só prevenir (em negativo) uma legislação lesiva dos direitos, senão também orientar (em positivo) a legislação inteira; a ideia de que a Constituição carece de lacunas, que seus princípios predeterminam ou orientam a disciplina legislativa de suposto fato, deixando margens bastante reduzidas a discricionariedade política do legislador; a ideia de que as Constituições democráticas incorporam princípios de justiça objetivos, a que são justas e merece obediência; a superioridade axiológica de princípios sobre as regras; a

---

[1] BONAVIDES, Paulo. Jurisdição constitucional e legitimidade (algumas observações sobre o Brasil). *Estudos avançados*, v. 18, 2004, p. 127.

ideia de que as regras, qualquer que seja seu teor literal, possam ceder ou ser derrogadas, que estão sujeitas a exceções à luz dos princípios; a superioridade axiológica das normas que conferem direitos sobre aquelas que organizam o poder público; a ideia de que as normas "materiais" da Constituição regulam não as relações verticais entre Estado e cidadão, mas também as horizontais entre os cidadãos e que, portanto, deve encontrar aplicação direta na jurisprudência; a ideia de que existe uma conexão estreita entre direito e justiça; a ideia de que ao direito, desde que seja justo, deve ser obedecido; a desvalorização do modelo da ciência jurídica como discurso meramente cognitivo e não valorativo, característico do positivismo jurídico metodológico; e a ideia de que a ciência jurídica deve ser uma ciência prática e normativa, isso é, orientar a jurisprudência e a legislação.[2]

A Constituição é vista como uma norma que designa o conjunto de normas jurídicas positivas, formado por regras e princípios, "geralmente plasmadas num documento escrito e que apresentam relativamente às outras normas do ordenamento jurídico caráter fundacional e primazia normativa."[3] Nesse sentido:

> A Constituição assume a missão de organizar racionalmente a sociedade, especialmente na sua feição política. É o estatuto do poder e o instrumento jurídico com que a sociedade se presume contra a tendência imemorial de abuso dos governantes. É também o lugar em que se expressam as reivindicações últimas da vida em coletividade e se retratam os princípios que devem servir de guia normativo para a descoberta e a construção do bem comum.[4]

Esta posição hierárquico-normativa superior relativamente às outras normas do ordenamento jurídico implica três consequências: as normas constitucionais não derivam a sua validade de outras normas de hierarquia superior, ou seja, encontra validade em si própria (autoprimazia normativa); é uma fonte de produção jurídica de outras

---

[2] PASTOR, Roberto Viciano; DALMAU, Rubén Martínez. A constituição democrática: entre o neoconstitucionalismo e o novo constitucionalismo. *Revista Brasileira de Políticas Públicas*, Brasília, v. 9, n. 2, p. 333-349, 2019, p. 108.

[3] CANOTILHO, José Joaquim Gomes. *Direito constitucional e teoria da Constituição*. 7 ed. Coimbra: Almedina, 2003, p. 215.

[4] MENDES, Gilmar Ferreira e BRANCO, Paulo Gustavo Gonet. *Curso de Direito Constitucional*, 6. ed. rev. e atual.São Paulo: Saraiva, 2011, p. 43.

normas *(normae normarum)*; todos os atos dos poderes públicos devem estar em conformidade com as normas constitucionais.[5]

A ideia do caráter normativo da Constituição eleva o seu papel na sociedade e passa a ser a condutora de todo o processo político e social da comunidade e se apresenta como o estatuto básico da vida, que vincula, define os limites ao poder e serve como respaldo de legitimidade da jurisdição constitucional. Nesse momento, a jurisdição constitucional passa a se tornar uma premissa da democracia.[6]

Ao contrário do quanto defendido por Lassale[7] em 16 de abril de 1862 – especialmente a ideia de que as questões constitucionais não são questões jurídicas, mas políticas, uma vez que a Constituição de um país expressa as relações de poder nele dominantes, assim como a ideia de que Constituição não passa de um pedaço de papel (*Stück papier*) –, a força normativa da Constituição exsurge no ordenamento jurídico como algo que lhe é inerente e que não deve sucumbir diante dos fatores reais de poder.

Negar-se a força normativa da Constituição seria semelhante à própria negação do direito constitucional e do próprio valor da Teoria Geral do Estado como ciência, se a Constituição Jurídica apenas expressar uma momentânea constelação de poder.[8] Dessa forma, acerca da força normativa da Constituição, leciona Konrad Hesse:

> a Constituição não configura, portanto, apenas expressão de um ser, mas também de um dever ser; ela significa mais do que o simples reflexo das condições fáticas de sua vigênçia, particularmente as forças sociais e políticas. Graças à pretensão de eficácia, a Constituição procura imprimir ordem e conformação à realidade política e social. Determinada pela realidade social e, ao mesmo tempo, determinante em relação a ela,

---

[5] CANOTILHO. *Op. cit.*, 2018, p. 1147.

[6] BONAVIDES. *Op. cit.*, 2004, p. 129.

[7] Lassale traz a ideia de Constituição como Lei fundamental, e a ideia de fundamento traz implicitamente a noção de uma necessidade ativa de uma força eficaz e determinante que atua sobre tudo que nela se baseia. Essa força ativa que faz, por uma exigência da necessidade, que todas as outras leis e instituições jurídicas vigentes no país sejam o que realmente são, não se podendo decretar naquele país outras leis contrárias à Lei fundamental. Essa força ativa e eficaz, segundo Lassale, são os fatores reais de poder, sendo que a soma dos fatores reais de poder que regem uma nação constitui a essência da Constituição de um país. A junção desses fatores reais de poder escritos em uma folha de papel se tornaria o verdadeiro Direito - instituições jurídicas. (LASSALE, Ferdinand. *A Essência da Constituição*. 7. ed. Rio de Janeiro: Lumen Juris 2007. p. 10).

[8] HESSE, Konrad. *A força normativa da Constituição*. Trad. Gilmar Ferreira Mendes. Ed. Safe, 2001, p. 3.

> não se pode definir como fundamental nem a pura normatividade, nem a simples eficácia das condições sócio-políticas e econômicas. A força condicionante da realidade e a normatividade da Constituição podem ser diferençadas; elas não podem, todavia, ser definitivamente separadas ou confundidas".[9]

A Constituição Federal tem significado próprio e a sua eficácia apresenta-se como elemento autônomo no campo de força do qual resulta a realidade do Estado e adquire força normativa na medida em que busca essa pretensão de eficácia, convertendo-se na ordem geral objetiva do complexo de relações da vida.[10]

A força normativa não reside tão somente na adaptação de uma dada realidade, mas também como uma força ativa que se assenta na natureza singular do presente, podendo, portanto, se fizerem presentes na consciência geral – particularmente, na consciência dos principais responsáveis pela ordem constitucional – não só a vontade de poder (*Wille zur Macht*), mas também a vontade de Constituição (*Wille zur Verfassung*).[11]

> Essa vontade de Constituição origina-se de três vertentes diversas. Baseia-se na compreensão da necessidade e do valor de urna ordem normativa inquebrantável, que proteja o Estado contra o arbítrio desmedido e disforme. Reside, igualmente na compreensão de que essa ordem constituída é mais do que uma ordem legitimada pelos fatos (e que, por isso, necessita de estar em constante processo de legitimação). Assenta-se também na consciência de que, ao contrário do que se dá com uma lei do pensamento, essa ordem não logra ser eficaz sem o concurso da vontade humana. Essa ordem adquire e mantém sua vigência através de atos de vontade. Essa vontade tem conseqüência porque a vida do Estado, tal como a vida humana, não está abandonada à ação surda de forças aparentemente inelutáveis. Ao contrário, todos nós estamos permanentemente convocados a dar conformação à vida do Estado, assumindo e resolvendo as tarefas por ele colocadas.[12]

Ademais, a ideia de uma teoria da constituição dirigente e a doutrina da efetividade exerceram influência decisiva para trazer

---

9 *Ibidem*, p. 7/8.

10 *Ibidem*, p. 8.

11 *Ibidem*, p. 12.

12 HESSE. *Op. cit.*, 2001, p. 12/13.

efetividade à Constituição, considerando que o direito constitucional traz um projeto social adequado e se concebe a Constituição como o "verdadeiro Direito", integrado por normas aptas a produzirem efeitos e a comandarem o comportamento dos órgãos estatais, entes privados e indivíduos.[13]

O art. 5º, §1º, da CF/88 trouxe, inclusive, que as normas definidoras de direitos e garantias fundamentais têm aplicação imediata e previu instrumentos jurídicos para efetivar os ditames constitucionais, sendo, portanto, o princípio da força normativa da Constituição que conduz à ideia de que deve ser preferida a interpretação que dê mais efetividade à Constituição.[14]

Nenhum dispositivo constitucional é completamente destituído de eficácia jurídica, pois não existe inútil na Constituição. Dessa forma, não há nenhum preceito constitucional de eficácia jurídica nula, uma vez que todos os preceitos constitucionais se revestem de determinado valor normativo no sistema constitucional.[15]

No Estado Democrático de Direito, a Constituição Federal reflete a força superior que vincula a atuação social.

> A advocacia pública assume, no Estado Democrático de Direito, mais do que uma função jurídica de defesa dos interesses patrimoniais da Fazenda Pública, mais até mesmo do que a defesa do princípio da legalidade, porque lhe incumbe igualmente e veementemente a defesa da moralidade pública.[16]

2.2 Advocacia pública nas constituições brasileiras

Diante deste cenário de constitucionalização do direito, imprescindível se faz analisar a importância vital da atuação da advocacia pública municipal na proteção e realização dos fins constitucionais para o Estado brasileiro, em especial na consecução das finalidades públicas.

É sabido que a advocacia pública municipal é uma instituição permanente, essencial ao exercício das funções administrativas e

---

13 NETO, Cláudio Pereira de Souza e SARMENTO, Daniel. *Direito Constitucional: teoria, história e métodos de trabalho.* 1. ed. Belo Horizonte: Fórum, 2012, p. 175.

14 *Ibidem*, p. 390.

15 TEIXEIRA, José Horácio Meirelles, *Curso de Direito Constitucional.* Editora Conceito, 2011, p. 291.

16 DA SILVA, Jose Afonso. A advocacia pública e o Estado Democrático de Direito. *Revista de Direito Administrativo,* v. 230, 2002, p. 284.

jurisdicionais no âmbito do Município, sendo responsável, em toda a sua plenitude, pela defesa de seus interesses em juízo e fora dele, bem como pelas funções de assessoria e consultoria jurídica do Poder Executivo Municipal, sob a égide dos princípios da legalidade e da indisponibilidade dos interesses públicos, não defendendo interesses pessoais, mas sim do Município.

Contudo, a advocacia pública municipal é tudo isso e mais um pouco. "Na medida mesma que se ampliam as atividades estatais, mais ela se torna um elemento essencial ao funcionamento do Estado Democrático de Direito".[17] Dessa maneira, o puro arbítrio não pode ser admitido na atividade estatal, que se pauta sempre por um escopo ético e em prol do interesse público.

A essencialidade e indispensabilidade da advocacia pública municipal é inerente à própria organização administrativa e estrutural do Estado, que atua diretamente na implementação das políticas públicas dentro das estratégias delineadas pelo gestor eleito, sendo aquele um legítimo intérprete constitucional.

A importância da advocacia pública na atuação estatal pode ser vista e comprovada com um breve escorço do histórico constitucional, como se percebe desde a Constituição Imperial em 1824 e, nesse processo histórico-constitucional, a advocacia pública "desempenhou diversas tarefas, desde a defesa do patrimônio do monarca no Estado Patrimonial e do Fisco no Estado de Polícia até a confusão de atribuições com o Ministério Público".[18]

No Império, era o Ministério Público que cumpria essa função, que através do Procurador da Coroa exercia a função de defesa dos interesses nacionais perante os Tribunais Superiores.[19] No período que antecedeu à Constituição de 1824 houve a instalação do Conselho de Procuradores Gerais das Províncias do Brasil, cuja função era prestar assessoria jurídica e legislativa ao Imperador Dom Pedro I e na vigência da Constituição de 1824 ainda foram criados os cargos de Procurador da Fazenda e Procurador Fiscal através da Lei nº 242/1841 e Decreto nº 736/1850.[20]

---

[17] DA SILVA. *Op. cit.*, 2002, p. 281.

[18] DOS SANTOS, Marcus Gouveia. A Advocacia Pública como instituição essencial ao Estado de Direito Democrático e Social. *Rei-Revista Estudos Institucionais*, v. 5, n. 2, 2019, p. 423.

[19] DA SILVA. *Op. cit.*, 2002, p. 282.

[20] DOS SANTOS. *Op. cit.*, 2019, p. 429.

O Ministério Público exercia esta dupla função, qual seja, de promoção de ação penal e defesa dos interesses do Estado. Esse sistema permaneceu no regime da Constituição de 1891, "segundo o qual o Presidente da República designaria, dentre os membros do Supremo Tribunal Federal, o Procurador-Geral da República aquela dupla função".[21]

Sob a égide da Constituição 1891, influenciada pela proclamação da República e pela Constituição norte-americana, o cargo de Procurador da Coroa e Soberania passou a ser denominado de Procurador da República, em seu art. 58, §2º. Com o Decreto nº 967/1903 foi também previsto o cargo de Consultor Geral da República e, por meio do Decreto nº 7.751/1909 foi previsto o cargo de Procurador da Fazenda.[22]

Com o advento da Constituição de 1934 que se "institucionalizou a Advocacia pública da União, embora com a denominação de Ministério Público, como um dos órgãos de cooperação nas atividades governamentais"[23] em seus arts. 95 a 98, ao tempo em que já se previa a sua instituição a nível estadual em seu artigo 97. Essa institucionalização perdurou nas Constituições de 1946, 1967 e 1969. Nesse sentido:

> Cumpre, agora, justificar a declaração feita acima de que foi a Constituição de 1934 que institucionalizou a Advocacia Pública da União. embora com a denominação de Ministério Público. Ora, no Império, o Ministério Público já exercia as funções de Advocacia Pública, mas, então, as atribuições típicas de Ministério Público. ou seja, de custos légis e da persecutio criminis, preponderam sobre as de defesa judicial dos interesses da Fazenda. Mas, na República Federativa, essa equação se alterou fundamentalmente. A competência penal e sobre interesses privados indisponíveis passou para as Justiças Estaduais e pois para o Ministério Público dos Estados. Quer dizer, descentralizaram-se as funções de Ministério Público, de tal sorte que o Ministério Público Federal se tornou fundamentalmente um órgão de defesa dos interesses da União em Juízo. As funções de Ministério Público se tornaram marginais, e mais ainda quando a Constituição de 1937 extinguiu a Justiça Federal. Não foi sem razão que os membros da instituição se chamaram Procuradores da República. Com a criação de Justiças Federais Especiais, Eleitoral, do Trabalho. pela Constituição de 1946, surgiram ramos do Ministério Público da União junto dessas Justiças, mas o ramo chamado

21 DA SILVA. *Op. cit.*, 2002, p. 282.

22 DOS SANTOS. *Op. cit.*, 2019, p. 430.

23 DA SILVA. *Op. cit.*,2002, p. 282.

Ministério Público Federal continuou sendo tipicamente Advocacia Pública da União, embora acumulasse também atividades típicas de Ministério público, especialmente depois da recriação da Justiça Federal de primeira instância.[24]

A Constituição Federal de 1988 corrigiu essa cumulatividade de funções na figura do Ministério Público e realçou a independência da advocacia púbica e a consagrou como uma das funções essenciais à justiça, expressamente previsto em seu art. 131 e seguintes. De acordo com Maria Sylvia Di Pietro, o texto constitucional buscou salientar a importância da carreira na busca da Justiça, entendida em dois sentidos:

> a) Justiça como instituição, como sinônimo de Poder Judiciário, já que este não tem legitimidade para dar início às ações judiciais, decidindo os conflitos que são postos e nos limites postos pelo advogado, pelo promotor de Justiça, pelo advogado público, pelo defensor público; sem esses profissionais, a Justiça não é acionada; ela não existe; b) Justiça como valor, incluída no preâmbulo da Constituição entre os valores supremos de uma sociedade fraterna pluralista e sem preconceitos, e que consiste na "vontade constante de dar a cada um o que é seu" (justitia est constans et perpetua voluntas jus suum cuique tribuendi").[25]

Cabe salientar que ainda que a Constituição Federal não tenha cristalizado a advocacia pública municipal expressamente no texto constitucional, por simetria, deve ser aplicado os preceitos constitucionais disponíveis à advocacia da união e procuradorias estaduais e do DF.[26]

Os advogados públicos são essenciais ao efetivo controle interno e observância da juridicidade dos atos da Administração Pública e devem gozar de autonomia e independência no exercício das suas funções em prol de atingir o seu mister constitucional, sob pena de prejuízo ao ente público municipal e atuação complacente com qualquer vontade pessoal do gestor público.

---

24 *Ibidem*, p. 282-283.

25 DI PIETRO, Maria Sylvia Zanella. A Advocacia Pública como função essencial à Justiça. Disponível em: https://www. conjur. com. br/2016-ago-18/interesse-publico-advocacia-publica-funcao-essencial-justica, 2016. Acesso em: 5 nov. 2024.

26 Cabe salientar que está em trâmite a PEC 28/2023 que busca a inclusão dos procuradores municipais no texto do art. 132 da Constituição Federal e, inclusive, já foi aprovada na Comissão de Constituição e Justiça (CCJ) do Senado em 7 de agosto de 2024.

3 O advogado público municipal como intérprete constitucional

3.1 A sociedade aberta dos intérpretes e o pensamento constitucional de Peter Häberle

A ideia de sociedade aberta é um modelo desenhado em 1945 por Popper, como contraponto aos sistemas filosóficos de Platão e Hegel, assim como ao ideário fascista e comunista totalitário. O objetivo era fortalecer o cidadão e colocá-lo no centro do Estado constitucional dentro de uma sociedade pluralista, assim como ir de encontro ao Estado hipertrofiado e até aos partidos políticos que se posicionam com autossuficiência.[27]

Portanto, todos aqueles que vivem a norma constitucional, potências públicas, cidadãos ou grupos, devem ser considerados como forças produtivas de interpretação da Constituição, não cabendo apenas às Cortes Constitucionais exercer o monopólio de sua atividade interpretativa, uma vez que suas decisões afetam diretamente a vida de toda a comunidade e, dessa forma, não pode ser apenas manejada pelo Tribunal.

Essa concepção culminou com uma mudança abrupta da metodologia jurídica tradicional que sempre esteve muito vinculada a um modelo de sociedade fechada, em que se valorizava muito a interpretação realizada pelos juízes. Contudo, demais órgãos estatais, o sistema público, cidadãos em geral também constituem forças produtivas de interpretação, ainda que como pré-intérpretes do complexo normativo constitucional.[28]

O autor busca elaborar uma tese que relacione a Constituição com a realidade constitucional, através do processo de interpretação constitucional, destacando o papel fundamental exercido por todos aqueles que vivem a constituição e, assim, conformam a realidade.[29]

> Assim, se se reconhece que a norma não é uma decisão prévia, simples e acabada, tem-se, necessariamente, de indagar sobre os participantes no seu desenvolvimento funcional sobre as forças ativas da *law in public*

---

[27] HÄBERLE. *Op. cit.*, 2009, p. 190.

[28] HÄBERLE. *Op. cit.*, 2002, p. 9.

[29] MAGANE, Renata Possi. O método concretista da constituição aberta. *Revista da Faculdade de Direito do Sul de Minas*, Pouso Alegre, v. 25, n. 2, 2009, p. 120.

action. A ampliação do círculo de intérpretes constituiria para Häberle apenas uma consequência da necessidade de integração da realidade no processo de interpretação.[30]

Defende-se um modelo de adoção de uma hermenêutica constitucional adaptada à sociedade pluralista ou aberta, especialmente considerando que, em razão da Constituição Federal ser o papel fundamental de toda a sociedade e Estado, todo aquele que vive a Constituição é um legítimo intérprete.

Em uma democracia pluralista, todos os cidadãos são guardiões da Constituição, desde o cidadão comum até o Presidente da República. Nessa linha intelectiva, um dos textos que mais desperta interesse no direito constitucional moderno é a "sociedade aberta dos intérpretes da Constituição" do professor Peter Häberle, que teve a publicação inaugural em 1975.

Esse texto, traduzido e apresentado por Gilmar Ferreira Mendes, serviu de inspiração e exerceu influência direta no Projeto de Lei nº 2.960/1997, que dispôs sobre o processo e julgamento da ação direta de inconstitucionalidade e ação declaratória de constitucionalidade perante o STF, considerando que o referido autor participou da comissão de juristas encarregados de elaborar tal mister.[31]

Para o autor alemão, a teoria da interpretação constitucional tradicional apenas tratava das tarefas, objetivos e métodos que envolvem o processo de interpretação, mas não dava importância para a questão que envolve os participantes da interpretação da Constituição.[32]

> Sua teoria pressupõe o fato de que a jurisdição constitucional representa espaço de composição de conflitos políticos e de realização de escolhas constitucionais, na busca do equilíbrio entre a proteção dos direitos fundamentais e o autogoverno do povo, em meio à indelével marca de pluralidade das sociedades modernas. Diante dessa conjectura, a mera legitimidade derivada da delegação constitucional e das garantias de independência e imparcialidade do juiz não seriam suficientes para evitar o que Dieter Grimm denominou de "risco democrático", no sentido de

---

30 HÄBERLE. *Op. cit.*, 2002, p. 10.

31 COELHO, Inocêncio Mártires. As ideias de Peter Häberle e a abertura da interpretação constitucional no direito brasileiro. *IBDC*, São Paulo, ano 6, n. 25, out./dez. 1998, p. 160.

32 MAGANE. *Op. cit.*, 2009, p. 120.

uma atuação introvertida – e até abusiva – do intérprete, porquanto não haveria qualquer mecanismo de controle democrático das suas decisões.[33]

A interpretação constitucional dos juízes não é e nem deve ser a única, uma vez que cidadãos e grupos de interesse, órgãos estatais, o sistema público e a opinião pública constituem forças produtivas de interpretação, ainda que apenas como pré-intérpretes (*Vorinterpreten*)[34] do texto constitucional, já que "quem vive a norma acaba por interpretá-la ou pelo menos por cointerpretá-la".[35]

> Do ponto de vista teorético-constitucional, a legitimação fundamental das forças pluralistas da sociedade para participar da interpretação constitucional reside no fato de que essas forças representam um pedaço da publicidade e da realidade da Constituição (*ein Stück* Öffentlichkeit *und Wirklichkeit der Verfassung*), não podendo ser tomadas como fatos brutos, mas como elementos que se colocam dentro do quadro da Constituição: a integração, pelo menos indireta, da "res publica" na interpretação constitucional em geral é expressão e consequência da orientação constitucional aberta no campo de tensão do possível, do real e do necessário (*"in das Spannungsfeld des Möglichen, Wirklichen und Notwendigen gestellten Verfassungsverständisses"*). Uma Constituição, que estrutura não apenas o Estado em sentido estrito, mas também a própria esfera pública (Öffentlichkeit), dispondo sobre a organização da própria sociedade e, diretamente, sobre setores da vida privada, não pode tratar as forças sociais e privadas como meros objetos. Ela deve integrá-las ativamente enquanto sujeitos.[36]

Segundo Häberle, não existe norma jurídica, senão norma jurídica interpretada. Dessa forma, considerando que a norma não é uma decisão prévia, simples e acabada, deve-se indagar sobre os participantes do seu desenvolvimento funcional, sendo a ampliação do círculo de intérpretes uma consequência da necessidade de integração da realidade no processo de interpretação.[37]

Assim, a interpretação constitucional não é uma atividade exclusiva do Estado, ao contrário, é algo que deve ser realizado por

---

[33] FERREIRA, Débora Costa. Amizade seletiva: análise estratégica da funcionalidade do amicus curiae. *Teoria Jurídica Contemporânea*, v. 5, n. 2, 2020, p. 79.

[34] HÄBERLE. *Op. cit.*, 2002, p. 14.

[35] *Ibidem*, p. 13.

[36] *Ibidem*, p. 33.

[37] *Ibidem*, p. 30-31.

todo aquele que vive a incidência da norma jurídica dentro daquela realidade constitucional. O professor Peter Häberle propõe a tese no sentido de que os critérios de interpretação constitucional devem ser mais abertos quanto mais pluralista for a sociedade:

> No processo de interpretação constitucional estão potencialmente vinculados todos os órgãos estatais, todas as potências públicas, todos os cidadãos e grupos, não sendo possível estabelecer-se um elenco cerrado ou fixado com *numerus clausus* de intérpretes da Constituição.[38]

Häberle defende que o processo de interpretação constitucional está diretamente atrelado com a teoria democrática, considerando que numa sociedade aberta, que consagra os valores do pluralismo político, econômico, científico e cultural, o povo tem o direito de participar da construção da ordem jurídica, interpretando e aplicando as normas constitucionais.[39]

Sob esse paradigma, mostra-se "impensável uma interpretação da Constituição sem o cidadão ativo,"[40] devendo-se democratizar a interpretação constitucional sob o respaldo da teoria democrática:

> Todo aquele que vive no contexto regulado por uma norma e que vive com este contexto é, indireta ou, até mesmo diretamente, um intérprete dessa norma. O destinatário da norma é participante ativo muito mais ativo do que se pode supor tradicionalmente, do processo hermenêutico. Como não são apenas os intérpretes jurídicos da Constituição que vivem a norma, não detém eles o monopólio da interpretação da Constituição.[41]

A interpretação constitucional não é um "evento exclusivamente estatal",[42] uma vez que potencialmente diz respeito a todos aqueles que vivem a norma constitucional, considerando que se trata de um processo aberto e não de um sistema fechado e, portanto, devem ser desenvolvidas novas formas de participação das potências públicas pluralistas na interpretação constitucional.

A democracia não se desenvolve apenas no âmbito da delegação formal de poderes do povo para os seus representantes, mas

---

[38] HÄBERLE. *Op. cit.*, p. 13.
[39] MAGANE. *Op. cit.*, 2009, p. 121.
[40] HÄBERLE. *Op. cit.*, 2002, p. 14.
[41] *Ibidem*, p. 15.
[42] *Ibidem*, p. 23.

"numa sociedade aberta, ela se desenvolve por meio de formas refinadas de mediação do processo público e pluralista da política e da práxis cotidiana, especialmente mediante a realização dos Direitos Fundamentais".[43]

O processo constitucional, portanto, deve permitir maior participação popular por meio de instrumentos plurais que democratizem a interpretação constitucional. Nessa linha intelectiva:

> Para a conformação e a aplicação do direito processual resultam consequências especiais. Os instrumentos de informação dos juízes constitucionais – não apesar, mas em razão da própria vinculação à lei – devem ser ampliados e aperfeiçoados, especialmente no que se refere às formas gradativas de participação e à própria possibilidade de participação no processo constitucional (especialmente audiências e nas "intervenções"). Devem ser desenvolvidas novas formas de participação das potências públicas pluralistas enquanto intérpretes em sentido amplo da Constituição. O direito processual constitucional torna-se parte do direito de participação democrática. A interpretação constitucional realizada pelos juízes pode-se tornar, correspondentemente, mais elástica e ampliativa sem que se deva ou possa chegar a uma identidade de posições com a interpretação do legislador. Igualmente flexível há de ser a aplicação no direito processual constitucional pela Corte Constitucional, tendo em vista a questão jurídico-material e as partes materialmente afetadas (atingidos).[44]

Desta forma, Häberle buscou construir uma tese que relaciona a Constituição com a realidade, destacando o papel fundamental exercido por todos aqueles que vivem a Constituição, não sendo possível o estabelecimento de um número limitado de intérpretes do texto constitucional, uma vez que este deve ser tanto mais aberto quanto mais plural for a sociedade.[45]

O autor ainda distingue a interpretação em sentido estrito e em sentido amplo, sendo aquela realizada pelos juízes e tribunais, através dos métodos tradicionais de interpretação já conhecidos, enquanto esta é realizada por meio da atuação dos cidadãos, grupos, órgãos estatais,

---

[43] *Ibidem*, p. 36.

[44] HÄBERLE. *Op. cit.*, p. 46/48.

[45] MAGANE. *Op. cit.*, 2009, p. 120.

sistema e opinião pública, em um processo de democratização da interpretação constitucional.[46]

Nessa perspectiva, o direito constitucional material surge da multiplicidade de interesses e funções, o que implica a diversidade prática da interpretação constitucional. Dessa maneira, o texto somente adquire sua normatividade com a "inserção da esfera pública pluralista no processo interpretativo, ou seja no processo de concretização constitucional."[47]

As reflexões trazidas por Häberle em sua obra *A sociedade aberta dos intérpretes da Constituição: contribuição para a interpretação pluralista e procedimental da Constituição* nos trazem diversas reflexões, como: o juiz constitucional não interpreta mais de forma isolada no processo constitucional; antes de haver a interpretação dos juízes todas as forças pluralistas públicas são, potencialmente, intérpretes da Constituição, como uma força normatizadora; o processo de interpretação constitucional deve ser ampliado para além do processo constitucional concreto; dentre outras.

Sob tal ótica, resta claro que os advogados públicos municipais constituem intérpretes ativos da Constituição Federal. Contudo, a seguir, adentrar-se-á nas possíveis situações em que o advogado público exerce um papel efetivo na leitura do texto constitucional, sem, contudo, qualquer pretensão de exaurimento das inúmeras situações possíveis.

3.2 O advogado público municipal como legítimo intérprete constitucional: possibilidades e casos concretos

Como já dito anteriormente, a atuação diária do advogado público municipal deve estar pautada na fiel observância dos dispositivos constitucionais, uma vez que a sua atividade influi na realidade social, especialmente considerando que a Constituição se abre para a realização de transformações políticas e sociais. Em outras palavras, "a Constituição é, nesse sentido, um espelho da publicidade e da realidade":[48]

---

[46] *Ibidem*, p. 120.

[47] NEVES, Marcelo. *Constituição e Direito na Modernidade Periférica. Uma abordagem teórica e uma interpretação do caso brasileiro.* Trad. Antônio Luz Costa. São Paulo: WMF Martins Fontes, 2018, p. 77-78.

[48] HÄBERLE. *Op. cit.*, 2002, p. 34.

No contexto de um Estado de direito, que se pretende democrático e social, torna-se imperioso que a leitura da Constituição se faça em voz alta e à luz do dia, no âmbito de um processo verdadeiramente público e republicano, pelos diversos atores da cena institucional.

Em sua tarefa consultiva, a advocacia pública municipal buscará orientar os agentes públicos sobre a interpretação jurídica adequada e aplicação prática, sempre em total atenção aos valores emanados pelo texto constitucional, auxiliando na prevenção de litígios e conflitos, uma vez que o fornecimento de orientações jurídicas adequadas evita o descumprimento de normas e minimiza os riscos de condenações financeiras no futuro.

Na prática, diversos exemplos podem ser trazidos, como, por exemplo, na emissão de Pareceres que tratam da contratação de servidores públicos e que envolvem a discussão acerca da necessidade de observância dos preceitos que tratam da matéria relativa a concurso público, na forma do art. 37, II do texto constitucional.

No âmbito fiscal, por exemplo, pode ser requerido administrativamente o beneplácito da imunidade tributária (isenções qualificadas), em que o procurador do município deverá realizar um balançar de olhos entre a situação apresentada pelo contribuinte e as hipóteses previstas expressamente na Constituição Federal de 1988.

De forma pragmática, dois casos concretos podem ser trazidos como exemplo de atuação do procurador do município como legítimo intérprete constitucional. O primeiro caso trata-se de um servidor público que ingressa com um pedido de pagamento de auxílio-transporte, considerando a previsão existente em Lei Orgânica do Município. Contudo, a referida previsão mencionava a possibilidade de pagamento do auxílio "na forma da lei".

Ocorre que, naquele momento, não havia qualquer Lei que regulamentasse o pagamento, trouxesse requisitos, determinasse os valores ou parâmetros para pagamento e, consequentemente, trouxesse dotação orçamentária para tanto. Tratava-se, portanto, de norma de eficácia limitada.

Consoante escólio do saudoso professor José Horácio Meirelles Teixeira, pode-se entender como normas de eficácia limitada como:

> aquelas normas que não produzem, logo ao serem promulgadas, todos os seus efeitos essenciais, porque não se estabeleceu, sobre a matéria,

uma normatividade para isso suficiente, deixando total ou parcialmente essa tarefa ao legislador ordinário.[49]

Este grupo de normas constitucionais somente produzem seus efeitos essenciais após um desenvolvimento normativo posterior, a cargo dos poderes constituídos, ou seja, a sua vocação de ordenação depende da interpolação do legislador infraconstitucional. São normas incompletas que possuem baixa densidade normativa.[50]

Dessa maneira, o advogado público municipal, através do estudo de aplicabilidade das normas constitucionais, elaborou a emissão de Parecer opinando pela impossibilidade de concessão do referido auxílio em razão de ausência de previsão legal que regulamentasse a matéria, assim como dotação orçamentária específica, que ocasionaria grave dano ao erário público.

O segundo caso concreto, a servidora pública ingressou com um pedido de consulta para que a Procuradoria Geral do Município se manifestasse acerca do pagamento da remuneração de servidora que percebesse gratificação por produtividade em gozo licença-maternidade.

Naquele momento, não havia qualquer legislação municipal que tratasse da matéria e, portanto, havia o risco de a servidora apenas perceber o vencimento básico, que ocasionaria uma perda de mais de 100% (cem por cento) da remuneração no período de gozo de licença-maternidade.

Em que pese a ausência de previsão legal regendo a matéria, há de se recordar que a proteção à maternidade e à infância é um direito social previsto no *caput* do art. 6º da Constituição Federal, constante no Título II Dos Direitos e Garantias Fundamentais da pessoa humana.

Dessa maneira, no regular exercício hermenêutico constitucional, o advogado do município se socorreu nos princípios e diplomas constitucionais para assegurar a devida proteção à servidora que estivesse em gozo de licença-maternidade, sugerindo que a Administração Pública realizasse o cálculo da média dos últimos 6 (seis) meses de produtividade da servidora pública para integralização no pagamento da remuneração durante a licença.

---

[49] TEIXEIRA. *Op. cit.*, 2011, p. 317.

[50] MENDES, Gilmar Ferreira e BRANCO, Paulo Gustavo Gonet. *Curso de Direito Constitucional*. 6. ed. rev. e atual.São Paulo: Saraiva, 2011, p. 81.

Nesse caso, a aplicação direta dos preceitos previstos no texto constitucional garantiu, na ausência de previsão legal expressa, a proteção à maternidade e à infância, impedindo que a mulher servidora fosse punida com redução da sua remuneração em seu período de extrema necessidade como durante o gozo de licença-maternidade.

Qualquer entendimento contrário, iria de encontro a toda a ideia de proteção dos direitos e garantias fundamentais prevista na Constituição Federal, punindo a mulher em razão da mesma estar em estado gravídico com diminuição abrupta da sua remuneração, em momento de extrema necessidade e vulnerabilidade.

Saliente-se, que o opinativo sugerindo que a Administração Pública realizasse o cálculo da média dos últimos 6 (seis) meses de produtividade da servidora pública para integralização no pagamento da remuneração durante a licença estava em consonância com a forma de cálculo prevista para gozo de férias que realizava o cálculo através da média dos últimos 12 (doze) meses de produtividade.

Dessa maneira, a interpretação constitucional realizada pelo advogado público municipal pode ser entendida em diversos aspectos:

1. Defesa do Estado de Direito e da Legalidade: o procurador do município deve assegurar que os atos administrativos sejam realizados em consonância com a Constituição e as leis, evitando arbitrariedades e excessos;
2. Interpretação dos Princípios Constitucionais: como intérprete da Constituição, o procurador do município deve ser capaz de aplicar os princípios constitucionais (como a dignidade da pessoa humana, a igualdade, a liberdade, a separação de poderes, entre outros) em suas argumentações. Isso inclui a análise da Constituição não apenas sob uma perspectiva literal, mas também conforme seus valores subjacentes e sua função na estrutura do Estado democrático de direito;
3. Atuação em Processos Judiciais e Administrativos: em processos judiciais, o procurador do município, ao representar ou "presentar" a Administração Pública, interpreta as normas constitucionais, buscando fundamentar sua defesa de forma que reflita os direitos fundamentais e as necessidades do interesse público. Além disso, ele pode atuar na formulação de políticas públicas e na assessoria jurídica ao

poder executivo, propondo soluções que respeitem o texto constitucional;

4. Promoção da Efetividade dos Direitos Fundamentais: o advogado público municipal também tem um papel importante na promoção dos direitos fundamentais dos cidadãos, garantindo que a Administração Pública aja dentro dos limites constitucionais, promovendo a justiça social e o bem-estar coletivo;
5. Atuação no Controle de Constitucionalidade: em alguns casos, o advogado público municipal pode atuar no controle difuso de constitucionalidade, quando o próprio juiz, ao decidir um caso concreto, declara a inconstitucionalidade de uma norma ou ato normativo. Isso faz parte de um processo mais amplo de interpretação da Constituição, onde ele pode intervir para garantir que as decisões judiciais estejam alinhadas com os princípios constitucionais.

Em suma, o advogado público municipal, ao interpretar a Constituição, exerce um papel crucial na promoção da justiça, no equilíbrio entre o poder do Estado e os direitos dos cidadãos, e na construção de um sistema jurídico que respeite os preceitos fundamentais do Estado Democrático de Direito.

4 Conclusão

A atuação do advogado público municipal é fundamental no contexto jurídico e social da sociedade brasileira, considerando a necessidade de defender os interesses do Município, garantindo a boa administração dos recursos públicos e do interesse público como um todo, assim como a proteção dos direitos coletivos da população.

A sociedade aberta dos intérpretes, conceito desenvolvido por Peter Häberle, enfatiza a ideia de que a Constituição deve ser vista não apenas como um texto rígido, mas como um processo dinâmico e plural de interpretação, em que diferentes agentes e atores sociais, incluindo juristas, cidadãos e representantes do Estado, contribuem para a compreensão e aplicação da norma constitucional.

O advogado público do Município deve ser sensível às especificidades locais e buscar soluções jurídicas que respeitem a Constituição, assim como garantam a concretização dos direitos fundamentais no âmbito local, considerando as particularidades culturais, sociais e econômicas do município.

Ao analisar o papel do advogado público municipal como intérprete constitucional sob a ótica da sociedade aberta dos intérpretes de Peter Häberle, percebe-se que ele é parte de um processo contínuo e interativo de interpretação da Constituição, sendo responsável por garantir que as normas constitucionais sejam entendidas e aplicadas de forma a refletir as necessidades locais, promover a inclusão e assegurar os direitos fundamentais da população.

Referências

BONAVIDES, Paulo. Jurisdição constitucional e legitimidade (algumas observações sobre o Brasil). *Estudos avançados*, v. 18, 2004, p. 127.

CANOTILHO, José Joaquim Gomes. *Direito constitucional e teoria da Constituição*. 7. ed. Coimbra: Almedina, 2003, p. 215.

COELHO, Inocêncio Mártires. As ideias de Peter Häberle e a abertura da interpretação constitucional no direito brasileiro. *IBDC*, São Paulo, ano 6, n. 25, out./dez. 1998.

DA SILVA, Jose Afonso. A advocacia pública e o Estado Democrático de Direito. *Revista de Direito Administrativo*, v. 230, p. 281-290, 2002.

DOS SANTOS, Marcus Gouveia. A Advocacia Pública como instituição essencial ao Estado de Direito Democrático e Social. *Rei-Revista Estudos Institucionais*, v. 5, n. 2, p. 422-440, 2019.

DI PIETRO, Maria Sylvia Zanella. A Advocacia Pública como função essencial à Justiça. Disponível em: https://www. conjur. com. br/2016-ago-18/interesse-publico-advocacia-publica-funcao-essencial-justica, 2016. Acesso em: 5 nov. 2024.

FERREIRA, Débora Costa. Amizade seletiva: análise estratégica da funcionalidade do amicus curiae. *Teoria Jurídica Contemporânea*, v. 5, n. 2, 2020, p. 79.

HÄBERLE, Peter. *A sociedade aberta dos intérpretes da Constituição:* contribuição para a interpretação pluralista e procedimental da Constituição. Trad. Gilmar Ferreira Mendes. Porto Alegre: Sergio Antonio Fabris Editor, 2002.

HÄBERLE, Peter. La Jurisdicción Constitucional en la Sociedad Abierta. *Revista de Direito Público*, n. 25, jan.-fev. 2009.

HESSE, Konrad. *A força normativa da Constituição*. Trad. Gilmar Ferreira Mendes. Safe, 2001, p. 3.

LASSALE, Ferdinand. *A Essência da Constituição*. 7. Ed. Rio de Janeiro: Lumen Juris, 2007.

MAGANE, Renata Possi. O método concretista da constituição aberta. *Revista da Faculdade de Direito do Sul de Minas*, Pouso Alegre, v. 25, n. 2, 2009.

MENDES, Gilmar Ferreira; BRANCO, Paulo Gustavo Gonet. *Curso de Direito Constitucional*. 6. ed. rev. e atual. São Paulo: Saraiva, 2011.

NETO, Cláudio Pereira de Souza; SARMENTO, Daniel. *Direito Constitucional: teoria, história e métodos de trabalho*. 1. ed. Belo Horizonte: Fórum, 2012, p. 175.

NEVES, Marcelo. *Constituição e Direito na Modernidade Periférica. Uma abordagem teórica e uma interpretação do caso brasileiro*. Trad. Antônio Luz Costa. São Paulo: WMF Martins Fontes, 2018, p. 77-78.

PASTOR, Roberto Viciano; DALMAU, Rubén Martínez. A constituição democrática: entre o neoconstitucionalismo e o novo constitucionalismo. *Revista Brasileira de Políticas Públicas*, Brasília, v. 9, n. 2, p. 333-349, 2019, p. 108.

TEIXEIRA, José Horácio Meirelles. *Curso de Direito Constitucional*. Editora Conceito, 2011.

Informação bibliográfica deste texto, conforme a NBR 6023:2018 da Associação Brasileira de Normas Técnicas (ABNT):

PEREIRA, Marcus Vinícius Lopes. O advogado público municipal como intérprete constitucional sob a ótica da sociedade aberta dos intérpretes de Peter Häberle. *In*: BRITTO, Anne Karole Silva Fontenelle de; SILVA, Bruno Sampaio Ferreira da; NEURAUTER, Maíra; FLORIANO, Eduardo de Souza (coord.). *Direito municipal em debate*. Belo Horizonte: Fórum, 2025. p. 107-127. ISBN 978-85-450-0976-4. v. 9.

SISTEMA DE JUSTIÇA – RESOLUÇÃO Nº 547/2024 DO CONSELHO NACIONAL DE JUSTIÇA E ANÁLISE DE DADOS NO SETOR PÚBLICO

Patrícia Ferreira Pomoceno
Vanessa Volpi Bellegard Palacios
Érico Germano Hack

1 Introdução

O Poder Judiciário enfrenta o problema do excesso de processos judiciais, especialmente de execuções fiscais, o que afeta sua eficiência e prejudica a responsividade de todo o Sistema de Justiça. Em 2023 o Supremo Tribunal Federal – STF julgou o Tema 1.184, legitimando a extinção de execuções fiscais de baixo valor, e, em 2024, o Conselho Nacional de Justiça – CNJ expediu a Resolução nº 547/2024 determinando a extinção de execuções fiscais de valor inferior a R$ 10.000,00 e fixando requisitos para novas execuções.

Essas medidas, embora visem melhorar a gestão do Poder Judiciário, têm impactos negativos na arrecadação dos entes federativos. Por isso, é fundamental que o CNJ considere os efeitos abrangentes de suas resoluções, tanto para o sistema de justiça quanto para as comunidades afetadas.

Este trabalho tem como objetivo principal estudar o impacto da Resolução nº 547/2024 do CNJ, buscando avaliar seus reflexos sobre todos os *stakeholders* envolvidos e enfatizar a importância da criação de soluções conjuntas para o problema do excesso de execuções fiscais, que levem em conta a complexidade do tema e a aplicação criteriosa e bem fundamentada das normas.

2 Sistema de justiça

Não é o escopo principal do presente trabalho, nem seria necessário discorrer e analisar a importância do sistema de justiça para a manutenção do Estado Democrático de Direito. Mesmo nos países com tradição forte no sistema de *Civil Law*, como o Brasil, onde a proteção dos direitos tem forte vinculação na positivação de normas em códigos e leis, o exercício dos direitos e da cidadania necessita de um sistema de justiça estruturado e responsivo.

O artigo 37 da Constituição Federal dispõe que toda a administração pública deve obedecer aos princípios de legalidade, impessoalidade, moralidade, publicidade e eficiência. A eficiência é o foco no presente estudo, uma vez que pautou o julgamento do Tema 1.184 do STF e edição da Resolução nº 547/2024 do CNJ.

Quando se pensa em sistema de justiça para a maioria das pessoas, sejam elas operadores do Direito ou não, a primeira ideia que surge é a do Poder Judiciário, remetendo à figura de um Juiz de Direito. É cultural a ligação forte que temos no Brasil entre a figura da jurisdição exercida por meio da judicialização, é como se todo o Sistema de Justiça Brasileiro se resumisse a atividade jurisdicional.

O Brasil certamente está entre os países que apresentam o maior índice de judicialização no mundo. O Relatório Justiça em Números de 2023 (CONSELHO, 2023, p. 92) aponta que em 2022 tramitavam 81,4 milhões de processos judiciais, considerando que o Censo do IBGE de 2022 apontou que neste mesmo ano o Brasil tinha 203,1 milhões de habitantes, tem-se uma média aproximada de 2,5 processos judiciais por habitante. Essa alta litigiosidade traz enormes custos para o país e tem impacto direto na qualidade dos serviços prestados pelo Poder Judiciário. Nesse cenário, o grande acervo de execuções fiscais colabora para piorar, ou no mínimo não ajuda a solucionar o problema.

É importante frisar que as execuções fiscais são um dos problemas que conduzem ao excesso de processos judiciais no Brasil, mas não se pode culpar única e exclusivamente a cobrança judicial de créditos públicos de todas as mazelas de que padece o Judiciário. Dessa forma, solucionar esse problema não resolverá todos os grandes desafios do Poder Judiciário.

Com a Revolução 4.0, a digitalização de serviços chegou ao campo jurídico e impactou-o profundamente. Foi implementado o processo eletrônico, o acesso à justiça ficou mais fácil e os processos judiciais passaram a tramitar mais rapidamente. Essa última frase pode soar contraditória no contexto do presente estudo, pois, se os processos tramitam mais rápido, finalizariam mais rápido. Quem advoga ou é servidor da Justiça sabe que quanto mais a tecnologia permeia o mundo do Direito, mais acelerada fica a rotina de trabalho e maior é o aumento do volume de processos. Muitos atos judiciais que demandavam trabalhos manuais, como a distribuição ou juntada de petições em processos físicos, agora são eletrônicos e automáticos. Essa automação dá velocidade aos atos, mas não se deve esquecer que em um fluxo procedimental o gargalo nunca some, ele apenas muda de lugar. A facilidade que os sistemas eletrônicos dos Tribunais de Justiça trouxeram, tal como a possibilidade de protocolar uma ação judicial em Curitiba, estando a parte e o advogado em Salvador, ou a possibilidade de realizar audiência *on-line*, facilita e certamente incentiva a alta judicialização que temos no Brasil.

Deve-se esclarecer que o processo eletrônico não é ruim, a facilidade do acesso ao Poder Judiciário e a automação e rapidez de atos processuais é positiva e deve ser sempre aprimorada. Ocorre que no Brasil o serviço judicial foi digitalizado, mas os fluxos e procedimentos adotados continuam a ser implementados de maneira idêntica ao que se fazia quando o processo judicial era analógico. Explica-se.

Nem sempre a propositura de execuções fiscais foi um problema, pelo contrário, por décadas foi o principal meio de cobrança de créditos inscritos em dívida ativa pelos entes da Federação. O agravamento da situação e o problema surgiram juntamente com as mudanças ocorridas na sociedade, especialmente com a revolução digital, que remodelou significativamente as interações sociais e as expectativas dos cidadãos. As transformações trazidas pela era digital não apenas aceleraram a disseminação de informações, mas também ampliaram o acesso ao sistema judicial, contribuindo para um aumento na judicialização.

Esse novo tempo exige uma reavaliação da forma como os créditos públicos são cobrados, considerando a necessidade de métodos mais eficientes e adaptados às novas realidades sociais e tecnológicas, de modo a reduzir o congestionamento no Judiciário e atender às expectativas de uma sociedade cada vez mais informada e conectada.

Assim, tem-se que atualizar aquela imagem que foi mencionada no início, na qual falar em sistema de justiça significava pensar no Juiz decidindo a lide. No novo cenário atores até então coadjuvantes, passam a ser atores principais. E além de expandir os meios de cobrança de créditos, deixando de recorrer somente ao Poder Judiciário, é imprescindível pensar a cobrança de forma mais inteligente, tornando-a mais eficaz.

2.1 Um novo olhar necessário sobre as estratégias de cobrança

A Revolução Digital afetou todos os aspectos da sociedade, incluindo as estruturas organizacionais, exigindo rápida adaptação do Poder Judiciário e do Poder Executivo. A lentidão na adaptação às novas necessidades tem contribuído para a situação caótica, com alta taxa de congestionamento e excesso de execuções fiscais. Assim, é essencial criar soluções inovadoras, como o Projeto de Lei nº 2.488/2022, que propõe procedimentos diferenciados para a cobrança da dívida ativa.

Dentro dessa lógica de mudança, é necessário repensar a gestão da dívida ativa, não apenas no Judiciário, mas também na dinâmica da cobrança dos entes federativos. A administração pública deve observar o princípio da eficiência, mas também respeitar demais princípios constitucionais. Parte da tarefa das Procuradorias e órgãos gestores é analisar os débitos inscritos, decidindo o que deve ser mantido e o que deve ser cancelado devido à baixa chance de recuperação.

O Tribunal de Contas do Estado do Paraná, em 2021, recomendou ações para a cobrança de débitos inscritos em dívida ativa, incluindo atos extrajudiciais e judiciais, como o protesto.

O guia do Tribunal (BOAS, 2021, p. 13) sugere:

> Ainda, verificada a ocorrência da prescrição intercorrente após esgotadas todas as diligências cabíveis, indica-se que seja requerida a extinção da execução, com a baixa do respectivo crédito e, conforme art. 37 da Resolução nº 70/2019 deste Tribunal de Contas, informando-se o fato nos respectivos autos.

A eficiência é apenas um dos princípios que norteiam a administração pública, tendo igual importância o princípio da legalidade. Nesse aspecto o Poder Legislativo pode ajudar aprovando leis que permitam o cancelamento de débitos com baixa recuperabilidade e nos quais tenha se consumado a prescrição intercorrente. Com respaldo legal, agentes públicos podem cancelar débitos sem temer consequências pessoais.

A lógica atual de manutenção de créditos com baixa chance de cobrança é custosa para o Estado. A cobrança de dívida ativa precisa ser reavaliada, com estratégias de gestão que considerem as características dos débitos e devedores. Pequenos débitos podem ser levados a protesto; débitos de devedores falidos devem ser cancelados e débitos de grandes devedores ou contumazes devem ter fluxos procedimentais distintos.

A transação tributária deve ser explorada, e a legislação deve permitir o parcelamento de débitos e, em determinados casos descontos de juros e multa. A gestão da dívida ativa necessita ser adaptada às realidades específicas de cada ente federado, com diálogo entre Procuradorias e o Poder Judiciário para criar estratégias práticas. Novos problemas requerem novas soluções, e novas soluções requerem novos métodos e abordagens.

2.2 Conselho Nacional de Justiça e o Poder Regulamentar

Criado em 2004, pela Emenda Constitucional nº 45, o CNJ é órgão do Poder Judiciário[1] que tem como uma de suas funções a de zelar pela observância do artigo 37[2] da Constituição Federal, o qual traz a base principiológica da atuação da administração pública. Todos os Poderes do Estado devem obedecer e zelar pelos princípios da legalidade, impessoalidade, moralidade, publicidade e eficiência.

É notório que dentre os princípios ali elencados é o dever de observância e de proteção do princípio da eficiência é quem tem dado a tônica à atuação do CNJ, que tem realizado o diagnóstico do Poder Judiciário e a efetivação de medidas para dar maior eficiência e, por consequência, maior responsividade ao Sistema de Justiça.

Dentre as principais medidas que dizem respeito às execuções fiscais está a Resolução nº 547/2024, que instituiu medidas de tratamento das execuções fiscais pendentes no Poder Judiciário, a partir do julgamento do Tema 1.184 pelo STF.

A regulamentação da atividade jurisdicional realizada pelo CNJ tem seu fundamento no artigo 103-B, §4º, inciso I da Constituição Federal, segundo o qual é de sua competência *"zelar pela autonomia do Poder Judiciário e pelo cumprimento do Estatuto da Magistratura, podendo expedir atos regulamentares, no âmbito de sua competência, ou recomendar*

---

1 "Art. 92. São órgãos do Poder Judiciário: [...] I-A o Conselho Nacional de Justiça; [...].

2 "Art. 37. A administração pública direta e indireta de qualquer dos Poderes da União, dos Estados, do Distrito Federal e dos Municípios obedecerá aos princípios de legalidade, impessoalidade, moralidade, publicidade e eficiência e, também, ao seguinte: [...]."

providências". O Regimento Interno do CNJ traz normas relativas aos atos normativos no artigo 102 e seguintes.

Esse poder regulamentar tem funcionado tanto como um meio de exercício pleno de sua competência de controle do Poder Judiciário quanto como instrumento de promoção e proteção do princípio da eficiência dentro do Sistema de Justiça.

Não pairam dúvidas sobre a legalidade da edição de atos normativos pelo CNJ, a qual foi confirmada pelo STF na ADC nº 12.[3]

Esse poder regulamentar apesar e, por ter seu fundamento no próprio texto constitucional, não é ilimitado, ao contrário, assim como todo ato regulamentar tem seu limite na própria Constituição Federal e, também na Lei. Como escreve Schwartz (2023, p. 54) o poder regulamentar, assim como todos os poderes administrativos, sempre vai apresentar um caráter subordinado, e não autônomo.

Esses limites são formais quanto ao procedimento de aprovação e publicização dos atos, e materiais quando dizem respeito ao conteúdo do ato normativo expedido, o qual que deve respeitar o caráter subordinado, próprio dos regulamentos, bem como não pode inovar a ordem jurídica criando novos direitos ou impondo novas obrigações, ou seja, o princípio da reserva legal deve ser respeitado. Dessa forma, "o CNJ somente pode editar regulamentos que tenham por fim exclusivo o cumprimento de suas atribuições". (SCHWARTZ, 2023, p. 54)

Foi com fundamento no artigo 103-B, §4º, inciso II da Constituição Federal, que a Resolução nº 547/2024 foi expedida, e inegavelmente sua inspiração foi o Tema 1.184 do STF.

Esta Resolução determinou a extinção de execuções fiscais de valor inferior a R$ 10.000,00 quando não tenha havido movimentação útil por mais de um ano sem citação ou, mesmo após a citação, não forem localizados bens penhoráveis. Além disso, expressamente consignou que o ajuizamento de execução fiscal passa a depender de tentativas prévias de conciliação ou soluções administrativas e do protesto do título salvo em casos em que não seja considerado eficiente. Situações como a comunicação de inscrição em dívida ativa a órgãos de proteção ao crédito ou o registro da certidão de dívida ativa em órgãos de registro de bens podem dispensar o protesto do título. A Resolução também estipula que os cartórios de registro de imóveis devem comunicar às

---

[3] Disponível em: https://redir.stf.jus.br/paginadorpub/paginador.jsp?docTP=AC&docID=606840

prefeituras as mudanças na titularidade de imóveis a cada 60 dias, permitindo a atualização cadastral dos contribuintes.

O §5º do artigo 102 do Regimento Interno do CNJ expressamente prevê que após publicação no Diário da Justiça e no site do Conselho, as resoluções terão força vinculante. Dessa forma, as normas da Resolução nº 547/2024 devem ser obrigatoriamente observadas pelo Poder Judiciário.

2.3 O Tema nº 1.184 do Supremo Tribunal Federal

Da análise do julgamento do RE 1.355.208, *leading case* do Tema nº 1.184, extrai-se as seguintes conclusões, para o STF: a) é legítima a extinção de execuções de baixo valor, por falta de interesse de agir, a definição de baixo valor deve respeitar a competência constitucional de cada ente federado e b) não há previsão no julgado quanto a efeitos *ex tunc* e *erga omnes*, assim, a tese se aplica a execuções fiscais propostas após o trânsito em julgado da decisão ou para execuções fiscais que estavam suspensas aguardando a julgamento pela Corte Suprema. Também é importante destacar que no julgamento do referido tema o valor fundamental tutelado foi o princípio da eficiência, tanto que a palavra "eficiência" aparece 145 vezes no julgado. E nunca é excessivo relembrar que no momento de aplicação das normas e dos julgados há sempre a necessidade de uma interpretação sistemática da Constituição Federal, não se pode cumprir um princípio violando-se os demais.

2.4 Resolução nº 547/2024 do CNJ e o Tema nº 1.184 do STF: uma análise comparativa

Levando em consideração a tese fixada no Tema 1184 do STF e o disposto na Resolução nº 547 do CNJ, faz-se a uma análise comparativa:

1. Aplicabilidade Limitada a Execuções Fiscais de Baixo Valor: o Tema 1184 do STF determinou que a aplicação da tese de extinção de execuções fiscais de baixo valor deve ser definida por cada ente federado, com base na eficiência administrativa. Em contraste, a Resolução 547/2024 do CNJ fixou um limite específico de R$ 10.000,00 para a extinção e providências prévias, aplicável a todos os entes federados.

2. Exclusividade das Providências Prévias para Execuções de Baixo Valor: o Tema 1184 do STF especifica que as providências prévias de conciliação e protesto são requisitos apenas para execuções fiscais de baixo valor, evitando sua aplicação generalizada. Em contraste, a

Resolução 547/2024 do CNJ amplia essas exigências para todas as execuções fiscais, sem distinção clara de valor.

3. Aplicação a Execuções Fiscais em trâmite: o Tema 1184 do STF confirmou que a tese se aplica apenas a execuções fiscais de baixo valor e suspensas, sem efeitos retroativos, evitando aplicação indiscriminada. A Resolução 547/2024 do CNJ, porém, ordena a extinção de execuções fiscais abaixo de R$ 10.000,00 sem movimentação útil por um ano, reduzindo o prazo prescricional de 5 para 1 ano.

Da comparação realizada verifica-se que a Resolução é mais abrangente e vai além do que foi decidido pelo STF.

3 Análise de dados da Procuradoria Fiscal do Município de Curitiba[4]

Após a publicação da Resolução nº 547 do CNJ, que determinou a extinção de execuções fiscais com valor inferior a R$ 10.000,00, a Procuradoria Fiscal do Município de Curitiba realizou uma análise detalhada de sua carteira de execuções fiscais, focando no período de 2018 a 2023, para estimar a potencial perda de arrecadação. Utilizando dados do Sistema de Gestão Tributária – GTM/DAT e do sistema de Controle de Processos da PGM – CPPGM, foi feita análise com ferramentas como Microsoft Excel, Power Query e Power BI.

O resultado da análise dos dados demonstrou que:

1. O percentual médio de êxito do protesto à médio prazo, entre 1 e 2 anos, é de 68,5%: o Município de Curitiba em 2022 e 2023 arrecadou R$ 33.608.233,14 por meio do protesto extrajudicial de certidões de dívida ativa, vide tabelas 1 e 2.

[4] Análise de dados realizada pelos Procuradores do Município de Curitiba Érico Germano Hack e Patrícia Ferreira Pomoceno. A referida análise foi descrita detalhadamente no artigo "Análise de Dados das Execuções Fiscais do Município de Curitiba de valor inferior à R$ 10 mil iniciadas nos anos de 2018 a 2023 - Tomada de decisão com base em dados e seu uso na prática." Artigo submetido a publicação na Coletânea do I Congresso Nacional da Dívida Ativa de 2024. Evento que será realizado em data posterior à entrega do presente artigo.

Tabela 1 – Dados protesto Município de Curitiba: maio de 2024[5]

2022				
Grupo	**Qtd. Encaminhados Protestos**	**Vlr. Débitos Encaminhados (R$)**	**Qtd. Débitos Quitados**	**Vlr. Débitos Quitados (R$)**
1	3	2.218,87	2	1.358,82
2	31.639	30.004.413,48	21.791	21.513.890,52
3	600	552.346,48	176	135.577,27
Total	32.242	30.558.978,83	21.969	21.650.826,61
2023				
Grupo	**Qtd. Encaminhados Protestos**	**Vlr. Débitos Encaminhados (R$)**	**Qtd. Débitos Quitados**	**Vlr. Débitos Quitados (R$)**
1	1	845,93	1	845,93
2	18.092	14.214.547,20	12.496	11.922.462,23
3	193	83.548,09	68	34.098,37
Total	18.286	14.298.941	12.565,00	11.957.406,53

Fonte: Sistema GTM-DAT do Município de Curitiba, Requisição 235963.

Tabela 2 – Percentual de êxito Protesto Município de Curitiba

2022			
Grupo	**Qtd. Encaminhados Protestos**	**Qtd. Débitos Quitados**	**% êxito**
1	3	2	67%
2	31639	21791	69%
3	600	176	29%
Total	32242	21969	68%
2023			
Grupo	**Qtd. Encaminhados Protestos**	**Qtd. Débitos Quitados**	**% êxito**
1	1	1	100%
2	18092	12496	69%
3	193	68	35%
Total	18286	12565	69%

Fonte: Elaborada pelos autores com base em dados do Sistema GTM-DAT do Município de Curitiba, Requisição 235963.

5 Grupo 1 – IPTU e demais débitos vinculados aos imóveis; Grupo 2 – ISS e débitos vinculados a CNPJ, Grupo 3 – débitos que devem ser desvinculados de imóveis, CPF ou CNPJ.

2. Distribuição por Valor: 126.288 (81%) das 156 mil execuções fiscais ativas no Município de Curitiba possuem valores inferiores a R$ 10 mil. Isso demonstra que a maioria das execuções fiscais que tramitam no Município de Curitiba refere-se a débitos de menor porte.

3. Concentração por Ano: 50% dos processos ativos se concentram em execuções propostas entre 2021 e 2023, o que indica que execuções fiscais mais novas representam a maior parte da carga de trabalho.

Gráfico 3 – Percentual por ano de execuções fiscais baixadas e ativas menores que R$ 10.000,00

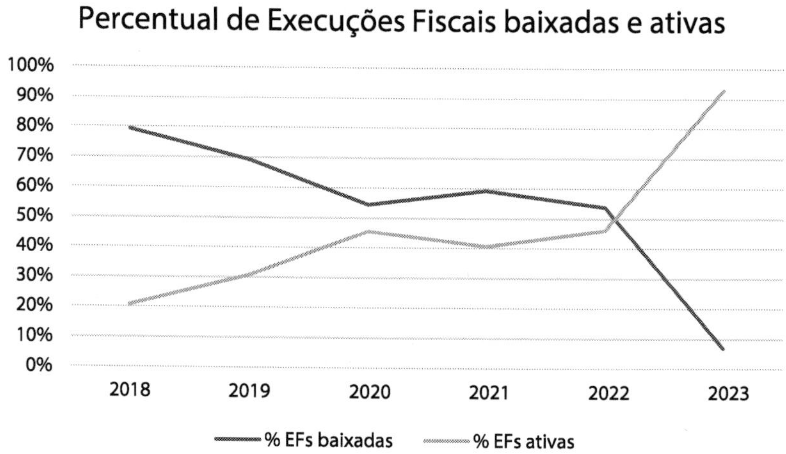

Fonte: Elaborada pelos autores, com base em dados extraídos dos Sistemas GTM-DAT e CPPGM.

4. Taxa de Baixa: 51,1% das execuções propostas entre 2018 e 2023 já foram baixadas, principalmente por pagamento.

5. Índice de Congestionamento: o índice de congestionamento das Execuções Fiscais em Curitiba é de 48,9%, conforme Tabela 4 e Gráfico 5, bem inferior aos 88% apontados pelo CNJ. Isso demonstra a eficiência da gestão local em comparação à média nacional.

Tabela 4 – Percentual de Execuções Fiscais baixadas e ativas, menores que R$ 10.000,00

Ano	EFs propostas	EFs ativas	% EFs baixadas	% EFs ativas
2018	27321	5660	79,3%	20,7%
2019	15850	4860	69,3%	30,7%
2020	5268	2399	54,5%	45,5%
2021	38396	15612	59,3%	40,7%
2022	34115	15712	53,9%	46,1%
2023	33922	31560	7,0%	93,0%
Total	154872	75803	51,1%	48,9%

Fonte: Elaborada pelos autores, com base em dados extraídos dos Sistemas GTM-DAT e CPPGM.

Gráfico 5 – Percentual total de execuções fiscais baixadas e ativas menores que R$ 10.000,00

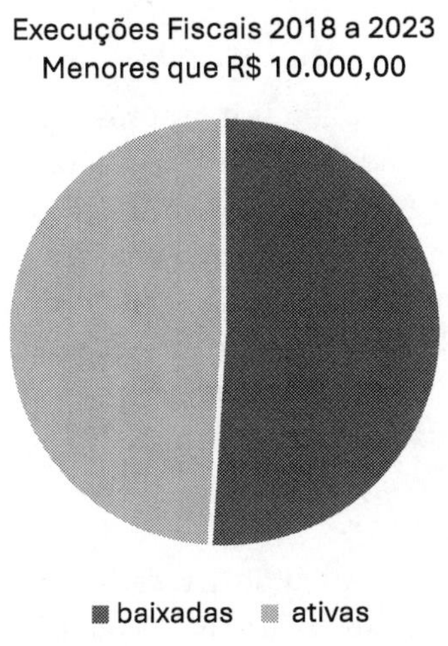

Fonte: Elaborada pelos autores com base em dados extraídos dos Sistemas GTM-DAT e CPPGM.

6. Eficiência em Relação ao Poder Judiciário: o índice de congestionamento local é inferior ao índice de 72,8% do Judiciário como um todo em 2023.

Gráfico 6 – Comparativo índice de congestionamento EF Curitiba, EF Nacional e PJ Geral

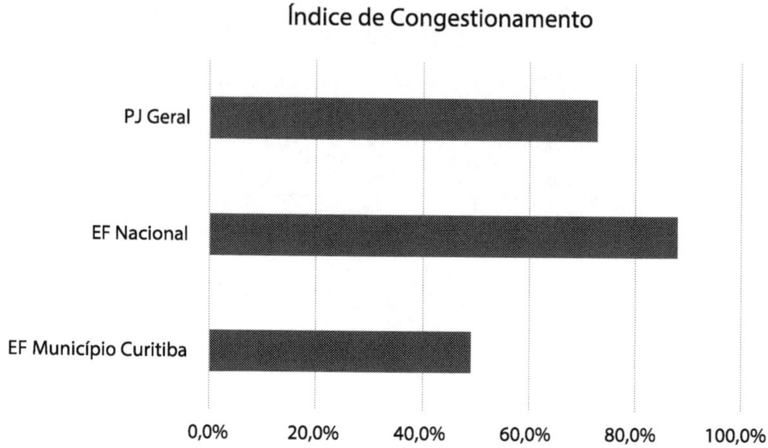

Fonte: Elaborada pelos autores com base em dados extraídos dos Sistemas GTM-DAT e CPPGM.

7. Cobrança e Arrecadação: entre 2018 e 2023, Curitiba executou R$ 562 milhões relativos a débitos inferiores a R$ 10.000,00, arrecadando R$ 287 milhões. Ainda há R$ 275 milhões a serem cobrados.

8. Previsão de Arrecadação: em 2024, baseado no histórico da arrecadação dos exercícios anteriores, há previsão de uma arrecadação de aproximadamente R$ 90.000.000,00 provenientes das execuções fiscais menores de R$ 10 mil propostas entre 2018 e 2023. Estimativas de valor a arrecadar realizada pela média de valor de R$ 3.634,35 (relativa às execuções fiscais propostas em 2023) com base no histórico de baixa anual.

Tabela 7 – Estimativa de arrecadação para o ano de 2024 com execuções fiscais até R$ 10.000,00

(continua)

Ano	Efs baixadas	Arrecadação 2024 (R$)
2018	2717	9.875.586,01
2019	1585	5.759.307,00
2020	784	2.848.245,83
2021	2072	7.529.125,92

(conclusão)

Ano	Efs baixadas	Arrecadação 2024 (R$)
2022	1841	6.689.658,58
2023	15937	57.920.229,10
Total	24935	90.622.152,44

Fonte: Elaborada pelos autores, com base em dados extraídos dos Sistemas GTM-DAT e CPPGM.

8. Média do valor das execuções fiscais inferiores a R$ 10.000,00: tomando por base os valores executados em 2023 até R$ 10.000,00, verificou-se que o valor médio dessas execuções fiscais é de R$ 3.365,35.

9. Tendência de Redução das Execuções: há uma tendência na taxa de redução das execuções fiscais no decorrer do tempo. Para as propostas em 2022, 53,9% já foram baixadas, enquanto para as de 2018, o índice é de 79,3%.

10. Tempo de citação: das execuções fiscais propostas em 2023 apenas 7% já foram baixadas. Na análise comparativa com 2021 verifica-se a elevação do índice para 53,9%. Fica demonstrado que a citação demora em média mais de 1 ano para ser realizada.

11. A média percentual da arrecadação de IPTU, em 2022 e 2023, proveniente de execuções fiscais com valores inferiores a R$ 10.000,00 é de 42,5%: para o ano de 2022 o valor arrecadado de IPTU com execuções fiscais desse valor correspondeu a 40,54% e para 2023 45%, do valor inscrito em dívida ativa e arrecadado relativo ao mencionado tributo.

12. A média percentual da arrecadação da dívida ativa, em 2022 e 2023, proveniente de execuções fiscais com valores inferiores a R$ 10.000,00 é de 37,5%: para o ano de 2022 o valor arrecadado com execuções fiscais desse valor correspondeu a 37% e para 2023 38%, do valor inscrito em dívida ativa e arrecadado relativo ao mencionado tributo.

Esta análise dos dados permitiu uma visão mais clara do impacto da aplicação do Tema 1184 do STF conforme a Resolução nº 547/2024 do CNJ, possibilitando a construção de estratégias para evitar o cancelamento massivo de execuções fiscais e a tomada de decisões mais assertivas e menos prejudiciais à arrecadação.

Entre as medidas adotadas, destacam-se a expansão do convênio com Tabelionatos de Protesto de Títulos, a alteração da CDA para incluir menção ao protesto prévio, a adaptação do sistema GTM/DAT para envio de notificações aos contribuintes. Outras ações incluem a análise de áreas invadidas para cancelamento do IPTU e respectivas execuções fiscais, a revisão de relatórios de débitos de ISS-Fixo, taxas e multas, resultando na extinção de aproximadamente 15.000 execuções fiscais, e a realização de um Acordo de Cooperação Técnica[6] com o Tribunal de Justiça do Paraná. Esse acordo visa melhorar a cobrança administrativa e judicial de créditos inscritos em dívida ativa, otimizando o fluxo de execuções fiscais e promovendo o intercâmbio de conhecimentos para a aplicação adequada das resoluções e do Tema 1.184 do STF.

4 Conclusão

Embora a atuação do CNJ na construção de estratégias para resolver o problema do elevado número de execuções fiscais e do alto índice de congestionamento seja necessária, essa atuação deve proteger todos os princípios que regem a administração pública. A eficiência é crucial, mas não pode ser promovida à custa de outros princípios. Os princípios constitucionais devem ser realizados de maneira ótima e, em caso de conflito, deve-se recorrer ao teste de proporcionalidade para evitar violações. Cumprir um princípio sem analisar se o meio utilizado é o mais adequado para atingir o fim pretendido conduz inevitavelmente à violação (STRAPAZZON; INOMATA, 2017, p. 97).

A Resolução nº 547/2024 do CNJ, ao determinar a extinção de execuções fiscais com valores até R$ 10.000,00 e exigir a prévia tentativa de conciliação e protesto para todas as novas execuções, extrapola os limites de seu poder regulamentar, violando a Constituição Federal. Ela desrespeita o princípio da legalidade, a competência tributária dos entes federados e reduz o acesso à justiça. A questão do excesso de execuções fiscais é complexa e não será resolvida com a simples determinação de extinção em massa.

É necessário repensar a cobrança da dívida ativa de forma mais adequada, considerando as particularidades de cada ente federado. A Procuradoria Fiscal de Curitiba, por exemplo, implementou estratégias específicas baseadas em análises detalhadas de dados, como o protesto extrajudicial de certidões de dívida ativa e o aprimoramento dos cadastros de endereços dos devedores. Essas medidas melhoraram a eficiência da cobrança e garantiram uma arrecadação substancial.

---

6 Acordo de Cooperação Técnica nº 57/2024.

O CNJ e o STF devem reconhecer a complexidade das situações enfrentadas pelos diferentes entes federados e adotar uma abordagem colaborativa, combinando inovação tecnológica, reavaliação de processos e implementação de políticas públicas baseadas em dados, para alcançar uma solução sustentável e justa.

A solução do problema do excesso de execuções fiscais no Brasil exige uma abordagem multifacetada e colaborativa. É necessário utilizar inovações tecnológicas para melhorar as políticas públicas de arrecadação, além de uma atuação coordenada entre os diferentes níveis de governo e órgãos do sistema de justiça, incluindo o diálogo entre Poder Judiciário e Procuradorias dos Estados e dos Municípios. Somente assim será possível alcançar uma solução sustentável que respeite os princípios constitucionais e atenda às necessidades de todas as partes envolvidas.

Referências

BRASIL. Conselho Nacional de Justiça. *Justiça em Números 2023*. Brasília, 2023.

HACK, Érico; POMOCENO, Patrícia Ferreira. *Análise de Dados das Execuções Fiscais do Município de Curitiba de valor inferior a R$ 10 mil iniciadas nos anos de 2018 a 2023* – Tomada de decisão com base em dados e seu uso na prática. Coletânea do I Congresso Nacional da Dívida Ativa., 2024. [Submetido].

PARANÁ. Tribunal de Contas do Estado do Paraná. *Boas Práticas em Execuções Fiscais Municipais*. Curitiba, p.13, nov. 2021.

PAULA, Ivana Patrícia Bezerra de; LÉDA, Samara de Oliveira Santos.; SOUSA, Paula Ferro Costa de.; GOMES, Maria Tereza Uille (coord.). *Regimento Interno CNJ Comentado*. São Paulo: Editora Juspodivm, 2024.

SCHWARTZ, Hamilton Rafael Marins. *O Poder Regulamentar do CNJ*. Belo Horizonte: Editora D'Plácido, 2023.

STRAPAZZON, Carlos. Luiz; INOMATA, Adriana. Restrições, Privações e Violações de Direitos Constitucionais Fundamentais. *Revista Eletrônica de Direito do Centro Universitário Newton Paiva*, n. 32. Belo Horizonte, 2017.

Informação bibliográfica deste texto, conforme a NBR 6023:2018 da Associação Brasileira de Normas Técnicas (ABNT):

POMOCENO, Patrícia Ferreira; PALACIOS, Vanessa Volpi Bellegard; HACK, Érico Germano. Sistema de justiça – Resolução nº 547/2024 do Conselho Nacional de Justiça e análise de dados no setor público. *In*: BRITTO, Anne Karole Silva Fontenelle de; SILVA, Bruno Sampaio Ferreira da; NEURAUTER, Maíra; FLORIANO, Eduardo de Souza (coord.). *Direito municipal em debate*. Belo Horizonte: Fórum, 2025. p. 129-143. ISBN 978-85-450-0976-4. v. 9.

AS CONTRATAÇÕES COM RECURSOS DE FUNDOS ESPECIAIS ADMINISTRADOS POR EMPRESAS ESTATAIS PRESTADORAS DE SERVIÇOS PÚBLICOS: UM GARGALO PARA A CORRUPÇÃO SISTÊMICA?

Rafael Elias Zanetti

1 Introdução

A pesquisa tem por foco central examinar efeito pontual que pode emergir da aplicação do entendimento firmado pelo Tribunal de Contas do Estado do Espírito Santo lavrado em procedimento de consulta realizado pela CDTIV – Companhia de Desenvolvimento, Turismo e Inovação de Vitória, donde foi questionado se a Lei Geral de Licitações e Contratos teria incidências sobre as contratações efetivadas com recursos oriundos de fundo especial administrado por aquela estatal ou se teria lugar a aplicação da Lei das Estatais para esse desiderato.

A nobre Corte de Contas entendeu que a Lei Federal nº 13.303/2016 é o diploma normativo que deve ser aplicado por empresa estatal nas licitações e contratações, ainda que os recursos advenham de fundo especial criado pela administração direta, afastando, assim, a aplicação da Lei Geral de Licitações e Contratos.

Em que pese o entendimento tenha sido firmado pelo Tribunal de Contas do Estado do Espírito Santo no ano de 2020, importante mencionar que a Lei Federal nº 14.133/2021 perdeu a oportunidade de solucionar a celeuma expressamente, deixando dúvida que somente poderá ser resolvida pela via interpretativa ou pelo aprimoramento da Nova Lei de Licitações, da Lei das Estatais, ou, ainda, pela suplementação da legislação federal pelos demais entes da federação ou pela atuação das próprias empresas estatais através de ato infralegal.

O tema tem relevância, posto que empresas estatais que tenham renda operacional bruta inferior à estabelecida na Lei das Estatais não estão subordinadas a todos os mecanismos de governança corporativa, especialmente o *compliance*, e, os fundos especiais apresentam um regime jurídico orçamentário flexível, o que pode deixá-los mais suscetíveis ao surgimento de sistemas de corrupção frente a deficiência normativa existente, especialmente quando falamos em entes federativos menores.

O estudo se restringirá as empresas estatais prestadoras de serviços públicos em regime não concorrencial e de exclusividade por estarem submissas, em maior grau, à derrogação do direito privado em prestígio ao direito público, e quando não, fortemente sujeitas ao direito regulatório.

Em um momento seguinte discorreremos sobre as principais características dos fundos especiais que interessam ao estudo, seguindo ao exame do entendimento do Tribunal de Contas do Estado do Espírito Santo, breve análise do sistema de integridade das empresas estatais com foco no *compliance*, para, ao final, identificar um possível gargalo para a instalação de sistemas de corrupção, indicando sugestões para a solução do problema e suas hipóteses.

Como solução propomos o aprimoramento da legislação federal visando eliminar o vácuo normativo pontual, não ignorando que os entes federativos, através da atividade legislativa ou regulamentar que lhe é própria, poderão suplementar a legislação geral. Por ora, caso nenhuma dessas soluções seja dada, a postura paliativa seria interpretar a Nova Lei Geral de Licitações e Contratos no sentido de que a seleção da proposta mais vantajosa e as contratações em geral, quando levadas a cabo por empresa estatal prestadora de serviço público com recursos de fundos especiais, observe a Lei Federal nº 14.133/2021, especialmente quando se tratar de empresa estatal não dependente.

A presente pesquisa foi desenvolvida através de revisão da literatura sobre os temas abordados neste artigo, sendo os textos coletados nos bancos de dados da Capes, Scielo, Google Acadêmico e de consulta direta a revistas científicas de alto extrato e obras especializadas, sendo conduzida a investigação através do método hipotético-dedutivo.

2 Regime jurídico das empresas estatais e licitações

As empresas estatais, sejam elas empresas públicas, sociedades de economia mista, sejam empresas bifederativas ou plurifederativas, são entidade componentes da administração indireta.[1]

Ressalta-se, porém, que as empresas estatais não podem ser criadas pela mera liberalidade do Poder Público, detendo requisitos que legitimam a sua criação, sejam aqueles relacionados à forma (art. 37, XIX, CF), sejam aqueles relacionados a aspectos materiais da atuação da administração pública (arts. 173 e 175, CF).

Nesse contexto, é correta a assertiva de que a atuação do Estado como empresário não é a regra, sendo, portanto, a exceção.

Contudo, admite-se a exploração pelo Estado de serviços públicos e monopólios (*publicatio*), assim como para atividades concomitantes (serviços públicos sociais e atividades econômicas em concorrência com a iniciativa privada).[2]

Nesse passo, considerando a abrangência de objetos a que podem se dedicar as empresas estatais, neste singelo estudo dedicaremos atenção às estatais prestadoras de serviços público que desenvolvem suas atividades em regime não concorrencial e de exclusividade e que não são consideradas dependentes para fins de enquadramento na Lei de Responsabilidade Fiscal, reconhecendo, porém, que várias posições, análise, entendimentos e normas jurídicas que serão abordados poderão ter aplicação, conforme o caso, as demais espécies de estatais.

É bem verdade que a definição de interesse público, assim como a de serviço público, é instrumentalizada por meio de uma decisão política legitimada por lei, em que o Estado deve tomar cuidado para não frustrar os interesses privados e de investidores, assim como da sociedade de um modo geral.[3]

Dessa forma, deve ser considerado serviço público aquele assim tratado pela Constituição Federal e pelas leis infraconstitucionais, e,

---

1 BRASIL. PRESIDÊNCIA DA REPÚBLICA. *Constituição da República Federativa do Brasil*. Disponível em: http://www.planalto.gov.br/ccivil_03/Constituicao/ConstituicaoCompilado.htm. Acesso em: 6 set. 2021.

2 ARAGÃO, de A. S. *Empresas estatais: o regime jurídico das empresas públicas e sociedades de economia mista*. 2. ed. Rio de Janeiro: Editora Forense, 2018. p. 23-31

3 MIRAGEM, Bruno. *Direito Administrativo Aplicado*. 3. ed. rev. São Paulo: Editora Revistas dos Tribunais, 2017. p. 184-185

que, tem por objetivo o desenvolvimento de atividade voltada a atender concretamente o interesse da coletividade.[4]

Nesse viés, os serviços públicos que podem ser desenvolvidos por empresa estatal são aqueles de natureza econômica, ou seja, em que a atividade culmina na possível aferição de receita, capaz de gerar rentabilidade.[5]

Portanto, a empresa estatal, notadamente a prestadora de serviços públicos, tem mote fundamental servir como braço do Estado voltado a concretizar objetivos públicos, possibilitando que, de maneira mais acurada e eficiente, o ente da federação ofereça o serviço público de sua competência de modo satisfatória.[6]

Isso não quer significar que as empresas estatais estão exoneradas de controle jurídico-institucional. Merece destaque o controle de legalidade e a fiscalização contábil, financeira, orçamentária, operacional e patrimonial exercidas pelo Tribunais de Contas.[7]

Não olvidemos que, como regra, o processo de contratação de serviços, aquisição de bens, locação e a alienação de bens de sua propriedade, sujeitam-se a processo de licitação pública, ressalvados os

---

[4] Daí a nossa definição de serviço público como toda atividade material que a lei atribui ao Estado para que a exerça diretamente ou por meio de seus delegados, com o objetivo de satisfazer concretamente às necessidades coletivas, sob regime jurídico total ou parcialmente público. DI PIETRO, Maria Sylvia Zanella. *Direito Administrativo.* Disponível em: Minha Biblioteca, (33. ed). Grupo GEN, 2020. p. 135.

[5] ARAGÃO, Alexandre dos Santos de. *Curso de Direito Administrativo.* 2. ed. Rio de Janeiro: Editora Forense, 2013. p. 122. Disponível em: https://integrada.minhabiblioteca.com.br/#/books/978-85-309-4882-5/. Acesso em: 6 set. 2021.

[6] OCTAVIANI, Alessandro; NOHARA, Irene Patrícia. *Estatais*. São Paulo: Thomson Reuters, 2019. p. 75-77

[7] Art. 71. O controle externo, a cargo do Congresso Nacional, será exercido com o auxílio do Tribunal de Contas da União, ao qual compete: [...] II - julgar as contas dos administradores e demais responsáveis por dinheiros, bens e valores públicos da administração direta e indireta, incluídas as fundações e sociedades instituídas e mantidas pelo Poder Público federal, e as contas daqueles que derem causa a perda, extravio ou outra irregularidade de que resulte prejuízo ao erário público; [...] IV - realizar, por iniciativa própria, da Câmara dos Deputados, do Senado Federal, de Comissão técnica ou de inquérito, inspeções e auditorias de natureza contábil, financeira, orçamentária, operacional e patrimonial, nas unidades administrativas dos Poderes Legislativo, Executivo e Judiciário, e demais entidades referidas no inciso II; [...] VIII - aplicar aos responsáveis, em caso de ilegalidade de despesa ou irregularidade de contas, as sanções previstas em lei, que estabelecerá, entre outras cominações, multa proporcional ao dano causado ao erário; [...] BRASIL. PRESIDÊNCIA DA REPÚBLICA. *Constituição da República Federativa do Brasil.* Disponível em: http://www.planalto.gov.br/ccivil_03/Constituicao/ConstituicaoCompilado.htm. Acesso: 6 set. 2021.

casos de contratação direta (inexigibilidade e dispensa de licitação) e a contratação relacionada a atividade fim da empresa estatal.[8]

Salienta-se, igualmente, a disposição normativo-constitucional estampada no art. 173, §1º, I, III, da Constituição Federal, que esclarece que o processo de licitação pública nas empresas estatais reger-se-á por estatuto jurídico, atualmente materializado pela Lei Federal nº 13.303/2016 (Lei das Estatais), que também regula as formas de fiscalização da entidade.

Por outro lado, a Nova Lei de Licitação (Lei Federal nº 14.133/2021) expressamente se manifesta no sentido de que o novo regramento de licitações públicas não se aplica às empresas estatais, deixando claro que – ou quase claro, como veremos a seguir – as estatais sujeitam-se ao regramento de licitação pública regulado na Lei Federal nº 13.303/2016 (Lei das Estatais), salvo quanto aos crimes e as penalidades, licitação na modalidade pregão e critérios de desempate.[9]

3 Função social da empresa estatal

Partindo da já evidente impossibilidade do Estado de criar empresas estatais a seu bel prazer como visto a linhas atrás, é importante ressaltar que dos requisitos para a sua criação surge o que a doutrina contemporânea convencionou chamar de função social da empresa.

A teoria da função social da empresa defende que a propriedade (capital) direcionada ao fomento da atividade empresarial rompe as fronteiras da visão simplista de realização de lucros (objetivo primário).

Por essa teoria a entidade empresarial ganha papel de destaque no desenvolvimento do país e da própria sociedade, tendo o poder-dever de gerar benefícios à comunidade onde está inserida, notadamente sob

---

8 JUNIOR, Jessé Torres Pereira; DOTTI, Marinês Restelatto. A Lei das Estatais contribui para simplificar e elevar a segurança jurídica de licitações e contratos?. ***Revista do Tribunal de Contas da União***, n. 141, p. 84-105, jan./abril-2018. Disponível em: file:///C:/Users/advza/Downloads/1490-Texto%20do%20artigo-2868-1-10-20181208%20(1).pdf. Acesso em: 6 set. 2021.

9 Art. 1º Esta Lei estabelece normas gerais de licitação e contratação para as Administrações Públicas diretas, autárquicas e fundacionais da União, dos Estados, do Distrito Federal e dos Municípios, e abrange: [...] §1º Não são abrangidas por esta Lei as empresas públicas, as sociedades de economia mista e as suas subsidiárias, regidas pela Lei nº 13.303, de 30 de junho de 2016, ressalvado o disposto no art. 178 desta Lei. BRASIL. PRESIDÊNCIA DA REPÚBLICA. *Lei Federal nº 14.133/2021*. Disponível em: http://www.planalto.gov.br/ccivil_03/_Ato2019-2022/2021/Lei/L14133.htm. Acesso em: 6 set. 2021.

o viés da distribuição de renda, desenvolvimento econômico e social e geração de empregos.[10]

Pelo caminho da teoria da função social da empresa à sociedade empresária defere-se papel social destinado à realização da dignidade da pessoa humana, e não apenas à valorização do capital de investidores.

Trata-se de uma responsabilidade social em assegurar o equilíbrio de interesses entre atores distintos, tais quais pessoas, grupos, mercado concorrencial e comunidades que com ela se relacionam, objetivando potencializar o bem-estar social, haja vista que a corporação assume posição instrumental cravada no compromisso de concretizar valores constitucionais, a exemplo da justiça social e da dignidade da pessoa humana, perquirindo a harmonia destes diversos valores frente ao objetivo lucrativo que lhe é primordial.[11]

Ao incorporar a teoria da função social da empresa, a Lei da Estatais deixa claro que "A empresa pública e a sociedade de economia mista terão a função social de realização do interesse coletivo ou de atendimento a imperativo da segurança nacional expressa no instrumento de autorização legal para a sua criação."

Com efeito, a moldura da função social da empresa é instrumento realizador do interesse coletivo, ponte desejada para a consolidação de um atuar ético fundado na moralidade administrativa (art. 37, *caput*, CF), submetido, por conseguinte, às temáticas diretoras delineadas pela Constituição da República e pelas leis infraconstitucionais, prevenindo e combatendo atos de corrupção ou que potencialmente sejam capazes de causar dano à ordem pública, à sociedade, ao interesse e ao patrimônio públicos.

4 Do tratamento jurídico dos fundos especiais

A Constituição Federal traça premissas gerais para a criação e constituição dos fundos especiais.

---

[10] OLIVEIRA, Gabriel Jacobs. *Programa de compliance e o exercício da função social da empresa: uma análise à luz do conceito de eficiência para o Direito*. Dissertação (Mestrado em Direito) – Centro Universitário Curitiba, 2019. p. 56.

[11] KNOERR, Fernando Gustavo; MARTINS, José Alberto Monteiro. *The contribution of compliance practices to the social role of the company*. ***Revista Jurídica***. v. 3, n. 44, p. 1-18, fev. 2017. Disponível em: http://revista.unicuritiba.edu.br/index.php/RevJur/article/view/1716. Acesso em: 3 mar. 2021. doi:http://dx.doi.org/10.21902/revistajur.2316-753X.v3i44.1716.

Em seu art. 167, IX, a Carta Máxima veda expressamente a instituição de fundos especiais sem autorização legislativa. Também explicita que as normas gerais de gestão financeira e patrimonial, o funcionamento e a instituição de fundos serão disciplinados por lei complementar (art. 165, § 9º, II, CF).

A Lei Federal nº 4.320/1964 foi recepcionada como lei complementar, representando a premissa básica para a criação e constituição dos fundos especiais.[12]

A indigitada lei federal definiu que o fundo especial constitui "o produto de receitas especificadas que por lei se vinculam à realização de determinados objetivos ou serviços, facultada a adoção de normas peculiares de aplicação."[13]

Nesse passo, fundo especial nada mais é do que a individualização de recursos vinculados a finalidades específicas ligadas a área determinada, dirigidos à execução e ao atendimento de dado programa definido pelo Governo.[14]

A sua principal distinção em relação as demais despesas orçamentárias repousa sobre o vértice de que os fundos consolidam verdadeira exceção aos princípios da especificação e da unidade de tesouraria.[15]

Como exceção ao princípio da especificação,[16] aos fundos especiais não se aplica o ônus orçamentário de discriminação pormenorizada das receitas e despesas, de modo que podem eles ter autorizações genéricas em cada modalidade de aplicação, tanto que estejam de acordo com as finalidades e atribuições que deram ensejo a sua criação, além

---

12 BRASIL. SUPREMO TRIBUNAL FEDERAL. *AÇÃO DIRETA DE INCONSTITUCIONALIDADE Nº 1.725-5/DF*. MEDIDA CAUTELAR EM AÇÃO DIRETA DE INCONSTITUCIONALIDADE. MEDIDA PROVISÓRIA Nº 1.061, DE 11.11.97 (LEI Nº 9.531, DE 10.12.97), QUE CRIA O FUNDO DE GARANTIA PARA PROMOÇÃO DA COMPETIVIDADE - FGPC. ALEGADA VIOLAÇÃO DOS ARTS. 62 E PAR. ÚNICO, 165, II, III, §§5º, I E III, E 9º, E 167, II E IX, DA CONSTITUIÇÃO. Disponível em https://redir.stf.jus.br/paginadorpub/paginador.jsp?docTP=AC&docID=347237. Acesso em: 6 set. 2021.

13 BRASIL. PRESIDÊNCIA DA REPÚBLICA. *Lei Federal nº 4.320/1964*. Disponível em: http://www.planalto.gov.br/ccivil_03/Leis/L4320.htm. Acesso: 6 set. 2021.

14 LEITE, Harrison. *Manual de Direito Financeiro*. 6. ed. Editora JusPODIVM, 2017. p. 276

15 *Ibid*, p. 278

16 SILVA, Juvêncio Borges; IZÁ, Adriana de Oliveira. A importância da participação popular na elaboração do orçamento e os limites estabelecidos pela lei de responsabilidade fiscal para a administração pública. ***Revista Direitos Sociais e Políticas Públicas***. v. 8, n. 2, p. 94-95, maio-ago. 2020. Disponível em: https://fafibe.br/revista/index.php/direitos-sociais-politicas-pub/article/view/598. Acesso em: 6 set. 2021. doi: http://dx.doi.org/10.25245/rdspp.v8i2.598.

de atender ao programa que dá suporte ao exercício das funções a que estão vinculados.

Os fundos especiais também podem ter seu próprio caixa, não existindo a obrigatoriedade de se aliarem ao caixa único, resultando na não adstrição ao princípio da unidade de tesouraria (art. 56, Lei Federal nº 4.320/1964).

Isso implica dizer que os fundos especiais apresentam um regime mais flexível do ponto de vista do controle administrativo e de fiscalização dos órgãos de controle interno e externo na órbita orçamentária.

Sob a ótica dos recursos que compõem os fundos especiais, não podemos olvidar o que preleciona o parágrafo único do art. 8º da Lei de Responsabilidade Fiscal, ao afirmar que "Os recursos legalmente vinculados a finalidade específica serão utilizados exclusivamente para atender ao objeto de sua vinculação, ainda que em exercício diverso daquele em que ocorrer o ingresso."[17]

Ou seja, ao final do exercício financeiro os recursos de fundo especial não retornam ao orçamento do Ente da Federação que o instituiu, salvo disposição de lei em contrário.

No que toca as contratações, a Nova Lei de Licitações não deixa dúvida, os fundos especiais estão sujeitos as suas regras, conforme infere-se do contido no art. 1º inciso II, da indigitada lei.

Mas se um dado fundo especial for administrado, gerido e operacionalizado por uma empresa estatal? O que se aplicará? A Lei das Estatais ou a Nova Lei de Licitações nas contratações públicas?

5 Contratações com recursos de fundos especiais administrados por empresas estatais

Vimos que às empresas estatais não se aplicam, regra geral, as normas jurídicas da Nova Lei de Licitações, observadas as ressalvas feitas em lei.

Por outro vértice, a Nova Lei de Licitações não deixa margem para dúvidas no que tange aos fundos especiais, atraindo a sua incidência de plano.

---

[17] Lei Complementar nº 101/2000.

Mas se o fundo for administrado e operacionalizado por empresa estatal? A Contratações à cabo do fundo especial seguirá a Lei das Estatais ou a Nova Lei de Licitações?

A questão foi discutida em recente consulta formulada pela CDTIV – Companhia de Desenvolvimento, Turismo e Inovação de Vitória ao Tribunal de Contas do Espírito Santo, que assim respondeu ao questionamento:

> [...]
> Dessa maneira, tem-se que, embora não usual, é possível o gerenciamento de fundos especiais por entes da Administração Indireta. Nesses casos, porque o fundo não tem personalidade jurídica e as ações tomadas com seus recursos dependem da pessoa jurídica a que vinculado, os atos em seu nome seguirão a legislação que rege a entidade, inclusive quanto às licitações e aos contratos. Isso é uma decorrência lógica da subordinação do fundo, mesmo que sua constituição inicial tenha se dado sob a Administração Direta, que não é mais quem atua por ele. Assim, se ele for vinculado a uma empresa pública ou sociedade de economia mista, as contratações do fundo serão regidas pela Lei das Estatais, Lei 13.303/2016.
> [...]
> Portanto, por todos esses motivos, conclui-se que a empresa pública ou sociedade de economia mista que administre fundo especial utilizará a Lei das Estatais (Lei 13.303/2016) nas licitações e nas contratações relativas ao fundo. Com essa resposta, ficam prejudicadas a segunda e a terceira perguntas.
> [...]
> A empresa pública ou a sociedade de economia mista que administre fundo especial utilizará a Lei 13.303/2016 nas licitações e nas contratações relativas ao fundo, e essa lei e seu regulamento interno para firmar termos de convênios, de patrocínio ou afins com recursos do fundo.
> A lei que institui fundo especial: a) deve dispor sobre subordinação, atribuições e origem dos recursos financeiros; b) pode dispor sobre delegação de competência para outorgar o poder de ordenar despesa e respectivas prestações de contas, incluindo normas peculiares de controle e prestação de contas, na forma do art. 74, da Lei. 4.320/64, e c) pode dispor sobre as receitas e as despesas do fundo, bem como sobre como será sua contabilização, segundo as regras gerais orçamentárias e contábeis.[18]

[18] BRASIL. TRIBUNAL DE CONTAS DO ESTADO DO ESPÍRITO SANTO. Parecer em Consulta TC-00018/2020 – Plenário. Processo: 03484/2020-5. Consulente: CDTIV - Companhia de Desenvolvimento, Turismo e Inovação de Vitória. Relator: João Luiz Cotta Lovatti. Leis

Em trilha semelhante caminha a Orientação Normativa AGU/62/2020.[19]

O exame aqui empregado não passa de modo genérico pelo mérito do entendimento jurídico empoderado pelo Tribunal de Contas do Espírito Santo e da Advocacia Geral da União, mas sim do resultado pontual que, em alguns casos, poderá advir de eventual proliferação da postura empregada.

A seguir apontaremos variáveis que podem comprometer a integridade de empresas estatais ao ponto de servir de gargalo para, ao menos hipoteticamente, facilitar atos de corrupção pelo excesso de flexibilidade onde o controle interno mereceria aprimoramento em vez de relaxamento.

6 Programa de integridade (*compliance*) na estatal prestadora de serviços

Apesar de criticado por parte da doutrina jurídica, o Supremo Tribunal claramente faz distinção de regime jurídico entre as empresas estatais prestadoras de serviços públicos em regime não concorrencial e de exclusividade e empresas estatais que desenvolvem atividade econômica em sentido estrito.[20]

As empresas estatais prestadoras de serviço público em regime não concorrencial e de exclusividade estão diretamente atreladas ao fim social para o qual foram criadas, tendo forte vínculo com a teoria da função social da empresa, haja vista que seu atuar deve ser orientado pela perseguição do bem-estar econômico e alocação socialmente eficiente dos recursos, fundado em práticas de sustentabilidade ambiental e de responsabilidade social corporativa.[21]

Federais 13.303/2016, 8.666/1993 e 4.320/1964. Disponível em: https://www.tcees.tc.br/biblioteca/ato-normativo/detalhes-ato-nomativo/?id=2360. Acesso em: 18 nov. 2024.

19 BRASIL. ADVOCACIA GERAL DA UNIÃO. *Orientação Normativa nº 62/2020*. Disponível em https://www.gov.br/agu/pt-br. Acesso em: 18 nov. 2021.

20 BRASIL. SUPREMO TRIBUNAL FEDERAL. *Jurisprudência*. Disponível em: https://jurisprudencia.stf.jus.br/pages/search?base=acordaos&pesquisa_inteiro_teor=false&sinonimo=true&plural=true&radicais=false&buscaExata=true&page=1&pageSize=10&queryString=estatal%20prestadora%20de%20servi%C3%A7o%20p%C3%BAblico&sort=_score&sortBy=desc. Acesso em: 18 nov. 2024.

21 Art. 27, Lei das Estatais.

Essas diretrizes fizeram com que o Supremo Tribunal Federal, em jurisprudência já consolidada, reconhecesse algumas prerrogativas de Fazenda Pública a essas empresas estatais.[22]

Sob a ótica dessas empresas estatais é que esse breve estudo se ocupa, especialmente aquelas que não são consideradas empresas dependentes e detêm receita operacional bruta inferior a 90 milhões de reais e que operam e gerem fundos especiais.

Restringimos ainda mais o objeto para incluir nesse foco tão somente as empresas estatais prestadoras de serviço público em regime de exclusividade e não concorrencial.

Partindo daí, deve-se reconhecer que a Lei das Estatais caminhou bem ao obrigar as empresas constituídas e controladas pelo Poder Público a instituir programas de integridade (*compliance),* pois incidentes pretéritos revelaram graves atos de corrupção vivenciados no Brasil, circunstâncias que reluz a necessidade de criação e fomento de mecanismos efetivos para manter a ética, moralidade e eficiência na alocação de recursos públicos nessas entidades da administração indireta.[23]

Demais disso, a atividade empresarial desenvolvida pelo Estado prestigia a função social da empresa, revelando o programa de integridade importante mecanismo anticorrupção.

O programa de integridade sob o vértice das empresas estatais tem por objetivo primordial adequar a conduta empresarial e de outros atores interacionais ao sistema jurídico-normativo estabelecido pelo Estado, visando alinhar ações desses sujeitos ao Direito e normativas internas das pessoas jurídicas envolvidas, despontando como relevante ferramenta para preservar posturas éticas, morais e probas.[24]

Para GONÇALVES e GRILO a função do programa de integridade tem por fundamento:

---

22 BRASIL. SUPREMO TRIBUNAL FEDERAL. Disponível em: https://jurisprudencia.stf.jus.br/pages/search?base=acordaos&pesquisa_inteiro_teor=false&sinonimo=true&plural=true&radicais=false&buscaExata=true&page=1&pageSize=10&queryString=estatal%20prestadora%20de%20servi%C3%A7o%20publico&sort=_score&sortBy=desc. Acesso em: 6 set. 2021.

23 MACHADO, *Antonio Rodrigo*; CARMONA, *Paulo Afonso Cavichioli*. Compliance: instrumento de controle nas licitações públicas. ***Revista de Direito Administrativo e Constitucional***. v. 18, n. 72, p. 71-91, abril/jun.-2018. Disponível em: http://www.revistaaec.com/index.php/revistaaec/article/view/843. Acesso em: 06 set. 2021. doi: http://dx.doi.org/10.21056/aec.v18i72.843.

24 OLIVEIRA. Regis Fernandes de. Compliance e direito administrativo: aspectos gerais. In. POZZO, Augusto Neves Dal; MARTINS, Ricardo Marcondes (org.). Compliance *no Direito Administrativo*. v. 1. Thomson Reuters Brasil: São Paulo. 2020. p. 55

> Assim, concluímos que somente o agir moral é livre: não há liberdade na ação que se processa fora dos parâmetros da normatividade posta. Desse modo, o organismo empresarial privado ou a instituição pública somente será capaz de cumprir, com liberdade, suas funções na medida em que possua mecanismos eficientes de conformação do agir às normas jurídicas garantidoras da probidade.
> Os mecanismos de *compliance* servem, a um só tempo, para trazer um agir livre e também moral, mas especialmente permitem que a instituição entregue efetivamente à sociedade a utilidade para a qual existe.[25]

É o programa de integridade ferramenta que almeja garantir a subordinação das empresas estatais, agentes vinculados e terceiros ao Direito posto pelo Estado, por meio da instituição de um planejamento sobre ações, avaliação de riscos, definição de condutas padronizadas, monitoramento permanente da atuação dos sujeitos e prevenção e repressão das distorções verificadas, alicerçado, sem dúvida na teoria da função social da empresa.[26]

O instrumento em debate (*compliance*) é capaz de desempenhar papel relevante no cumprimento de comandos constitucionais, haja vista seu objetivo precípuo de assegurar que a alta direção da corporação, colaboradores, empresas contratadas e funcionários observem o ordenamento jurídico em vigor, revelando-se como mecanismos de *compliance* constitucional.[27]

Logo, programas de integridade apresentam aptidão para favorecer empresas estatais no cumprimento de seus desígnios institucionais, seja sob a ótica da função social da empresa, seja pelo vértice de mecanismo de controle interno apto a combater atos de corrupção e dilapidação de dinheiro público.

---

[25] GONÇALVES. Benedito; GRILO, Renato Cesar Guedes. A utilização dos instrumentos de *compliance* para a realização do princípio da moralidade administrativa. In. POZZO, Augusto Neves Dal; MARTINS, Ricardo Marcondes (org.). Compliance *no Direito Administrativo*. v. 1. São Paulo: Thomson Reuters Brasil, 2020. p. 41-53.

[26] KNOERR; MARTINS, *op. cit.*, p. 15-16

[27] MONTESCHIO, Horácio; FLENIK, Juliano Deffune. *Compliance* constitucional à luz da matriz preambular constitucional. ***Percurso***, [S.l.], v. 2, n. 25, p. 331 - 350, dez. 2018. ISSN 2316-7521. Disponível em: http://revista.unicuritiba.edu.br/index.php/percurso/article/view/3115. Acesso em: 6 set. 2021. doi: http://dx.doi.org/10.21902/RevPercurso.2316-7521.v2i25.3115.

7 O gargalo normativo para instalação da corrupção em empresas estatais prestadoras de serviços públicos administradoras de fundos especiais

Vimos que as empresas estatais prestadoras de serviços públicos em regime de exclusividade e não concorrencial têm tratamento diferenciado delegado pela Corte Suprema do Brasil, que reconhece inclusive algumas prerrogativas de Fazenda Pública a essas entidades, circunstância que faz saltar aos olhos a predominância do regime jurídico administrativo nessas entidades.

Foi abordado, igualmente, que essas empresas estatais têm íntima relação com a teoria da função social da empresa, que sob essa ótica também justificaria o tratamento dado pelo Supremo Tribunal Federal a elas, mormente em razão das finalidades públicas que constituem seus objetos.

Discorremos igualmente que não há empecilho para que as estatais que administrem fundos especiais instituídos pela administração direta e/ou recursos advindo dos fundos especiais, conforme entendimento do Tribunal de Contas do Estado do Espírito Santos e da Advocacia Geral da União.

Nessa mesma toada de entendimento, foi dito que não há óbice para que as empresas estatais apliquem a Lei das Estatais em matéria de licitações e contratações públicas, ainda que a despesa corra por conta de recursos alocados em fundos especiais que eventualmente administrem.

Porém, exaltamos que o regime jurídico a que se sujeitam os fundos especiais e as próprias empresas estatais exprime-se bem flexível se comparado com os ônus impostos aos demais órgãos e entidades da administração pública, notadamente se a estatal não for uma empresa dependente,[28] a ponto de gerar certa fragilidade do sistema de controle de integridade.

Sem a pretensão de excluir outros mecanismos de governança corporativa, é possível asseverar que essa fragilidade pode ser mitigada por programas de integridade eficientes, notadamente no que tange as contratações aviadas com terceiros estranhos à administração pública,

[28] Lei Complementar nº 101/2000.

permitindo assim, evitar que a corrupção sistêmica se instale em decorrência da flexibilidade excessiva dos instrumentos de controle.[29]

Por outro vértice, impende destacar que a Nova Lei de Licitações (Lei Federal nº 14.133/2021) dá margem para interpretações distintas no que concerne a legislação aplicável nas contratações com recursos de fundos especiais quando administrados por empresas estatais, já que quanto aos fundos dita a incidência da Lei Federal nº 14.133/2021, mas no que tange às empresas estatais afasta a nova disciplina que institui, exaltando a submissão à Lei Federal nº 13.303/2016 (art. 1º, II, § 1º, da Lei Federal nº 14.133/2021).

Isso quer significar que o entendimento do TCE/ES e da AGU não pode ser considerado, em princípio, como ultrapassado pela nova legislação, malgrado consolidem posição jurídica lavrada anteriormente ao nascimento da Lei Federal nº 14.133/2021.

A redução de burocracias às empresas estatais, nas licitações e contratações pública é louvável,[30] assim como aos próprios fundos especiais.

Entretanto, essa circunstância não pode implicar em prejudicialidade à eficiência do controle interno e externo, especialmente quando se fala em combate a corrupção, haja vista que as empresas estatais estão expostas às coalizões políticas.[31]

Deveras, o art. 9º da Lei Federal nº 13.303/2016 instituiu, como regra geral, a obrigatoriedade da instituição de programas de integridade.

Nesse viés, uma empresa estatal que administra fundo especial, e, que, porém, instituiu e desenvolve permanentemente um programa de *compliance*, tanto que eficiente, enfrentará satisfatoriamente os desvios de conduta que possam desencadear em atos corruptivos, malgrado

---

[29] AMOROS, Francesc Perez *et al*. Administração pública e empresas no combate à corrupção pandêmica: do compliance ao acordo de leniência. ***Revista Juridica***, [S.l.], v. 5, n. 62, p. 359 - 389, jan. 2021. ISSN 2316-753X. Disponível em: http://revista.unicuritiba.edu.br/index.php/RevJur/article/view/4935. Acesso em: 12 set. 2021. doi:http://dx.doi.org/10.21902/revistajur.2316-753X.v5i62.4935.

[30] SCHRAMM, Fernanda Santos. *O compliance como instrumento de combate à corrupção no âmbito das contratações pública.* Dissertação (Mestrado em Direito) – Universidade Federal de Santa Catarina, 2018. p. 92-96

[31] FONTES, Joaquim Rubens; ALVES, Carlos Francisco. Mecanismos de controle na governança corporativa das empresas estatais: uma comparação entre Brasil e Portugal. *Cadernos EBAPE.BR* [on-line]. 2018, v. 16, n. 1 [Acessado 6 Setembro 2021], pp. 2-13. Disponível em: https://doi.org/10.1590/1679-395172454. Epub Jan-Mar 2018. ISSN 1679-3951. https://doi.org/10.1590/1679-395172454.

o programa de integridade não seja garantia absoluta da integridade corporativa.

Contudo, não será sempre assim.

É que a Lei das Estatais (Lei Federal nº 13.303/2016) apenas instituiu a obrigatoriedade do programa de integridade para as empresas estatais com receita operacional bruta a partir de R$ 90.000.000,00 (noventa milhões):

> Art. 1º [...] § 1º O Título I desta Lei, exceto o disposto nos arts. 2º, 3º, 4º, 5º, 6º, 7º, 8º, 11, 12 e 27, não se aplica à empresa pública e à sociedade de economia mista que tiver, em conjunto com suas respectivas subsidiárias, no exercício social anterior, receita operacional bruta inferior a R$ 90.000.000,00 (noventa milhões de reais).[32]

Com efeito, se a empresa estatal, mesmo que prestadora de serviços públicos em regime de exclusividade e não concorrencial, tiver receita operacional bruta inferior a limite legal, não estará sujeita a exigência de instituir e manter o programa de *compliance*.

Além disso, se a empresa estatal não for dependente, escapará igualmente aos atos de controle estabelecidos pela Lei de Responsabilidade Fiscal (LRF).[33]

Nesse viés, caso a empresa estatal tenha receita operacional bruta inferior ao limite legal e não esteja enquadrada como empresa dependente à luz da LRF, inserir-se-á em um regime jurídico exageradamente flexível, notadamente quanto ao controle financeiro, operacional, jurídico e de sustentabilidade das contratações públicas vinculadas a sua atividade meio e/ou aos objetivos de fundo especial que eventualmente administre, o que poderá potencializar a sua suscetibilidade a atos de corrupção.

A partir daí, argui-se que segundo o entendimento supracitado firmado pelo Tribunal de Contas do Espírito Santo, mesmo que a empresa estatal administre fundo especial com recursos vultuosos que ultrapassem a 90 milhões de reais, sujeitar-se-á exclusivamente a Lei das Estatais para contratações com recursos de fundos especiais,

---

[32] Lei Federal nº 13.303, de 30 de junho de 2016.

[33] Art. 1º. [...] § 2º As disposições desta Lei Complementar obrigam a União, os Estados, o Distrito Federal e os Municípios. § 3º Nas referências: I - à União, aos Estados, ao Distrito Federal e aos Municípios, estão compreendidos: [...] b) as respectivas administrações diretas, fundos, autarquias, fundações e empresas estatais dependentes; [...]. Lei Complementar nº 101/2000 (LRF).

circunstância que pode motivar os entes da federação a criar fundos especiais para que suas empresas estatais fujam da obrigatoriedade plasmada no art. 1º, §1º, primeira parte, da Lei Federal nº 13.303/2016, burlando, assim, a norma jurídica em comento.

A hipótese se agrava quando cogita-se contratos de grande vulto atinentes a obras, serviços e fornecimentos que possam ser suportados com recursos de fundos especiais administrados por empresas estatais.

Isto porque, em tese, não exigir-se-á da contratada a constituição e manutenção de programa de integridade na vigência do contrato.[34]

Em síntese, sustentar a aplicação exclusiva da Lei das Estatais em licitações e contratos que serão custeados com recursos de fundos especiais operados e gerenciados por empresas estatais prestadoras de serviços públicos enquadradas na exceção do art. 1º, §1º, da Lei Federal nº 13.303/2016, poderá desencadear a criação de verdadeiros gargalos para instalação e disseminação de sistemas corruptos.[35]

Apesar de as distorções que eventualmente ocorrerem poderem ser corrigidas por atuação do próprio Ente da Federação controlador da empresa estatal por ato regulamentar, legislação local no caso de Estados-Membros e Municípios, ou até mesmo pela própria empresa estatal em ato interno, ainda assim haverá maior a fragilidade por flexibilização do controle externo.

---

[34] Art. 25. O edital deverá conter o objeto da licitação e as regras relativas à convocação, ao julgamento, à habilitação, aos recursos e às penalidades da licitação, à fiscalização e à gestão do contrato, à entrega do objeto e às condições de pagamento. [...] § 4º Nas contratações de obras, serviços e fornecimentos de grande vulto, o edital deverá prever a obrigatoriedade de implantação de programa de integridade pelo licitante vencedor, no prazo de 6 (seis) meses, contado da celebração do contrato, conforme regulamento que disporá sobre as medidas a serem adotadas, a forma de comprovação e as penalidades pelo seu descumprimento. BRASIL. PRESIDÊNCIA DA REPÚBLICA. *Lei Federal nº 14.133/2021*. Disponível em: http://www.planalto.gov.br/ccivil_03/_Ato2019-2022/2021/Lei/L14133.htm. Acesso em: 6 set. 2021.

[35] Até aqui, temos pressuposto um sistema honesto de aplicação da lei, que desencoraja a corrupção. Infelizmente, é disseminada a corrupção na aplicação da lei, o que pode afetar a incidência de todos os tipos de crime. [...] Conforme discutimos em capítulos anteriores, a legislação criminal não deve ser a primeira nem a última linha de ataque contra a corrupção. Em vez disso, programas devem ser repensados ou eliminados, e o governo deve operar de forma responsabilizável e transparente. Isso é especialmente verdadeiro nos sistemas de aplicação das leis, inclusive no Judiciário, nos quais a corrupção enfraquece as leis estabelecidas. Dito isso, permanece verdade que a aplicação da lei contra o suborno e a extorsão tem a desempenhar uma função essencial de respaldo ao desincentivo à corrupção. ROSE-ACKERMAN, Susan; PALIFKA, Bonnie J. *Corrupção e Governo: causas, consequências e reformas*. 1. ed. Rio de Janeiro: Editora FGV, 2020. p. 277-280.

Acrescente-se ao panorama que o fundo especial não se sujeita aos princípios da especificação e unidade de tesouraria, o que fragiliza ainda mais o controle e fiscalização externa.

Nesse passo, interpretar a Nova Lei de Licitações e Contratos de modo a fazer incidir o seu regramento sobre os fundos especiais administrados por estatais prestadoras de serviços públicos em regime não concorrencial e de exclusividade com esteio no art. 1º, II, da referida lei, apesar de não elidir totalmente a fragilidade do ponto de vista da órbita de integridade, ao menos mitiga a possibilidade de malversação de recursos públicos.

A contradição normativa que ensejou o entendimento firmado pelo Tribunal de Contas do Estado do Espírito Santo propicia rica oportunidade para corrupção sistêmica, que, porém, poderá ser mitigada pela atuação do legislador federal, aprimorando o estatuto jurídico das empresas estatais, ou ainda pela atuação dos poderes constituídos locais que tem legitimidade para complementar a legislação de caráter nacional.

8 Considerações finais

As empresas estatais prestadoras de serviços públicos exclusivos e inseridas em um contexto em que não concorrem no mercado com outras empresas públicas ou privadas, quando não distribuírem lucros, sujeitam-se a regimento jurídico que intensifica incidência do direito público.

Quando essas mesmas estatais têm receita operacional bruta inferior ao limite estabelecido pelo legislador federal, não estarão obrigadas a instituir e manter vários instrumentos de governança corporativa, dentre eles, o programa de integridade.

Contudo, não estão proibidas de gerenciar e operar fundos especiais criados pela administração direta, que, por si só, já apresenta um regime jurídico orçamentário mais flexível do que aquele aplicado à administração direta, autarquias e fundações públicas.

A conjuntura abordada pode semear ambiente fértil para instalação da corrupção sistêmica diante do vácuo normativo existente, incapaz de assegurar a integridade corporativa e das finanças públicas, se dotada de generalidade o entendimento firmado pelo Tribunal de Contas do Estado do Espírito Santo no procedimento de Consulta nº 03484/2020-5. A questão apresentará potencial gravidade se a empresa estatal não for considerada uma empresa dependente, instante que fugirá aos comandos da Lei de Responsabilidade Fiscal.

Para mitigar a possibilidade de viabilizar gargalos de corrupção nas licitações e contratações públicas firmadas com recursos dos fundos especiais administrados por empresas estatais, a aplicação da Nova Lei de Licitações é um paliativo, posto que defere um menor grau discricionariedade aos administradores, impondo maior nível de controle.

Contudo, o ideal seria que o legislador federal eliminasse a deficiência normativa aprimorando a Lei das Estatais para, no mínimo, obrigar as estatais administradoras de fundos especiais a instituir e manter todos os instrumentos de governança corporativa previstos na referida legislação, especialmente o programa de integridade, além de expressamente submetê-las a Nova Lei Geral de Licitações nas despesas que pretender realizar com recursos de fundos especiais.

O aprimoramento normativo também pode dar-se mediante alteração da Lei Federal nº 14.133/2021, buscando a mesma finalidade, tanto que a modificação não ultrapasse os limites de seu objeto.

A fragilidade dos sistemas de integridade nessas hipóteses merece aprofundamento do debate, já que o incipiente entendimento do Tribunal de Contas examinado não analisou o tema sob essa ótica, restringindo-se a estabelecer uma premissa geral para que as empresas estatais submetidas ao seu crivo venham a seguir.

Referências

AMOROS, Francesc Perez *et al.* Administração pública e empresas no combate à corrupção pandêmica: do compliance ao acordo de leniência. *Revista Juridica,* [S.l.], v. 5, n. 62, p. 359-389, jan. 2021. ISSN 2316-753X. Disponível em: http://revista.unicuritiba.edu.br/index.php/RevJur/article/view/4935. Acesso em: 12 set. 2021. doi:http://dx.doi.org/10.21902/revistajur.2316-753X.v5i62.4935.

ARAGÃO, Alexandre dos Santos de. *Curso de Direito Administrativo*. 2. ed. Editora Forense: Rio de Janeiro. 2013. p. 122. Disponível em: https://integrada.minhabiblioteca.com.br/#/books/978-85-309-4882-5/. Acesso em: 6 set. 2021.

ARAGÃO, de, A. S. *Empresas estatais: o regime jurídico das empresas públicas e sociedades de economia mista*. 2. ed. Rio de Janeiro: Forense, 2018. p. 23-31

BRASIL. ADVOCACIA GERAL DA UNIÃO. *Orientação Normativa nº 62/2020*. Disponível em https://antigo.agu.gov.br/page/atos/detalhe/idato/1778461. Acesso em: 6 ago. 2021.

BRASIL. PRESIDÊNCIA DA REPÚBLICA. *Constituição da República Federativa do Brasil.* Disponível em: http://www.planalto.gov.br/ccivil_03/Constituicao/ConstituicaoCompilado.htm. Acesso em: 6 set. 2021.

BRASIL. PRESIDÊNCIA DA REPÚBLICA. *Lei Federal nº 4.320/1964.* Disponível em: http://www.planalto.gov.br/ccivil_03/Leis/L4320.htm. Acesso: 6 set. 2021.

BRASIL. PRESIDÊNCIA DA REPÚBLICA. *Lei Complementar nº 101/2000.* Disponível em http://www.planalto.gov.br/ccivil_03/Leis/LCP/Lcp101.htm. Acesso em 6 set. 2021.

BRASIL. PRESIDÊNCIA DA REPÚBLICA. *Lei Federal nº 13.303 de 30 de junho de 2016.* Disponível em: http://www.planalto.gov.br/CCIVIL_03/_Ato2015-2018/2016/Lei/L13303.htm. Acesso em: 6 set. 2021.

BRASIL. PRESIDÊNCIA DA REPÚBLICA. *Lei Federal nº 14.133/2021.* Disponível em: http://www.planalto.gov.br/ccivil_03/_Ato2019-2022/2021/Lei/L14133.htm. Acesso: 6 set. 2021.

BRASIL. SUPREMO TRIBUNAL FEDERAL. *AÇÃO DIRETA DE INCONSTITUCIONALIDADE Nº 1.725-5/DF.* MEDIDA CAUTELAR EM AÇÃO DIRETA DE INCONSTITUCIONALIDADE. MEDIDA PROVISÓRIA Nº 1.061, DE 11.11.97 (LEI Nº 9.531, DE 10.12.97), QUE CRIA O FUNDO DE GARANTIA PARA PROMOÇÃO DA COMPETIVIDADE - FGPC. ALEGADA VIOLAÇÃO DOS ARTS. 62 E PAR. ÚNICO, 165, II, III, §§ 5º, I E III, E 9º, E 167, II E IX, DA CONSTITUIÇÃO. Disponível em https://redir.stf.jus.br/paginadorpub/paginador.jsp?docTP=AC&docID=347237. Acesso em: 6 set. 2021.

BRASIL. *SUPREMO TRIBUNAL FEDERAL.* Disponível em: https://jurisprudencia.stf.jus.br/pages/search?base=acordaos&pesquisa_inteiro_teor=false&sinonimo=true&plural=true&radicais=false&buscaExata=true&page=1&pageSize=10&queryString=estatal%20prestadora%20de%20servi%C3%A7o%20publico&sort=_score&sortBy=desc. Acesso em: 6 set. 2021.

BRASIL. TRIBUNAL DE CONTAS DO ESTADO DO ESPÍRITO SANTO. *Parecer em Consulta TC-00018/2020 – Plenário.* Processo: 03484/2020-5. Consulente: CDTIV – Companhia de Desenvolvimento, Turismo e Inovação de Vitória. Relator: João Luiz Cotta Lovatti. Leis Federais 13.303/2016, 8.666/1993 e 4.320/1964. Disponível em: https://www.tcees.tc.br/wp-content/uploads/formidable/108/PC-018-20.pdf. Acesso em: 6 set. 2021.

DI PIETRO, Maria Sylvia Zanella. *Direito Administrativo.* 33. ed. Minha Biblioteca/Grupo GEN, 2020. p. 135

FONTES, Joaquim Rubens e Alves, Carlos Francisco. *Mecanismos de controle na governança corporativa das empresas estatais: uma comparação entre Brasil e Portugal.* Cadernos EBAPE.BR [on-line]. 2018, v. 16, n. 1 [Acesso em: set. 2021], pp. 2-13. Disponível em: https://doi.org/10.1590/1679-395172454. Epub Jan-Mar 2018. ISSN 1679-3951. https://doi.org/10.1590/1679-395172454.

GONÇALVES. Benedito; GRILO, Renato Cesar Guedes. *A utilização dos instrumentos de compliance para a realização do princípio da moralidade administrativa. In:* POZZO, Augusto Neves Dal; MARTINS, Ricardo Marcondes (org.). *Compliance* no Direito Administrativo. v. 1. São Paulo: Thomson Reuters Brasil, 2020. p. 41-53.

JUNIOR, Jessé Torres Pereira; DOTTI, Marinês Restelatto. A Lei das Estatais contribui para simplificar e elevar a segurança jurídica de licitações e contratos?. *Revista do Tribunal de Contas da União*. n. 141, p. 84-105, jan./abril-2018. Disponível em: file:///C:/Users/advza/Downloads/1490-Texto%20do%20artigo-2868-1-10-20181208%20(1).pdf. Acesso em: 6 set. 2021.

KNOERR, Fernando Gustavo; MARTINS, José Alberto Monteiro. *The contribution of compliance practices to the social role of the company*. ***Revista Jurídica***. v. 3, n. 44, p. 1-18, fev. 2017. Disponível em: http://revista.unicuritiba.edu.br/index.php/RevJur/article/view/1716. Acesso em: 3 mar. 2021. doi:http://dx.doi.org/10.21902/revistajur.2316-753X.v3i44.1716.

LEITE, Harrison. *Manual de Direito Financeiro*. 6. ed. JusPODIVM, 2017. p. 276-278

MACHADO, Antonio Rodrigo; CARMONA, Paulo Afonso Cavichioli. *Compliance*: instrumento de controle nas licitações públicas. *Revista de Direito Administrativo e Constitucional*. v. 18, n. 72, p. 71-91, abril/jun.-2018. Disponível em: http://www.revistaaec.com/index.php/revistaaec/article/view/843. Acesso em: 6 set. 2021. doi: http://dx.doi.org/10.21056/aec.v18i72.843.

MIRAGEM, Bruno. *Direito Administrativo Aplicado*. 3. ed. São Paulo: Editora Revistas dos Tribunais, 2017. p. 184-185.

MONTESCHIO, Horácio; FLENIK, Juliano Deffune. *Compliance constitucional à luz da matriz preambular constitucional. Percurso*, [S.l.], v. 2, n. 25, p. 331 - 350, dez. 2018. ISSN 2316-7521. Disponível em: http://revista.unicuritiba.edu.br/index.php/percurso/article/view/3115. Acesso em: 6 set. 2021. doi: http://dx.doi.org/10.21902/RevPercurso.2316-7521.v2i25.3115.

OCTAVIANI, Alessandro; NOHARA, Irene Patrícia. *Estatais*. São Paulo: Thomson Reuters, 2019. p. 75-77

OLIVEIRA, Gabriel Jacobs. *Programa de compliance e o exercício da função social da empresa: uma análise à luz do conceito de eficiência para o Direito*. Dissertação (Mestrado em Direito) – Centro Universitário Curitiba, 2019. p. 56

ROSE-ACKERMAN, Susan; PALIFKA, Bonnie J. *Corrupção e Governo:* causas, consequências e reformas. 1. ed. Rio de Janeiro: FGV, 2020. p. 277-280.

SCHRAMM, Fernanda Santos. *O compliance como instrumento de combate à corrupção no âmbito das contratações pública*. Dissertação (Mestrado em Direito) – Universidade Federal de Santa Catarina, 2018. p. 92-96

SILVA, Juvêncio Borges; IZÁ, Adriana de Oliveira. A importância da participação popular na elaboração do orçamento e os limites estabelecidos pela lei de responsabilidade fiscal para a administração pública. *Revista Direitos Sociais e Políticas Públicas*, v. 8, n. 2, p. 94-95, maio-ago. 2020. Disponível em: https://fafibe.br/revista/index.php/direitos-sociais-politicas-pub/article/view/598. Acesso em: 6 set. 2021. doi: http://dx.doi.org/10.25245/rdspp.v8i2.598.

Informação bibliográfica deste texto, conforme a NBR 6023:2018 da Associação Brasileira de Normas Técnicas (ABNT):

ZANETTI, Rafael Elias. As contratações com recursos de fundos especiais administrados por empresas estatais prestadoras de serviços públicos: um gargalo para a corrupção sistêmica? *In*: BRITTO, Anne Karole Silva Fontenelle de; SILVA, Bruno Sampaio Ferreira da; NEURAUTER, Maíra; FLORIANO, Eduardo de Souza (coord.). *Direito municipal em debate*. Belo Horizonte: Fórum, 2025. p. 145-165. ISBN 978-85-450-0976-4. v. 9.

A SISTEMATIZAÇÃO NORMATIVA DAS ALTERNATIVAS EXTRAJUDICIAIS DE COBRANÇAS DE DÉBITOS TRIBUTÁRIOS: EFEITOS ESTRUTURAIS, MATERIAIS E FORMAIS DECORRENTES DA RESOLUÇÃO Nº 547/2024 DO CONSELHO NACIONAL DE JUSTIÇA

Robson Soares de Souza

1 Introdução

O Direito Tributário, conforme as linhas neoconstitucionalistas, deve ser lido em consonância ao sistema constitucional, pelo dever de se seguir os parâmetros de horizontalização dos direitos fundamentais para seu estudo e aplicação, apresentando-se inegavelmente como ramo autônomo do direito, não havendo que se confundir com os demais. Pode-se afirmar que o Direito Tributário se formaliza através da atividade administrativa e que se encontra amparado em diretrizes estabelecidas na Constituição Federal, mas que não se torna indissociável do Direito Constitucional e do Direito Administrativo uma vez que sua relação jurídica é específica: sujeito ativo tributário (Estado) e sujeito passivo tributário (contribuinte).

O presente trabalho visa destacar a autonomia da Administração Tributária em sua atuação conforme os aspectos constitucionais relativos ao Direito Tributário, desenvolvendo-se sobre o alcance, a legitimidade e a influência exercida pela vinculação decisória do Poder Judiciário na atividade administrativo-tributária do Estado no aspecto da cobrança dos créditos tributários por meios alternativos extrajudiciais.

Ou seja, a atuação do Poder Judiciário em matéria tributária interfere na atividade da Administração Tributária na medida em que, além do dever de observância às leis, decorrência do princípio da legalidade, deve-se seguir os precedentes como complementação normativa de caráter obrigatório e que, no caso, abordar-se-á a imposição da adoção de meios alternativos de se suprimir conflitos tributários sem se socorrer ao Judiciário para tanto.

A perspectiva dos parâmetros pautados pelo conceito de Estado Democrático de Direito revela a necessidade de se estabelecer o equilíbrio entre a necessidade de arrecadação do ente estatal e a liberdade do contribuinte, considerando a positivação tributária em estrito respeito aos princípios norteadores dos direitos fundamentais.

No mesmo passo em que se impõe o poder de tributar, a privação de bens do contribuinte decorrente de tal atividade deve observar a garantia do devido processo legal, o qual é entendido como a atuação da Administração Fiscal de acordo com os preceitos normativos aplicáveis oportunizando ampla participação do contribuinte, viabilizando-se sua defesa em face de eventual irregularidade perpetrada na apuração do tributo.

Tal relação, permeada irremediavelmente pelo direito, por diversas vezes se apresenta conflituosa, considerando os interesses financeiros envolvidos entre fisco e contribuinte. É comum haver a instituição pelo poder público de órgão administrativos para solução de conflitos tributários, tomando os próprios rumos interpretativos sem a participação do Poder Judiciário.

No entanto, devido ao princípio da inafastabilidade de jurisdição adotado pela sistemática constitucional brasileira,[1] o posicionamento adotado pela Administração Fiscal referente à determinada forma de aplicação do direito em matéria tributária está constantemente sujeito à análise judicial, o que afeta o trato da relação jurídico-tributária.

Em tal contexto, não se busca tratar de afronta ao sistema de freios e contrapesos ou de suprimir a atuação regular do Poder Judiciário, mas se visa demonstrar que, ao se firmar jurisprudência em matéria tributária, os mecanismos processuais que dão efetividade às decisões do STF atingem diretamente a atividade tributária, influenciando aspectos de competência administrativa distinta da jurisdicional.

---

[1] O princípio da proteção judiciária, também chamado princípio da inafastabilidade do controle jurisdicional, constitui em verdade, a principal garantia dos direitos subjetivos. Mas ele, por seu turno, fundamenta-se no princípio da separação dos poderes, reconhecido pela doutrina como garantia das garantias constitucionais. SILVA, José Afonso da. *Curso de Direito Constitucional Positivo*. 33. ed. rev. e atual. São Paulo: Malheiros Editores, 2009, p. 430.

A atividade interpretativa vinculante quanto a hipóteses de incidência, relativa à efetiva ocorrência e momento da verificação do fato gerador tributário, à definição de tipicidade tributária, aos requisitos do lançamento, à constituição do crédito tributário e, por fim, à sua cobrança é exercida pelo STF ao se estabelecer um posicionamento através do rigorismo do entendimento firmado por meio de seus julgados vinculantes.

Nessa perspectiva, a Administração Tributária promove seus atos desde a previsão da hipótese de incidência até o momento da inscrição em dívida ativa e posterior cobrança, tratando-se dos elementos utilizados pela Administração para a regular e devida apuração tributária, em estrita observância aos princípios da legalidade e do devido processo legal, o que legitima e autoriza tal atuação.

Os mecanismos legais pelos quais deve pautar a Administração Tributária com vistas a exercer corretamente sua função arrecadatória e em observância aos direitos fundamentais devem considerar que a atividade fiscal é procedida por atos que devem seguir preceitos administrativos, ao mesmo tempo em que se aplica a matéria tributária na relação jurídica com o contribuinte. Desse aspecto, confere-se a validade do ato administrativo segundo os seus elementos essenciais como requisitos de validade, em conjugação aos preceitos tributários.

Nesse ponto, há de se constatar que se trata de matéria típica da Administração Pública a atividade tributária. As diretrizes constitucionais em relação à divisão tributária entre os entes federativos traçam as peculiaridades relativas à competência tributária e a atuação estatal enquanto detentor de capacidade tributária ativa.

A capacidade tributária do ente federativo autoriza a adoção dos procedimentos de levantamento e apuração tributária, observando-se os fatores legais concernentes à devida verificação dos atos necessários.

Tais atos, de destacada importância para o desenvolvimento da atividade fiscal, são o objeto da análise da Administração Tributária e que, em descompasso com o contexto normativo e ensejando ônus indevido ao contribuinte ou prejudicando financeiramente a Administração, serão necessariamente postos em discussão no campo judicial.

Dentro de tal situação é que se verifica a relevância de se atentar para os liames entre a competência tributária[2] dos entes políticos e a

---

2 Competência tributária e competência legislativa – A atribuição competência tributária, feita pela Constituição, envolve, necessariamente, a atribuição da competência para legislar a

capacidade tributária[3] exercida. Enquanto a competência tributária define a viabilidade de se instituir os tributos previstos na Constituição da República pelos entes federativos, obedecendo-se as características próprias de indelegabilidade, e irrenunciabilidade, a capacidade tributária é a efetiva atividade administrativa de se promover procedimentos de fiscalização e atuação na relação jurídico-tributária.

Portanto, a Constituição da República de 1988 define os tributos juridicamente possíveis, não havendo espaço para que os entes políticos criem outros sem tal previsão constitucional antecedente, permitindo-se aos mesmos a sua instituição quando se adotar em lei não se admitindo transferir a competência (indelegabilidade)[4] e renunciar a tal competência.

Os aspectos expostos demonstram a necessidade do Estado organizar sua estrutura administrativa com o fim de se sustentar através de arrecadação de tributos. Ou seja, mais do que os princípios que permeiam a atividade legislativa e administrativa em matéria tributária, o arcabouço jurídico se apresenta de forma hierárquica em relação às potenciais competências tributárias dos entes federativos.

A partir desses pontos e, havendo a definição constitucional das competências tributárias, a Administração Tributária atua, conforme

---

respeito do tributo correspondente, como consequência direta e necessária do princípio da legalidade tributária. Se o tributo somente por lei pode ser criado, é evidente que a pessoa jurídica de direito público competente para criá-lo há de ser, também, competente para sobre ele legislar. SEGUNDO, Hugo de Brito Machado. *Código Tributário Nacional*: anotações à Constituição, ao Código Tributário Nacional e às Leis Complementares 87/1996 e 116/2003. 6. ed. rev., atual. e ampl. São Paulo: Atlas, 2017.

3 Capacidade tributária e manifestação regular de vontade – O art. 126 do CTN representa mera explicitação de uma decorrência natural da *compulsoriedade* da obrigação tributária, em face da qual a *manifestação de vontade* não integra nem compõe o fato gerador da obrigação tributária, que é considerado como mero fato jurídico, ou ato-fato. Assim, se a vontade é irrelevante para o nascimento da obrigação tributária, são irrelevantes para que alguém tenha capacidade tributária (capacidade, em tese, para ser sujeito passivo) a capacidade civil, a regularidade da pessoa jurídica, ou qualquer outra circunstância que somente teria relevo para determinar se houve uma manifestação de vontade válida. SEGUNDO, Hugo de Brito Machado. *Op. cit.*

4 A competência, como parcela do poder fiscal, **é indelegável**, ou seja, não pode a União, por exemplo, delegar aos Estados a instituição do Imposto de Renda, pois cuida-se de imposto federal concedido à União, exclusivamente, no art. 153, III, da Constituição. As funções fiscais (regulamentar, fiscalizar, lançar) são delegáveis, porquanto tal implica tão somente transferência ou compartilhamento da titularidade ativa (posição de credor na relação jurídica tributária) ou apenas de atribuições administrativas (atribuições de fiscalizar e lançar). PAULSEN, Leandro. *Curso de direito tributário completo.* 8.ed. São Paulo: Saraiva, 2017.

a lei, segundo sua capacidade de proceder aos atos de fiscalização, apuração e cobrança de tributos.

Diante de tal formação normativa, a competência tributária é estabelecida e dirigida aos entes políticos para que haja o exercício regular de atividade administrativa, sendo função típica do Poder Executivo exercer sua capacidade tributária decorrente da aplicação irrestrita das normas ajustadas através do devido processo legislativo e conforme preceitos democráticos.

Sobre a atuação que ora se descreve, visa-se destacar que, atualmente, deve a atividade fiscal se ater, para além de todas as fases da constituição do crédito tributário, ao objetivo de satisfação do crédito por meio de cobranças extrajudiciais juridicamente viáveis, não podendo mais se pautar somente da cobrança forçosa por meio de execuções fiscais.

As disposições constantes na Resolução 547/2024 do CNJ e na tese firmada no julgamento do Recurso Extraordinário 1.355.208 pelo STF (Tema 1.184),[5] tratando-se de enunciados objetivamente aplicáveis, interpõem-se às características administrativas da relação jurídico-tributária uma vez que, além das especificidades previstas em lei para a sua regular atuação, a Administração Tributária deve respeitar o disposto no decidido pelo STF e previsto na Resolução nº 547/2024 do CNJ, ainda que não seja seu entendimento sobre o caso concreto, estabelecendo uma distorção entre a atividade legitimamente administrativa e a atividade jurisdicional já que a definição da relação jurídico-tributária é de competência administrativa, inclusive como função típica.

Ou seja, embora o ordenamento jurídico garanta o acesso ao sistema judiciário mediante a ocorrência de lesão ao direito (artigo

---

[5] 1. É legítima a extinção de execução fiscal de baixo valor pela ausência de interesse de agir tendo em vista o princípio constitucional da eficiência administrativa, respeitada a competência constitucional de cada ente federado. 2. O ajuizamento da execução fiscal dependerá da prévia adoção das seguintes providências: a) tentativa de conciliação ou adoção de solução administrativa; e b) protesto do título, salvo por motivo de eficiência administrativa, comprovando-se a inadequação da medida. 3. O trâmite de ações de execução fiscal não impede os entes federados de pedirem a suspensão do processo para a adoção das medidas previstas no item 2, devendo, nesse caso, o juiz ser comunicado do prazo para as providências cabíveis. SUPREMO TRIBUNAL FEDERAL RE. DJE divulgado em 1/4/2024, publicado em 2/4/2024. Disponível em: https://portal.stf.jus.br/jurisprudenciaRepercussao/verAndamentoProcesso.asp?incidente=6291425&numeroProcesso=1355208&classeProcesso=RE&numeroTema=1184. Acesso em: 29 abr. 2024.

5º, inciso XXXV da Constituição da República de 1988),[6] no caso de cobrança de débitos fiscais houve a incrementação de condicionantes para que o ajuizamento de execução fiscal se torne viável, não sendo tais condicionantes fruto de previsão legal, mas, sim, provenientes de atos decisórios do Poder Judiciário.

Assim, a lesão ao direito concretizada pelo inadimplemento fiscal passa a não autorizar, automaticamente, que a Fazenda Pública busque o socorro do Poder Judiciário para satisfação do débito.

Portanto, a decisão em questão do STF e a Resolução do CNJ incidem de forma direta na relação jurídico-tributária afetando e limitando a atuação administrativa uma vez que condiciona o ajuizamento de execuções fiscais e forçam a adoção de meios alternativos de cobrança, impondo estruturação adequada para tanto diante da nova tarefa administrativa a ser empenhada.

Assim, as fases da relação jurídico-tributária entre contribuinte e ente tributante, desde a ocorrência da hipótese de incidência, com o fato gerador, ao regular lançamento, no moldes definidos no art.142 do Código Tributário Nacional,[7] assim como nos demais atos administrativos pertinentes como inscrição em dívida ativa, por óbvio, sofrem a influência dos julgamentos consubstanciados em entendimentos jurisprudenciais já que tratam ou podem vir a tratar de assuntos jurídicos específicos, ampliando-se até mesmo o conceito do princípio de legalidade estrita tributária.[8]

No entanto, a atual dinâmica de restrição de ajuizamento de execução fiscal irá proporcionar nova organização na estrutura administrativa

---

[6] XXXV - a lei não excluirá da apreciação do Poder Judiciário lesão ou ameaça a direito; BRASIL. CONSTITUIÇÃO DE 1988. D.O.U de 05/10/1988, pág. nº 1. Disponível em: https://www.planalto.gov.br/ccivil_03/constituicao/constituicao.htm.

[7] Art. 142. Compete privativamente à autoridade administrativa constituir o crédito tributário pelo lançamento, assim entendido o procedimento administrativo tendente a verificar a ocorrência do fato gerador da obrigação correspondente, determinar a matéria tributável, calcular o montante do tributo devido, identificar o sujeito passivo e, sendo caso, propor a aplicação da penalidade cabível. BRASIL. CÓDIGO TRIBUTÁRIO NACIONAL. Lei nº 5.172 de 25 de outubro de 1966. D.O.U de 27/10/1966, pág. nº 12452. Disponível em: https://www.planalto.gov.br/ccivil_03/leis/l5172compilado.htm.

[8] O princípio da legalidade é de observância impositiva no âmbito da Administração Pública. O agente público é sempre um escravo fiel da lei: só age nos termos da lei, quando, onde e como a lei determinar. No campo da execução orçamentária, porém, o princípio da estrita legalidade atua com particular rigor. Para assegurar o controle orçamentário, a Carta Magna adota os mecanismos de rigorosa fiscalização que, inclusive, extravasam do campo de atuação do princípio da legalidade para adentrar nas esferas da legitimidade, da economicidade etc. HARADA, Kiyoshi. *Direito financeiro e tributário* 26. ed. rev., atual. e ampl. São Paulo: Atlas, 2017.

com o fim de não haver perdas financeiras, uma vez que o acesso ao Judiciário se encontra condicionado à adoção prévia de tentativa de conciliação ou solução administrativa, considerando o disposto no artigo 2º da Resolução 547/2024 do CNJ.[9]

Destaca-se que a legislação tributária define as hipóteses de incidência e a verificação do fato gerador, ocasionando a obrigação tributária, proporcionando o lançamento e regular constituição do crédito, possibilitando a inscrição em dívida ativa, no caso de inadimplência, e a expedição da respectiva certidão para cobrança.

O meio judicial para a cobrança dos créditos tributários ocorre através da propositura de execução fiscal, nos termos prescritos na Lei Federal nº 6.830/80 (Lei de Execução Fiscal). Por seu turno, a cobrança extrajudicial pode ser concretizada por meio de notificação administrativa[10] ou por meio de protesto, nos termos do parágrafo único do art. 1º da Lei nº 9492/97,[11] e também através de serviços contratados para auxiliar na cobrança conforme autorizado pelo artigo 19-F da Lei Federal nº 10.522/2002.[12]

---

9 Art. 2º O ajuizamento de execução fiscal dependerá de prévia tentativa de conciliação ou adoção de solução administrativa. CONSELHO NACIONAL DE JUSTIÇA. Resolução nº 547 de 22/02/2024. DJe/CNJ n. 30/2024, de 22 de fevereiro de 2024, p. 2-4. Disponível em: https://atos.cnj.jus.br/atos/detalhar/5455.

10 § 2º A notificação do executado para pagamento antes do ajuizamento da execução fiscal configura adoção de solução administrativa. CONSELHO NACIONAL DE JUSTIÇA. Resolução nº 547 de 22/02/2024. DJe/CNJ n. 30/2024, de 22 de fevereiro de 2024, p. 2-4. Disponível em: https://atos.cnj.jus.br/atos/detalhar/5455.

11 Art. 1º Protesto é o ato formal e solene pelo qual se prova a inadimplência e o descumprimento de obrigação originada em títulos e outros documentos de dívida.
Parágrafo único. Incluem-se entre os títulos sujeitos a protesto as certidões de dívida ativa da União, dos Estados, do Distrito Federal, dos Municípios e das respectivas autarquias e fundações públicas. BRASIL. Lei nº 9.492 de 10 de setembro de 1997. D.O.U de 11/09/1997, pág. nº 20152. Disponível em: https://www.planalto.gov.br/ccivil_03/leis/l9492.htm#:~:text=LEI%20N%C2%BA%209.492%2C%20DE%2010,d%C3%ADvida%20e%20d%C3%A1%20outras%20provid%C3%AAncias.

12 Art. 19-F. A Procuradoria-Geral da Fazenda Nacional poderá contratar, por meio de processo licitatório ou credenciamento, serviços de terceiros para auxiliar sua atividade de cobrança. (Incluído pela Lei nº 14.195, de 2021)
§ 1º Os serviços referidos no caput deste artigo restringem-se à execução de atos relacionados à cobrança administrativa da dívida ativa que prescindam da utilização de informações protegidas por sigilo fiscal, tais como o contato com os devedores por via telefônica ou por meios digitais, e à administração de bens oferecidos em garantia administrativa ou judicial ou penhorados em execuções fiscais, incluídas atividades de depósito, de guarda, de transporte, de conservação e de alienação desses bens. (Incluído pela Lei nº 14.195, de 2021)
§ 2º O órgão responsável, no âmbito de suas competências, deverá regulamentar o disposto neste artigo e definir os requisitos para contratação ou credenciamento, os critérios para seleção das dívidas, o valor máximo admissível e a forma de remuneração do contratado, que poderá ser por taxa de êxito, desde que demonstrada a sua maior adequação ao interesse

Os passos para a formalização da relação entre sujeito tributário passivo e ativo seguem os preceitos do devido processo legal como forma de se opor à atuação fiscal, garantindo-se o contraditório e ampla defesa,[13] como premissas de legitimidade, legalidade e processo justo, prevenindo-se, inclusive, a vedação ao confisco.[14]

Considerando o princípio da separação dos poderes, deve-se reconhecer e delimitar a aplicação de preceitos jurisprudenciais através de um processo interpretativo capaz de estabelecer o equilíbrio entre a regular atuação administrativa e judiciária de forma que não reflita usurpação de função ou interferência indevida entre os poderes.

Desse modo, nos moldes delineados no julgamento do Recurso Extraordinário 1.355.208 pelo STF (Tema 1184) e conforme definido na Resolução 547/2024 do CNJ a Fazenda Pública não detém mais a possibilidade de ajuizamento de execuções fiscais dentro de determinado valor, devendo, obrigatoriamente, valer-se de meios outros para que a arrecadação não reduza em obediência e com fundamento no princípio da eficiência, sendo que tal situação decorrera exclusivamente de ato decisório do Poder Judiciário sem qualquer participação dos Poderes Legislativo e Executivo.

Enfatiza-se, portanto, que a decisão adotada pelo STF e os termos definidos na Resolução do CNJ determinam condicionante para o ajuizamento de execução fiscal não prevista expressamente em lei. Ou seja, altera-se a dinâmica tanto das condições das ações a serem aferidas quando do ajuizamento de execução fiscal assim como se interfere nas fases da constituição e cobrança do crédito tributário uma vez que, verificada a inadimplência e sua inscrição em dívida ativa, obrigatoriamente e primeiramente, a Administração Tributária deve proceder aos meios extrajudiciais para a busca da satisfação do crédito.

---

público e às práticas usuais de mercado. (Incluído pela Lei nº 14.195, de 2021). BRASIL. Lei nº 10.522 de 19 de julho de 2002. D.O.U de 22/07/2002, pág. nº 1. Disponível em: https://www.planalto.gov.br/ccivil_03/leis/2002/l10522.htm.

[13] A teoria substantiva pretende justificar a ideia material de um processo justo, pois uma pessoa tem direito não apenas a um processo legal mas sobretudo a um processo legal, justo e adequado, quando se trate de legitimar o sacrifício da vida, liberdade e propriedade dos particulares. CANOTILHO, José Joaquim Gomes. *Direito Constitucional e Teoria da Constituição.* 5. ed. Coimbra: Almedina, 2002, p. 488.

[14] Art. 150. Sem prejuízo de outras garantias asseguradas ao contribuinte, é vedado à União, aos Estados, ao Distrito Federal e aos Municípios: IV - utilizar tributo com efeito de confisco; BRASIL. CONSTITUIÇÃO DE 1988. D.O.U de 5/10/1988, pág. nº 1. Disponível em: https://www.planalto.gov.br/ccivil_03/constituicao/constituicao.htm.

Pretende-se apresentar a sistematização normativa aplicável à matéria em relação aos aspectos de ordem estrutural, material e formal no sentido de se viabilizar aos entes federativos que eventualmente não possuem acervo legislativo apropriado, notadamente os municípios de menor porte, o regular e adequado exercício funcional da Administração Tributária, utilizando-se, por analogia, das normas disponíveis em âmbito federal para que sejam observadas as diretrizes da Resolução 547/2024 do CNJ no que tange às cobranças extrajudiciais de débitos tributários e solução de conflitos na matéria, contribuindo, inclusive, com o descongestionamento histórico processual nos tribunais brasileiros, porquanto as execuções fiscais representam alto percentual desse acervo.

Encontra-se, ao final, a conclusão relativa às principais considerações sobre o trabalho, apresentando-se as obras utilizadas para a pesquisa nas referências.

2 Fases da constituição do crédito tributário e a atuação da Administração Tributária na sua cobrança

2.1 Os atos administrativos como meio de atuação da Administração Tributária

A Administração Pública se gere por meio de atos administrativos, os quais se apresentam como atos jurídicos que tenham por fim adquirir, resguardar, transferir, modificar, extinguir e declarar direitos, ou impor obrigações aos seus administrados ou a si própria.[15]

De tais atos administrativos decorrem as características de exteriorização da vontade de agentes da Administração Pública ou de seus delegatários, que, sob regime de direito público, visa à produção de efeitos jurídicos, com o fim de atender ao interesse público.[16]

Dessa forma, os atos praticados pela Administração Pública devem obedecer requisitos para sua validade jurídica, uma vez que sendo manifestação do Estado e atribuindo-se efeitos, os atos administrativos estão sujeitos aos ditames legais para sua regularidade. A validade do ato administrativo, portanto, depende da regularidade de

---

15 MIRELLES, Hely Lopes. *Direito administrativo brasileiro*. 36. ed. São Paulo: Malheiros Editores, 2010, p. 189.

16 FILHO, José dos Santos Carvalho. *Manual de direito administrativo*. 25. ed. São Paulo: Atlas, 2012, p. 99.

sua constituição, devendo-se respeitar os requisitos de competência, finalidade, forma, motivo e objeto.

Dentre as características da competência do ato administrativo, destacam-se a inderrogabilidade e a improrrogabilidade, ressaltando-se que se tratam de projeções as quais o ordenamento jurídico prevê para que a máquina estatal desempenhe satisfatoriamente suas atribuições.[17]

Já a finalidade do ato administrativo deve ser aferida pela sua adequação ao que a lei prevê de forma explícita ou implícita. O interesse público, por óbvio, deve reger todos os atos administrativos, mas, além de tal premissa elementar, o ato administrativo deve observar o direcionamento legal para a repercussão desejada e o alcance do efeito devido, não havendo espaço para discricionariedade do agente público, não se admitindo que a finalidade do ato seja diversa da pretensão normativa. Ou seja, o resultado jurídico do ato administrativo deverá ser aquilo que o interesse público busca e que se encontra previsto em norma, afastando-se favorecimentos particulares em observância ao princípio da impessoalidade.

Em relação à forma do ato administrativo como requisito de sua validade, importante realçar que se refere aos meios pelos quais se exterioriza, identificando-se a atividade administrativa e seus destinatários, não havendo margem de escolha ao agente público pois devem os atos obedecer ditames formais para sua efetiva materialização, sendo, portanto, vinculados.

Logicamente, tal vinculação se encontra atrelada ao princípio da legalidade uma vez que o agente público irá se ater ao regramento normativo para a consecução de determinado ato, o qual se consubstanciará na finalidade almejada por meio da forma devida.

O motivo do ato administrativo, por sua vez, é pressuposto inafastável da atuação do agente público, tendo como fundamento a motivação a qual se presta as considerações de cabimento do motivo.

---

[17] Por ser instituto de direito público, que mantém estreita relação com o princípio da garantia dos indivíduos no Estado de Direito, a competência não recebe a incidência de figuras normalmente aceitas no campo do direito privado. Por isso, duas são as características de que se reveste. A primeira é a *inderrogabilidade*: a competência de um órgão não se transfere a outro por acordo entre as partes, ou por assentimento do agente da Administração. Fixada em norma expressa, deve a competência ser rigidamente observada por todos. A segunda é a *improrrogabilidade*: a incompetência não se transmuda em competência, ou seja, se um órgão não tem competência para certa função, não poderá vir a tê-la supervenientemente, a menos que a antiga norma definidora seja alterada. CARVALHO FILHO, José dos Santos. *Manual de direito administrativo*. 31. ed. rev., atual. e ampl. São Paulo: Atlas, 2017.

Ou seja, a motivação do ato se refere às condições fáticas e jurídicas[18] que propiciaram sua edição.

Vislumbra-se o cenário de que se o ato administrativo for vinculado, a lei deve ser pautada para que seja ela motivo determinante, assim como se o ato for discricionário, por concessão da lei, a motivação se valerá como base de sua atuação, sendo decorrente da própria lei ou por sua força, a motivação as causas determinantes do ato,[19] prestigiando-se os princípios da publicidade e transparência.

Portanto, o motivo é condição jurídica que viabiliza e propicia o ato administrativo, sendo vinculado quando decorre de expressa disposição legal ou discricionário quando o ordenamento legal possibilitar atuação de escolha do agente público.

Já no que tange ao objeto do ato administrativo, tem-se que se trata dos efeitos pelos quais a Administração persegue com a sua edição, tendo como característica a possibilidade de discricionariedade atribuída pelo ordenamento jurídico. Refere-se ao tema que a Administração pretende conferir efeitos.

No que concerne ao motivo e ao objeto do ato administrativo é importante descrever que tais requisitos orbitam o mérito administrativo justamente por se apresentarem com possibilidade de discricionariedade da Administração. Ou seja, a verificação de determinada necessidade ou forma de atuação, conjugada com oportunidade e conveniência em adotar determinada postura, consubstanciam no motivo e objeto do ato administrativo, devendo a Administração Pública exercer sua discricionariedade para o desenvolvimento do bem público, o que corrobora para a efetivação do conceito de democracia.

Discorrido sobre os requisitos dos atos administrativos, pertinente se expor que a atividade tributária, sendo decorrente da atuação de agentes públicos no âmbito administrativo, deve observar os

---

18 LEI Nº 9.784, DE 29 DE JANEIRO DE 1999. Regula o processo administrativo no âmbito da Administração Pública Federal. Art. 50. Os atos administrativos deverão ser motivados, com indicação dos fatos e dos fundamentos jurídicos, quando: Lei nº 9.784 de 29 de janeiro de 1999. D.O.U de 01/02/1999, pág. nº 1. Disponível em https://legislacao.presidencia.gov.br/atos/?tipo=LEI&numero=9784&ano=1999&ato=b19Mza65keNpWT17b.

19 Versa sobre a teoria dos motivos determinantes, que se os motivos que servem de suporte para a prática do ato administrativo, sejam eles exigidos por lei, sejam eles alegados facultativamente pelo agente público, atuam como causas determinantes de seu cometimento. A desconformidade entre os motivos e a realidade acarreta invalidade do ato". BASTOS, Celso Ribeiro. *Curso de Direito Administrativo*. 5. ed. São Paulo: Saraiva, 2001. p.111.

aspectos aplicáveis em relação ao trato administrativo para o regular desenvolvimento.

Portanto, a atuação fiscal que destoa dos requisitos dos atos administrativos se apresenta com vício capaz de gerar sua nulidade, vislumbrando-se a atividade tributária atrelada tanto aos aspectos do Direito Tributário quando aos aspectos de Direito Administrativo.

Sob tal ótica, pode-se concluir que a atuação tributária, por se tratar de atividade típica administrativa e decorrente do exercício de função pública, considerando-se suas peculiaridades, deve se pautar conforme as prescrições administrativistas, concretizando-se por meio de atos administrativos e observando seus requisitos.

Assim, desde o lançamento até a cobrança do crédito tributário, a sequência dos atos administrativos que o constituem devem estar em consonância, primeiramente, com os requisitos do ato administrativo (competência, finalidade, forma, motivo e objeto), para que se possa apurar regularmente o crédito tributário, nos termos do art. 142 do Código Tributário Nacional.[20]

Nesse contexto pertinente se esclarecer que, inobstante a redação legal se apresentar como procedimento,[21] tomando-se por base o art. 142 do CTN, vislumbra-se o lançamento com feição de ato administrativo, pois deve haver a (I) competência do sujeito ativo e a do agente público responsável pelo ato, observando a (II) forma prescrita no dispositivo mencionado no qual se prevê que o crédito tributário se constitui pelo lançamento, com a (III) finalidade de concretizar a obrigação tributária decorrente do fato gerador, promover a arrecadação, sendo declaratório

---

[20] Art. 142. Compete privativamente à autoridade administrativa constituir o crédito tributário pelo lançamento, assim entendido o procedimento administrativo tendente a verificar a ocorrência do fato gerador da obrigação correspondente, determinar a matéria tributável, calcular o montante do tributo devido, identificar o sujeito passivo e, sendo caso, propor a aplicação da penalidade cabível. Parágrafo único. A atividade administrativa de lançamento é vinculada e obrigatória, sob pena de responsabilidade funcional. BRASIL. Lei nº 5.172 de 25 de outubro de 1966. Código Tributário Nacional. D.O.U de 27/10/1966, p. nº 12452. Disponível em: https://www.planalto.gov.br/ccivil_03/leis/l5172compilado.htm.

[21] Nos termos do art. 142 do CTN, lançamento é o "procedimento administrativo tendente a verificar a ocorrência do fato gerador da obrigação correspondente, determinar a matéria tributável, calcular o montante do tributo devido, identificar o sujeito passivo e, sendo caso, propor a aplicação da penalidade cabível". Portanto, a lei indiscutivelmente trata do lançamento como procedimento administrativo, isto é, como uma sequência ordenada de atos administrativos voltados à obtenção de finalidade específica. A maioria da doutrina, entretanto, tem outra visão, recusando a natureza de procedimento. O lançamento, para os tributaristas mais modernos, seria na verdade um ato administrativo unilateral privativo do Fisco. Portanto, a natureza jurídica ou taxonomia do lançamento é a ato administrativo. MAZZA, Alexandre. *Manual de direito tributário* São Paulo: Saraiva, 2015.

da ocorrência do fato gerador e constitutivo do crédito tributário, apresentando-se como o (IV) motivo do ato a constatação de ocorrência de fato típico tributário e a necessidade de recolhimentos e o (V) objeto do ato o estabelecimento da relação jurídica de maneira regular e o cumprimento da obrigação tributária, observando-se, inclusive, o devido processo legal com a possibilidade de participação do sujeito passivo.

Portanto, analisando-se o lançamento sob seu viés de ato administrativo necessário para a constituição do crédito tributário, pertinente discorrer que devem ser observados os requisitos acima enfatizados em conformidade com as peculiaridades tributárias do ato.

2.2 Atuação da Administração Tributária

O Código Tributário Nacional dispõe de parte específica na qual se disciplinam os meios de atuação da Administração Pública no exercício da atividade tributária (Livro Segundo - Normas Gerais de Direito Tributário, Título IV). O artigo 194 do referido Código estabelece que a legislação tributária regula a competência e os poderes das autoridades administrativas em tal matéria, dispondo nos demais artigos procedimentos que devem nortear sua atuação.[22]

O Estado, enquanto estrutura orgânica, deve se utilizar de aparato permanente constituído por servidores de carreira para a regular aplicação das normas relativas à arrecadação, visando ao fomento da atividade estatal (art. 37, inc. XXII da Constituição da República de 1988).[23]

No presente momento, importa tratar da Administração Tributária enquanto estrutura administrativa com competência para exercer a atividade tributária. A Administração Tributária é a forma pela qual se designam os órgãos públicos competentes para o exercício da atividade fiscal do Estado, atribuindo-se a cada ente federativo, dentro de

---

[22] Art. 194. A legislação tributária, observado o disposto nesta Lei, regulará, em caráter geral, ou especificamente em função da natureza do tributo de que se tratar, a competência e os poderes das autoridades administrativas em matéria de fiscalização da sua aplicação. BRASIL. CÓDIGO TRIBUTÁRIO NACIONAL. Lei nº 5.172 de 25 de outubro de 1966. D.O.U de 27/10/1966, pág. nº 12452. Disponível em: https://www.planalto.gov.br/ccivil_03/leis/l5172compilado.htm.

[23] XXII - as administrações tributárias da União, dos Estados, do Distrito Federal e dos Municípios, atividades essenciais ao funcionamento do Estado, exercidas por servidores de carreiras específicas, terão recursos prioritários para a realização de suas atividades e atuarão de forma integrada, inclusive com o compartilhamento de cadastros e de informações fiscais, na forma da lei ou convênio. BRASIL. CONSTITUIÇÃO DE 1988. D.O.U de 05/10/1988, pág. nº 1. Disponível em: https://www.planalto.gov.br/ccivil_03/constituicao/constituicao.htm.

sua autonomia política, a instituição e organização de sua estrutura fazendária.

É a Administração Tributária a responsável pela fiscalização e aplicação das normas tributárias referentes aos procedimentos fiscais, utilizando-se dos meios oficiais para a atuação das autoridades administrativas desde a verificação da hipótese de incidência, com a ocorrência do fato gerador, o ato de lançamento e demais respectivos, visando a regular consecução da atividade tributante, inclusive o início dos procedimentos de cobrança.

Diante da composição dos órgãos administrativos com o escopo de exercer as atribuições fiscais, viabilizam-se os atos administrativos concernentes às instâncias decisórias como se pode adotar, por exemplo, o lançamento de ofício. No lançamento de ofício a Administração Tributária deve proceder rigorosamente aos meios de divulgação em relação ao sujeito passivo para que se viabilize o direito de contraditório e ampla defesa, adotando-se formas e critérios para impugnação pelo sujeito passivo caso se verifique equívocos que venham a influenciar na relação jurídico-tributária.

Tal aspecto decorre da imposição do devido processo legal tributário, que apresenta fundamento no inciso LIV do art. 5º da Constituição da República de 1.988,[24] no qual se prevê que ninguém será privado de seus bens sem o devido processo legal, devendo-se viabilizar meios de defesa no que tange à função tributante do Estado.

Aliás, é possível concluir que a presunção de liquidez e certeza como prerrogativas dos débitos inscritos em dívida ativa decorre da efetiva ocorrência da possibilidade de participação do sujeito passivo quando da formação do crédito tributário através do lançamento ou em relação aos procedimentos posteriores, sendo que, caso se constate qualquer irregularidade no trâmite administrativo referente ao lançamento ou procedimentos posteriores que afetem o devido processo legal, faculta-se ao sujeito passivo impugnar o débito fiscal junto à própria Administração.

Dentro de tal aspecto, considerando-se que a Administração deve se pautar pela aplicação das normas de forma estrita em questões de

---

[24] LIV - ninguém será privado da liberdade ou de seus bens sem o devido processo legal; LV - aos litigantes, em processo judicial ou administrativo, e aos acusados em geral são assegurados o contraditório e ampla defesa, com os meios e recursos a ela inerentes; BRASIL. CONSTITUIÇÃO DE 1988. D.O.U de 05/10/1988, pág. nº 1. Disponível em: https://www.planalto.gov.br/ccivil_03/constituicao/constituicao.htm.

viés tributário, os entendimentos jurisprudenciais vinculantes sobre os temas dessa seara devem ser tomados como regra à autoridade administrativa quando da prática do lançamento e demais atos.[25]

Tratando-se do lançamento tributário, e suas modalidades, verifica-se que se refere à atividade administrativa típica, que se remete à relação jurídica entre Administração e sujeito passivo através de aplicação direta de normas que devem ser observadas de acordo com o sistema constitucional e conforme os princípios concernentes ao vínculo jurídico-tributário.

Todas essas explicações acerca das atividades fiscais e como são exercidas por meio de atos administrativos têm por finalidade se destacar que a legislação brasileira atribui à Administração Tributária, de forma organizada e amparada em princípios do contraditório e ampla defesa e em estrita observância ao princípio da legalidade, a constituição do crédito tributário. Qualquer irregularidade no *iter* processual administrativo de apuração dos créditos tributários tornam nulas eventuais cobranças, sendo elementar a observâncias às formalidades legais.

Assim, amparado em preceitos constitucionais de máxima efetividade dos direitos fundamentais,[26] a garantia de questionamento em relação aos procedimentos tributários em âmbito administrativo é ampla, podendo o contribuinte participar ativamente das fases da constituição do crédito tributário sendo absolutamente certo que qualquer impedimento ou obstáculo em tal sentido é razão para nulidade. Portanto, já havendo a potencial participação do contribuinte durante

---

[25] O precedente persuasivo (*persuasiveprecedent*) não tem eficácia vinculante; possui apenas força persuasiva (*persuasiveauthority*), na medida em que constitui "indício de uma solução racional e socialmente adequada". Nenhum magistrado está obrigado a segui-lo; se o segue, é por estar convencido de sua correção. DIDIER JUNIOR, Fredie; BRAGA, Paula Sarno. OLIVEIRA, Rafael de Oliveira. *Curso de Direito Processual Civil*. Vol. 2. 9. ed. Salvador: Juspodium, 2014, p. 396.
Um precedente, quando reiteradamente aplicado, se transforma em jurisprudência, que, se predominar em tribunal, pode dar ensejo à edição de um enunciado na súmula da jurisprudência deste tribunal. Assim, a súmula é o enunciado normativo (texto) da *ratiodecidendi* (norma geral) de uma jurisprudência dominante, que é a reiteração de um precedente. (*Ibidem*, p. 403).

[26] A Constituição Federal há de sempre ser interpretada, pois somente por meio da conjugação da letra do texto com as características históricas, políticas, ideológicas do momento, se encontrará o melhor sentido da norma jurídica, em confronto com a realidade sociopolítico-econômica e almejando sua plena eficácia. Canotilho enumera diversos princípios e regras interpretativas das normas constitucionais: [...] da máxima efetividade ou da eficiência: a uma norma constitucional deve ser atribuído o sentido que maior eficácia lhe conceda. MORAES, Alexandre de. ***Direito constitucional***. 26. ed. rev. e atual. São Paulo: Atlas, 2010, p. 15.

o procedimento tributário, no qual pode se utilizar do contraditório e ampla defesa, de igual forma poderá atuar no momento de eventual inscrição em dívida ativa e cobrança administrativa e extrajudicial.

O que se pretende esclarecer é que a cobrança administrativa se torna atualmente, e naturalmente, o primeiro caminho a ser adotado pela Administração Tributária para ter seus créditos satisfeitos. Isso porque não se mostra razoável admitir que toda inscrição em dívida ativa seja imediatamente encaminhada à execução fiscal sem que antes seja buscada resoluções mais céleres e menos onerosas.

Tratando-se de atos administrativos em geral, deve a Administração Tributária proceder, em conjunto com a Advocacia Pública, aos meios de cobrança dos créditos antes de se pretender ajuizar execução fiscal, sendo exatamente tal condição trazida no artigo 2º da Resolução nº 547/2024, sendo a matéria mais aprofundada à frente.

3 O papel material da Administração Tributária e sua atuação conforme definição legal

Conforme ensina o professor Alexandre Mazza, a cobrança de tributo "é a atividade materialmente administrativa exercida no âmbito do Poder Executivo".[27] Previne o aludido professor que, decorrente da atividade legislativa, os tributos, após inseridos no ordenamento jurídico, compete ao Poder Executivo a organização administrativa tributária.

Complementa o jurista mencionado que a atividade relacionada aos tributos é papel do Poder Executivo, na linguagem usada pelo Código Tributário Nacional, da Administração Tributária, consistente na realização do devido processo legal para a arrecadação de tributos.[28]

Desse modo, atividade típica da Administração, a materialização dos preceitos tributários é de responsabilidade do Estado, o qual irá gerir a receita obtida para a consecução de políticas públicas, obedecendo-se limites e obrigações instituídas constitucionalmente.

Perceptível a conclusão, portanto, que o Direito Tributário deve ater-se ao Direito Administrativo-Constitucional porquanto sua materialização ocorre por meios de atos administrativos, devendo, por sua vez, observar o arcabouço jurídico visando a plena validade e legitimidade da atuação administrativa.

---

[27] MAZZA, Alexandre. *Op. Cit.*

[28] *Ibidem*, p, 225.

Os atos administrativos aludidos, por sua vez, são praticados por agentes estatais organizados através de estrutura orgânica conforme diretrizes constitucionais e com previsão legal compondo a Administração Tributária. Tamanha é a importância para o funcionamento regular do Estado o aspecto tributário que a Constituição da República de 1988, entendendo se tratar de atividade essencial ao funcionamento do Estado, concede tratamento diferenciado em relação à estrutura administrativa e de seus servidores, nos termos do inciso XXII, artigo 37.[29]

A Administração Tributária, denominação trazida no Código Tributário Nacional, em seu capítulo IV, prevê a atuação da autoridade tributária, definindo-se como órgãos responsáveis pela consecução das determinações legais relativas à instituição e cobrança tributária. Assim, o artigo 194 do Código Tributário Nacional prevê que a legislação tributária, observando-se o disposto no próprio código, regulará em caráter geral ou especificadamente em função da natureza do tributo, a competência e os poderes das autoridades administrativas relativas à fiscalização.[30]

Ou seja, a autoridade administrativa competente pela fiscalização tributária deve observar os preceitos legais atinentes para o regular exercício de suas funções, concebendo-se, dentro do arcabouço constitucional, que, igualmente às determinações legais, deve-se observar a jurisprudência e as resoluções administrativas do CNJ, considerando os efeitos gerais e de observância obrigatória pela Administração Pública.

O aspecto que se visa dar relevo é que as decisões advindas do STF e do CNJ, considerando se tratar de enunciados, carregam as

[29] XXII - as administrações tributárias da União, dos Estados, do Distrito Federal e dos Municípios, atividades essenciais ao funcionamento do Estado, exercidas por servidores de carreiras específicas, terão recursos prioritários para a realização de suas atividades e atuarão de forma integrada, inclusive com o compartilhamento de cadastros e de informações fiscais, na forma da lei ou convênio. BRASIL. CONSTITUIÇÃO DE 1988. D.O.U de 05/10/1988, pág. nº 1. Disponível em: https://www.planalto.gov.br/ccivil_03/constituicao/constituicao.htm.

[30] Art. 194. A legislação tributária, observado o disposto nesta Lei, regulará, em caráter geral, ou especificamente em função da natureza do tributo de que se tratar, a competência e os poderes das autoridades administrativas em matéria de fiscalização da sua aplicação. BRASIL. CÓDIGO TRIBUTÁRIO NACIONAL. Lei nº 5.172 de 25 de outubro de 1966. D.O.U de 27/10/1966, pág. nº 12452. Disponível em: https://www.planalto.gov.br/ccivil_03/leis/l5172compilado.htm.

mesmas características de texto legal, com carga normativa que impõe sua aplicação em casos concretos.[31] [32]

Desse modo, a Administração Pública, no exercício de sua fiscalização tributária, não detém margem de interpretação em relação a matérias tratadas por meio de decisões vinculantes, inserindo-se estas, portanto, na definição do artigo 194 do Código Tributário Nacional,[33] estabelecendo-se parâmetro de atuação da Administração Tributária.

4 Sistematização normativa de cobranças extrajudiciais de débitos tributários: necessidade de adoção de medidas pelos Entes Federativos para manutenção da atividade fiscal e arrecadatória

Declinados os preceitos em que se apoia a atividade estatal tributária e arrecadatória, vislumbrando-se que todo o procedimento administrativo deve observar os preceitos legais e demais previsões normativas aplicáveis, pretende-se demonstrar como a Administração Fazendária pode atuar de forma eficiente em relação à cobrança extrajudicial dos débitos tributários, visando minimizar a inadimplência por meio de medidas alternativas que desconsiderem o ajuizamento de execução fiscal a partir do direcionamento adotado pelo STF no julgamento do Recurso Extraordinário nº 1.355.208, dos termos da Resolução

[31] [...] as súmulas, em sentido lato, no modo como foram institucionalizadas, têm pretensão de generalidade e abstração, como a lei. Quem acha que as súmulas vinculantes são 'demasiadamente vagas' deixa a impressão de que as dificuldades de aplicação devem ser solucionadas com "outras súmulas" ou um "comentário sobre as súmulas". STRECK, Lenio Luiz. *In:* CANOTILHO, J. J. Gomes *et al. Comentários à Constituição do Brasil*. São Paulo: Saraiva/Almedina, 2013, p. 1.431.

[32] E exatamente por isso que a súmula vinculante, como um texto que é, também fica sujeita à interpretação, a ponto de logo ser necessária, no lado silogismo jurídico, uma súmula das súmulas, e no lado dos fatos, recursos à argumentação jurídica necessária para justificar narrativas que complicam a simplicidade e segurança daquele silogismo. SIMIONI, Rafael Lazzarotto. *Curso de Hermenêutica Jurídica Contemporânea: do positivismo clássico ao póspositivismo jurídico*. Curitiba: Juruá, 2014, p. 48.

[33] Art. 194. A legislação tributária, observado o disposto nesta Lei, regulará, em caráter geral, ou especificamente em função da natureza do tributo de que se tratar, a competência e os poderes das autoridades administrativas em matéria de fiscalização da sua aplicação. Parágrafo único. A legislação a que se refere este artigo aplica-se às pessoas naturais ou jurídicas, contribuintes ou não, inclusive às que gozem de imunidade tributária ou de isenção de caráter pessoal. BRASIL. CÓDIGO TRIBUTÁRIO NACIONAL. Lei nº 5.172 de 25 de outubro de 1966. D.O.U de 27/10/1966, pág. nº 12452. Disponível em: https://www.planalto.gov.br/ccivil_03/leis/l5172compilado.htm.

nº 547/2024 do CNJ e demais diplomas legais que dão suporte para a adoção de tais medidas.

Conforme traçado nas linhas acima, a constituição do crédito tributário deve respeitar as fases previstas para o procedimento em respeito aos princípios constitucionais do devido processo legal e demais aplicáveis à relação jurídico-tributária entre sujeito ativo e passivo.

Desse modo, tendo como base indissociável de qualquer ato administrativo o princípio da legalidade, deve a Administração Fiscal se movimentar para que o sistema tributário e arrecadatório não seja prejudicado diante das tendências de desjudicialização das cobranças de débitos fiscais.

Imprescindível entender o direito como integridade para que se pavimentem caminhos possíveis de se percorrer, valendo-se dos princípios para alcançar os fins almejados pela atividade estatal.[34]

Assim, entende-se necessário se estabelecer uma sistematização normativa de ordem (i) estrutural, (ii) material e (iii) formal para que haja efetivamente uma atuação calcada no princípio da legalidade que alcance a eficiência por meio da manutenção e modernização da estrutura fiscal dos entes estatais (ordem estrutural), prevendo-se os limites de relativização e de eficiência na cobrança dos débitos (ordem material) e preconizando os meios para tanto (ordem formal).

4.1 Consequências estruturais, formais e materiais aferíveis com a edição da Resolução 547/2024 do Conselho Nacional de Justiça

O artigo 1º da Resolução 547/2024 do CNJ é enfático ao determinar que é legítima a extinção de execução fiscal de baixo valor pela ausência de interesse de agir, tendo em vista o princípio constitucional da eficiência administrativa, respeitada a competência constitucional

[34] Dessa forma, precisamente porque os princípios são normas abertas, normas que não buscam regular sua situação de aplicação, para bem interpretá-los é preciso que os tomemos na integridade do Direito, ou seja, que sempre enfoquemos um determinado princípio tendo em vista também, no mínimo, o princípio oposto, de sorte a podermos ver a relação de tensão produtiva ou de equiprimordialidade que, na verdade, guardam entre si, a matizar recíproca, decisiva e constitutivamente os significados um do outro. CARVALHO NETTO, M.; SCOTTI, Guilherme. *Os Direitos Fundamentais e a (in)certeza do direito: a produtividade das tensões principiológicas e a superação do sistema de regras*. 1. ed. Belo Horizonte: Fórum, 2012, p. 146.

de cada ente federado.[35] Ou seja, o texto normativo estabelece de forma objetiva que não há condição de ação, no caso de execução fiscal, por falta de interesse de agir o baixo valor buscado.

O parágrafo 1ª do artigo 1ª da Resolução em análise preconiza que deverão ser extintas as execuções fiscais de valor inferior a R$ 10.000,00 (dez mil reais) quando do ajuizamento, em que não haja movimentação útil há mais de um ano sem citação do executado ou, ainda que citado, não tenham sido localizados bens penhoráveis.

Assim, fixa-se valor mínimo de viabilidade processual para ingresso de execução fiscal impondo-se objetivamente critério para verificação de condição da ação no que concerne ao interesse de agir com base no princípio da eficiência.

A Resolução em destaque teve como fundamento o julgamento do Recurso Extraordinário 1.355.208 pelo STF no qual se firmou a seguinte tese:

> 1. É legítima a extinção de execução fiscal de baixo valor pela ausência de interesse de agir tendo em vista o princípio constitucional da eficiência administrativa, respeitada a competência constitucional de cada ente federado. 2. O ajuizamento da execução fiscal dependerá da prévia adoção das seguintes providências: a) tentativa de conciliação ou adoção de solução administrativa; e b) protesto do título, salvo por motivo de eficiência administrativa, comprovando-se a inadequação da medida. 3. O trâmite de ações de execução fiscal não impede os entes federados de pedirem a suspensão do processo para a adoção das medidas previstas no item 2, devendo, nesse caso, o juiz ser comunicado do prazo para as providências cabíveis[36]

Na esteira desse julgamento, o CNJ editou a Resolução nº 547/2024 direcionando a adoção pela Administração Tributária de medidas extrajudiciais como condicionantes para futuras execuções fiscais, prevendo

---

[35] Art. 1º É legítima a extinção de execução fiscal de baixo valor pela ausência de interesse de agir, tendo em vista o princípio constitucional da eficiência administrativa, respeitada a competência constitucional de cada ente federado. § 1º Deverão ser extintas as execuções fiscais de valor inferior a R$ 10.000,00 (dez mil reais) quando do ajuizamento, em que não haja movimentação útil há mais de um ano sem citação do executado ou, ainda que citado, não tenham sido localizados bens penhoráveis. CONSELHO NACIONAL DE JUSTIÇA. Resolução nº 547 de 22/02/2024. DJe/CNJ n. 30/2024, de 22 de fevereiro de 2024, p. 2-4. Disponível em: https://atos.cnj.jus.br/atos/detalhar/5455.

[36] Disponível em: https://portal.stf.jus.br/jurisprudenciaRepercussao/verAndamentoProcesso.asp?incidente=6291425&numeroProcesso=1355208&classeProcesso=RE&numeroTema=1184. Acesso em: 29 abr. 2024.

que o ajuizamento de execução fiscal dependerá de prévia tentativa de conciliação ou adoção de solução administrativa, discorrendo que a conciliação poderá ser comprovada na hipótese de haver lei geral de parcelamento, possibilidade de redução ou extinção de juros ou multas ou de transação.

Ou seja, percebe-se que o CNJ visa promover as modalidades de extinção (transação) ou exclusão de créditos tributários (anistia) mas que dependem de previsão legal de cada ente federativo. Por sua vez, visa-se provocar a Administração Tributária para que, minimamente, busque a solução da inadimplência ao instituir que dever-se-á promover a cobrança administrativa através de notificação do executado para pagamento antes do ajuizamento da execução fiscal prevendo-se que tal meio já configura adoção de solução administrativa (§2º do artigo 2º da Resolução 547/2024),[37] sendo presumidamente cumprida tais condições quando as providências se encontrarem com previsão em ato normativo do ente exequente (§3º do artigo 2º da Resolução 547/2024).[38]

Independentemente das medidas prévias mencionadas, o artigo 3º da Resolução em análise coloca o protesto do título da dívida ativa como requisito para o ajuizamento da execução fiscal, podendo ser dispensado o protesto nas hipóteses de comunicação da inscrição em dívida ativa aos órgãos que operam bancos de dados e cadastros relativos a consumidores e aos serviços de proteção ao crédito e congêneres (Lei nº 10.522/2002, art. 20-B, § 3º, I);[39] existência da averbação, inclusive por meio eletrônico, da certidão de dívida ativa nos órgãos de registro de bens e direitos sujeitos a arresto ou penhora (Lei nº 10.522/2002, art.

---

[37] §2º A notificação do executado para pagamento antes do ajuizamento da execução fiscal configura adoção de solução administrativa. CONSELHO NACIONAL DE JUSTIÇA. Resolução nº 547 de 22/02/2024. DJe/CNJ n. 30/2024, de 22 de fevereiro de 2024, p. 2-4. Disponível em: https://atos.cnj.jus.br/atos/detalhar/5455.

[38] §3º Presume-se cumprido o disposto nos §§ 1º e 2º quando a providência estiver prevista em ato normativo do ente exequente. CONSELHO NACIONAL DE JUSTIÇA. Resolução nº 547 de 22/02/2024. DJe/CNJ n. 30/2024, de 22 de fevereiro de 2024, p. 2-4. Disponível em: https://atos.cnj.jus.br/atos/detalhar/5455.

[39] §3º Não pago o débito no prazo fixado no caput deste artigo, a Fazenda Pública poderá: I - comunicar a inscrição em dívida ativa aos órgãos que operam bancos de dados e cadastros relativos a consumidores e aos serviços de proteção ao crédito e congêneres; e

20-B, § 3º, II);[40] ou indicação, no ato de ajuizamento da execução fiscal, de bens ou direitos penhoráveis de titularidade do executado.[41]

Observa-se que se adota meio de cobrança previsto na Lei Federal 10.522/2002, a qual trata dos procedimentos pertinentes aos créditos da fazenda pública federal, admitindo-se sua aplicação aos demais entes federativos.

Importante de notar que as descrições normativas previstas na Resolução nº 547 do CNJ são muito assemelhadas quando não idênticas às descrições constantes na tese referente ao Tema 1.184 do STF, conforme se vislumbra da redação do caput dos artigos 1º, 2º e 3º da Resolução.[42]

Destarte, a partir dos efeitos processuais ocasionados pelo pronunciamento do STF sobre a matéria e considerando as definições trazidas na Resolução nº 547/2024, pode-se esquematizar a seguinte sequência de atos antecedentes indispensáveis para eventual ajuizamento de execução fiscal:

1. comprovação pela Fazenda Pública de tentativa de conciliação ou adoção de solução administrativa por meio notificação administrativa, parcelamento ou alguma outra modalidade de extinção do crédito tributário como transação ou anistia, ressaltando-se que, em relação a estes institutos, devem os entes exequentes legislarem sobre a matéria nos termos dos artigos 171 e 180 do Código Tributário Nacional;

---

40 II - averbar, inclusive por meio eletrônico, a certidão de dívida ativa nos órgãos de registro de bens e direitos sujeitos a arresto ou penhora, tornando-os indisponíveis. BRASIL. Lei nº 10.522 de 19 de julho de 2002. D.O.U de 22/07/2002, pág. nº 1. Disponível em: https://www.planalto.gov.br/ccivil_03/leis/2002/l10522.htm.

41 Art. 3º O ajuizamento da execução fiscal dependerá, ainda, de prévio protesto do título, salvo por motivo de eficiência administrativa, comprovando-se a inadequação da medida. Parágrafo único. Pode ser dispensada a exigência do protesto nas seguintes hipóteses, sem prejuízo de outras, conforme análise do juiz no caso concreto: I – comunicação da inscrição em dívida ativa aos órgãos que operam bancos de dados e cadastros relativos a consumidores e aos serviços de proteção ao crédito e congêneres (Lei nº 10.522/2002, art. 20-B, § 3º, I); II – existência da averbação, inclusive por meio eletrônico, da certidão de dívida ativa nos órgãos de registro de bens e direitos sujeitos a arresto ou penhora (Lei nº 10.522/2002, art. 20-B, § 3º, II); ou III – indicação, no ato de ajuizamento da execução fiscal, de bens ou direitos penhoráveis de titularidade do executado.

42 Art. 1º É legítima a extinção de execução fiscal de baixo valor pela ausência de interesse de agir, tendo em vista o princípio constitucional da eficiência administrativa, respeitada a competência constitucional de cada ente federado. Art. 2º O ajuizamento de execução fiscal dependerá de prévia tentativa de conciliação ou adoção de solução administrativa. Art. 3º O ajuizamento da execução fiscal dependerá, ainda, de prévio protesto do título, salvo por motivo de eficiência administrativa, comprovando-se a inadequação da medida. CONSELHO NACIONAL DE JUSTIÇA. Resolução nº 547 de 22/02/2024. DJe/CNJ n. 30/2024, de 22 de fevereiro de 2024, p. 2-4. Disponível em: https://atos.cnj.jus.br/atos/detalhar/5455.

2. comprovação de prévio protesto do título de dívida ativa ou;
(I) comprovação de comunicação da inscrição em dívida ativa aos órgãos de serviços de proteção ao crédito, comprovação de averbação da certidão de dívida ativa a órgãos de registro de bens e direitos sujeitos a arresto ou penhora ou indicação, no ato de ajuizamento da execução fiscal, de bens ou direitos penhoráveis de titularidade do executado.

Expostas as condições definidas pelo CNJ para a viabilização processual do ajuizamento de execução fiscal, cabe agora esclarecer como a Administração Tributária deve se organizar estruturalmente para exercer suas atividades de forma eficiente.

Em outras palavras, com as imposições trazidas na Resolução nº 547/2024, os entes federativos não têm escolha em relação ao resgate de seus créditos tributários senão obedecer às novas diretrizes normativas já que decorrentes de efeitos vinculantes em julgado do STF e de previsão em Resolução do CNJ.

Assim, não mais por mera faculdade, mas por imposição, devem os entes federativos, sem exceção, seguirem os ditames normativos sobre o tema para a recuperação de créditos fiscais, estruturando-se organicamente para exercerem efetivamente sua competência tributária no aspecto arrecadatório, conforme preceitos do inciso XXII do artigo 37 da Constituição da República de 1988.

Isso porque o conjunto de atos administrativos que permeiam todo o procedimento tributário até a cobrança do débito inadimplido se mostra complexo e deve seguir rigorosamente os ditames legais, respeitando-se todos os aspectos ora tratados, sob pena de incorrer em nulidades.

Estudado o parâmetro normativo estabelecido pela tese adotada pelo STF no julgamento do Recurso Extraordinário 1.355.208 (Tema 1.184) e pela Resolução 547/2024 do CNJ importa analisar os demais contextos do ordenamento jurídico para a sistematização de aplicação normativa a questão ora tratada.

4.2 A responsabilidade da Administração Tributária relativa à adoção de medidas de cobranças extrajudiciais de débitos tributários

A legislação tributária pátria, conforme definido pela Constituição da República de 1988, atribui aos entes federativos autonomia para estabelecer seus critérios de aplicação dos tributos juridicamente viáveis, assim como a estruturação administrativa para a consecução da atividade fiscal visando a regular arrecadação. Nesse cenário normativo, a União, assim como o Distrito Federal e cada Estado e Município, organizam suas Administrações Tributárias da forma que melhor lhe convêm e dentro de suas capacidades para suprir as diretrizes constitucionais de fomento estatal.

Essa autonomia concedida a cada ente federativo não proporciona uniformidade em relação à organização estrutural concernente à Administração Tributária dos entes, percebendo-se tal circunstância principalmente em relação às diferenças econômicas, financeiras, sociais e culturais entre municípios brasileiros. Ou seja, são incontestes as discrepâncias entre municípios brasileiros que influenciam na capacidade de organização administrativa, havendo grandes municípios com grande potencial econômico em contraste com muitos pequenos municípios com baixo potencial arrecadatório.

Assim, enquanto alguns municípios mantêm estrutura moderna e adequada para o exercício da atividade tributária, outros não possuem estrutura mínima para tanto. Porém, inobstante as diferenças entre os entes federativos (União, Estados, Municípios e Distrito Federal), considerando a necessidade do funcionamento estatal, é possível se estabelecer modelo de estrutura administrativa básica aplicável a todos eles extraindo-se de normas vigentes no ordenamento jurídico.

Em outras palavras, perante a necessidade de observância aos movimentos impositivos de desjudicialização da cobrança de débitos tributários advindos do STF e CNJ, entende-se pertinente haver o reconhecimento de que a viabilidade desses movimentos somente será possível se aos entes federativos forem proporcionadas condições e estrutura adequada para que promova suas cobranças por meios extrajudiciais.

Visa-se pontuar que o ordenamento jurídico brasileiro dispõe de instrumentos normativos para legitimar a atuação das Administrações Tributárias, inclusive em pequenos municípios, uniformizando-se procedimentos por meio de estrutura orgânica adequada para o desenvolvimento com eficiência da atividade de cobrança fiscal extrajudicialmente.

4.3 Sistematização normativa estrutural orgânica básica dos entes federativos relativa às resoluções pela via extrajudicial dos conflitos jurídicos tributários

Nos moldes delineados na Constituição da República de 1988, inclusive com as recentes diretrizes de reforma introduzida pela Emenda Constitucional nº 132/2023, União, Estados, Distrito Federal e Municípios, são dotados de autonomia administrativa e devem se estruturar de forma eficiente para exercer suas atribuições arrecadatórias.

Em consonância com os preceitos constitucionais, a legislação ordinária viabiliza a adoção de medidas extrajudiciais para solução de conflitos. Tratando do aspecto de ordem estrutural, a Lei Federal nº 13.140/2015 autoriza a criação de câmaras de prevenção e resolução administrativa de conflitos pela União, Estados, Distrito Federal e Municípios, no âmbito de seus respectivos órgãos da Advocacia Pública, detendo competência para (i) dirimir conflitos entre órgãos e entidades da administração pública; (ii) avaliar a admissibilidade dos pedidos de resolução de conflitos, por meio de composição, no caso de controvérsia entre particular e pessoa jurídica de direito público; (iii) promover, quando couber, a celebração de termo de ajustamento de conduta.[43]

O artigo 32, §4º da Lei Federal nº 13.140/2015 prevê que se excluem das competências das câmaras aludidas as controvérsias que somente possam ser resolvidas por atos ou concessão de direitos sujeitos à autorização do Poder Legislativo.[44]

Ou seja, é ampla a esfera de matérias de competência das Câmaras em questão, incluindo-se os conflitos em matéria tributária. Tal conceito se confirma pela própria lei ao se prever no parágrafo 2º do artigo 34

[43] Art. 32. A União, os Estados, o Distrito Federal e os Municípios poderão criar câmaras de prevenção e resolução administrativa de conflitos, no âmbito dos respectivos órgãos da Advocacia Pública, onde houver, com competência para: I - dirimir conflitos entre órgãos e entidades da administração pública; II - avaliar a admissibilidade dos pedidos de resolução de conflitos, por meio de composição, no caso de controvérsia entre particular e pessoa jurídica de direito público; III - promover, quando couber, a celebração de termo de ajustamento de conduta. BRASIL. LEI Nº 13.140 DE 26 DE JUNHO DE 2015. D.O.U. DE 29/06/2015, P. 4. Disponível em: https://legislacao.presidencia.gov.br/atos/?tipo=LEI&numero=13140&ano=2015&ato=540oXW65UNVpWT602.

[44] § 4º Não se incluem na competência dos órgãos mencionados no caput deste artigo as controvérsias que somente possam ser resolvidas por atos ou concessão de direitos sujeitos a autorização do Poder Legislativo. BRASIL. LEI Nº 13.140 DE 26 DE JUNHO DE 2015. D.O.U. DE 29/06/2015, P. 4. Disponível em:https://legislacao.presidencia.gov.br/atos/?tipo=LEI&numero=13140&ano=2015&ato=540oXW65UNVpWT602

que em se tratando de matéria tributária a suspensão da prescrição deve observar os preceitos do CTN.[45]

Portanto, induvidoso que as Câmaras de Prevenção e Resolução Administrativa de Conflitos detêm competência para analisar e decidir sobre matéria tributária, detendo natureza de título extrajudicial o instrumento formal de solução do conflito.

Já no aspecto de ordem formal, a Lei Federal nº 9.784/99, que regula os processos administrativos em âmbito federal, aplicável subsidiariamente aos Estados, Distrito Federal e Municípios (Súmula 633 do Superior Tribunal de Justiça),[46] quando estes não tiverem regulamentos próprios, apresenta amplificado acesso à Administração, inclusive à Tributária, garantindo-se o devido processo legal administrativo, o que torna viável que questionamento diversos sejam apreciados na esfera extrajudicial visando solução de conflitos.

Portanto, encontra-se no ordenamento jurídico brasileiro elementos necessários para a regular prestação administrativa de solução de conflitos de forma extrajudicial se vislumbrando que a ausência de leis específicas para tanto acarretara a postura adotada pelo STF ao estabelecer critérios objetivos para ajuizamento de execuções fiscais no julgamento do Recurso Extraordinário nº1.355.208, assim como acarretara o posicionamento do CNJ ao editar a Resolução nº 547/2024 prevendo normas nesse sentido.

Deve-se conceber a ideia da adoção das medidas já estabelecidas no âmbito federal pelos demais entes federativos porquanto mais avançadas no que concerne à eficiência e dinâmica procedimental de cobrança decorrente da inadimplência de débito inscrito ou não em dívida ativa. Defende-se que, considerando o princípio da simetria entre os entes federativos e considerando que a apuração do débito fiscal segue os mesmos parâmetros normativos em âmbito federal, estadual, distrital e municipal, as normas gerais aplicáveis à União devem ser adotadas, por analogia e quando adequadas, pelos demais entes federativos.

---

[45] § 2º Em se tratando de matéria tributária, a suspensão da prescrição deverá observar o disposto na Lei nº 5.172, de 25 de outubro de 1966 - Código Tributário Nacional. BRASIL. LEI Nº 13.140 DE 26 DE JUNHO DE 2015. D.O.U. DE 29/06/2015, P. 4. Disponível em:https://legislacao.presidencia.gov.br/atos/?tipo=LEI&numero=13140&ano=2015&ato=540oXW65UNVpWT602

[46] A Lei nº 9.784/1999, especialmente no que diz respeito ao prazo decadencial para a revisão de atos administrativos no âmbito da Administração Pública federal, pode ser aplicada, de forma subsidiária, aos estados e municípios, se inexistente norma local e específica que regule a matéria. SUPERIOR TRIBUNAL DE JUSTIÇA. STJ. SÚMULA 633, PRIMEIRA SEÇÃO, julgado em 12/6/2019, DJe 17/6/2019)

Ou seja, tendo em vista que o contexto geral normativo tributário é o mesmo aplicável aos entes federativos (União, Estados, Distrito Federal e Municípios), propõe-se que os regulamentos fiscais da União, notadamente os relativos à cobrança débitos inscritos em dívida ativa ou não, por se encontrarem avançados no aspecto jurídico de eficiência, podem ser adotados por analogia e subsidiariamente pelos demais entes federativos como forma de suprir eventuais carências normativas e promover eficiência na Administração Tributária e resultados arrecadatórios através de medidas extrajudiciais.

Extrai-se tal preceito com o objetivo de se alcançar máxima eficácia aos dispositivos da Resolução nº 547/2024 do CNJ, pois sem a devida formalização de atos por parte da Administração Tributária não será possível se manter a atividade arrecadatória com a dinâmica moderna que se exige por meios extrajudiciais.

Adentrando-se no aspecto de ordem material, a Lei Federal nº 10.522/2002, que trata do Cadastro Informativo dos créditos não quitados de órgãos e entidades federais e organiza a cobrança dos créditos inscritos ou não em dívida ativa federal, impõe a necessidade de que haja a cobrança por meio de serviços que auxiliem em tal tarefa, assemelhando-se a cobranças de negócios jurídicos em geral.[47]

Observa-se que tal diretriz se apresenta prevista em lei, devendo-se entender como obrigatória sua adoção e não mera orientação já que, conjugado com as atuais correntes de desjudicialização de cobranças fiscais, é imprescindível que as Administrações Tributárias adotem meios extrajudiciais que consubstanciem em dinamismo e eficiência na atividade de arrecadação.

Interessante se notar que a própria Lei Federal nº 10.522/2022, ora destacada, prevê a utilização da Lei de Processo Administrativo Federal como aplicável em procedimentos de apuração de responsabilidade

---

[47] Art. 19-F. A Procuradoria-Geral da Fazenda Nacional poderá contratar, por meio de processo licitatório ou credenciamento, serviços de terceiros para auxiliar sua atividade de cobrança.§ 1º Os serviços referidos no caput deste artigo restringem-se à execução de atos relacionados à cobrança administrativa da dívida ativa que prescindam da utilização de informações protegidas por sigilo fiscal, tais como o contato com os devedores por via telefônica ou por meios digitais, e à administração de bens oferecidos em garantia administrativa ou judicial ou penhorados em execuções fiscais, incluídas atividades de depósito, de guarda, de transporte, de conservação e de alienação desses bens. BRASIL. Lei nº 10.522 de 19 de julho de 2002. D.O.U de 22/7/2002, pág. nº 1. Disponível em: https://www.planalto.gov.br/ccivil_03/leis/2002/l10522.htm.

de inscrição de dívida ativa da União, conforme se verifica no inciso III do artigo 20-D.[48]

No mesmo aspecto de ordem material, importante meio de se comprovar inadimplência e buscar a satisfação do crédito se dá pelo protesto, previsto na Lei Federal nº 9492/1996 que preconiza as certidões de dívida ativa como títulos sujeitos a protesto.[49]

Dessa maneira, percebe-se que os agentes públicos devem se atentarem obrigatoriamente a essas medidas como forma de, objetivamente, promoverem eficiência.

Ainda sobre o aspecto ordem material, relevante abordar o instituto da transação previsto no Código Tributário Nacional em seu artigo 171,[50] dispondo que a lei pode facultar, nas condições que estabeleça, aos sujeitos ativo e passivo da obrigação tributária celebrar transação que, mediante concessões mútuas, importe em determinação de litígio e consequente extinção de crédito tributário.

Nos termos insertos no texto legal, constata-se que a transação tributária é instituto que depende de lei de cada ente federativo. Estabelecendo que somente por meio de regulação própria de cada ente se torna viável o instituto, percebe-se um obstáculo para se alcançar a redução de execuções fiscais uma vez que sem a edição de lei pelos estados e municípios sobre o tema, inviabiliza-se a transação tributária. Ou seja, caso determinado município não legisle sobre transação tributária não poderá se valer desse instituto para promover a satisfação de seus créditos tributários.

---

[48] III - instaurar procedimento administrativo para apuração de responsabilidade por débito inscrito em dívida ativa da União, ajuizado ou não, observadas, no que couber, as disposições da Lei nº 9.784, de 29 de janeiro de 1999. BRASIL. Lei nº 10.522 de 19 de julho de 2002. D.O.U de 22/07/2002, pág. nº 1. Disponível em: https://www.planalto.gov.br/ccivil_03/leis/2002/l10522.htm.

[49] Art. 1º Protesto é o ato formal e solene pelo qual se prova a inadimplência e o descumprimento de obrigação originada em títulos e outros documentos de dívida. Parágrafo único. Incluem-se entre os títulos sujeitos a protesto as certidões de dívida ativa da União, dos Estados, do Distrito Federal, dos Municípios e das respectivas autarquias e fundações públicas. BRASIL. Lei nº 9.492 de 10 de setembro de 1997. D.O.U de 11/09/1997, pág. nº 20152. Disponível em: https://www.planalto.gov.br/ccivil_03/leis/l9492.htm#:~:text=LEI%20N%C2%BA%209.492%2C%20DE%2010,d%C3%ADvida%20e%20d%C3%A1%20outras%20provid%C3%AAncias.

[50] Art. 171. A lei pode facultar, nas condições que estabeleça, aos sujeitos ativo e passivo da obrigação tributária celebrar transação que, mediante concessões mútuas, importe em determinação de litígio e consequente extinção de crédito tributário. BRASIL. CÓDIGO TRIBUTÁRIO NACIONAL. Lei nº 5.172 de 25 de outubro de 1966. D.O.U de 27/10/1966, pág. nº 12452. Disponível em: https://www.planalto.gov.br/ccivil_03/leis/l5172compilado.htm.

Sobre a matéria, a Recomendação nº 120/2021[51] e a Resolução 547/2024 do CNJ tratam a transação tributária como meio a ser incentivado à Administração Tributária dispondo que a transação pode ser considerada como eventual condição para ajuizamento de execução fiscal.

No entanto, pertinente se destacar que a ausência de legislação geral e uniforme sobre procedimentos a serem adotados pelos entes federativos dificultam a exigência das condições impostas pelas normativas do CNJ. Isso porque, em muitos municípios brasileiros, não há acervo de regramento adequado para a promoção de solução de conflitos tributários de forma extrajudicial.

Entende-se que há a necessidade de normatização geral sobre a matéria, aplicável expressamente à União, Estados, Distrito Federal e Municípios viabilizando-se e garantindo-se aos contribuintes a utilização de meios alternativos e extrajudiciais de solução dos conflitos, como é o caso da transação tributária.

Assim, sem suprimir ou reduzir a competência para legislar sobre as respectivas matérias tributárias de cada ente federativo, os quais poderão regular de forma específica, enquanto não houver a vigência de lei própria, seria aplicada a norma de caráter geral.

O contexto apresentado diz respeito especificamente à transação tributária pela necessidade de que cada ente federativo regule por meio de legislação própria a matéria. O que não impede que demais meios de solução de conflitos sejam adotados mesmo sem expressa previsão em lei própria.

Desse modo, a Resolução nº 547/2024 do CNJ ao dispor que o ajuizamento de execução fiscal dependerá de prévia tentativa de conciliação ou adoção de solução administrativa (art.2º) estabelece novo conceito de dinamismo nessa seara, padronizando a atuação dos entes federativos no que tange às cobranças de seus créditos tributários.

---

51 Art. 1º Recomendar aos(às) magistrados(as) com atuação nas demandas que envolvem direito tributário que priorizem, sempre que possível, a solução consensual da controvérsia, estimulando a negociação, a conciliação, a mediação ou a transação tributária, extensível à seara extrajudicial, observados os princípios da Administração Pública e as condições, os critérios e os limites estabelecidos nas leis e demais atos normativos das unidades da Federação. CONSELHO NACIONAL DE JUSTIÇA. Recomendação Nº 120 de 28/10/2021. DJe/CNJ nº 284/2021, de 3 de novembro de 2021, p. 27-29. Disponível em: https://atos.cnj.jus.br/atos/detalhar/4224.

5 Conclusão

Declinadas as considerações acerca dos esperados efeitos propagados pelo teor do julgamento do Recurso Extraordinário nº 1. 355.208 pelo STF (Tema 1184) e da Resolução nº 547/2024 do CNJ, inobstante as eventuais críticas da legitimidade do Poder Judiciário em editar regras que interfiram nas condições de ação, matéria processual reservada à lei, entende-se que às Administrações Tributárias dos entes federativos, respeitadas suas diferenças estruturais naturais, devem ser proporcionada crescente autonomia para gestão e para solução dos conflitos jurídicos decorrentes de sua atividade sem a necessidade de se socorrer ao Poder Judiciário.

Sendo promovidos por agentes públicos e através de atos administrativos, os procedimentos tributários devem seguir o princípio da legalidade sendo certo que ao contribuinte deve ser ofertada a maior transparência e acesso juridicamente possíveis promovendo a lisura necessária para a atividade estatal.

Os meios disponíveis atualmente para o exercício da atividade tributária, principalmente com o avanço de tecnologias digitais, imprimem diferenciada perspectiva na atuação dos agentes públicos que devem buscar medidas efetivas que melhor alcancem o interesse público.

Assim, a sistematização normativa tributária aplicável aos entes federativos é fundamental para que gestores não percam arrecadação diante das imposições normativas de adoção de medidas próprias e extrajudiciais. Desse modo, propõe-se, a partir da nova ordem jurídica instituída pelo STF e CNJ que:

> (I) No aspecto de ordem estrutural: devem as Administrações Tributárias se valerem do ordenamento constitucional para sua estruturação orgânica nos moldes definidos no inciso XXII do artigo 37 da Constituição da República, consideradas essenciais ao funcionamento do Estado, criando-se câmaras de prevenção e resolução administrativa de conflitos, nos termos prescritos na Lei Federal nº 13.140/2015, assim como instâncias administrativas decisórias em matéria tributária;
> (II) No aspecto de ordem material: devem as Administrações Tributárias buscarem inovações legislativas que visem a solução de conflitos tributários como transação, compensação e anistia, promoverem o protesto de dívida ativa de forma eficiente e procederem à cobrança de seus créditos administrativamente, inclusive com o auxílio de órgão de proteção de crédito e serviços especializados de cobrança;

(III) No aspecto de ordem formal: devem as Administrações Tributárias, juntamente com a Advocacia Pública, promoverem procedimentos com garantias constitucionais, adotando-se na ausência de regulamento próprio a Lei Federal nº 9.784/1999.

O movimento de desjudicialização das execuções fiscais visa desafogar o Poder Judiciário e, com isso, espera-se maior eficiência e desenvoltura em suas demais áreas de atuação, entregando-se qualidade na prestação jurisdicional. Conforme dito alhures, inobstante críticas a tal postura, entende-se que a cooperação das instituições estatais, dos profissionais do direito e de demais áreas para que, de fato, o Poder Judiciário trabalhe de maneira satisfatória é medida razoável e de interesse geral, podendo-se afirmar que dentro de uma conjuntura que atualmente se percebe de certa instabilidade política, social e econômica, vislumbra-se saudável considerar que a Administração Tributária busque por meios próprios e extrajudiciais a solução dos conflitos jurídicos de sua competência.

Referências

BASTOS, Celso Ribeiro. *Curso de Direito Administrativo*. 5. ed. Saraiva, 2001.

CANOTILHO, José Joaquim Gomes. *Direito Constitucional e Teoria da Constituição*. 5. ed. Coimbra: Almedina, 2002.

CARVALHO FILHO, José dos Santos. *Manual de direito administrativo*. 25. ed. São Paulo, Atlas, 2012.

CARVALHO FILHO, José dos Santos. Manual de direito administrativo 31. ed. rev. atual. e ampl. São Paulo: Atlas, 2017.

CARVALHO NETTO, M.; SCOTTI, Guilherme. Os Direitos Fundamentais e a (in)certeza do direito: a produtividade das tensões principiológicas e a superação do sistema de regras. 1. ed. Belo Horizonte: Fórum, 2012.

DIDIER JUNIOR, Fredie; BRAGA, Paula Sarno; OLIVEIRA, Rafael de Oliveira. *Curso de Direito Processual Civil*. Vol. 2. 9. ed. Salvador: Juspodium, 2014.

HARADA, Kiyoshi. *Direito financeiro e tributário*. 26. ed. rev., atual. e ampl. São Paulo: Atlas, 2017.

MAZZA, Alexandre. *Manual de direito tributário*. São Paulo: Saraiva, 2015.

MEIRELLES, Hely Lopes. *Direito Administrativo Brasileiro*. 40. ed. São Paulo: Malheiros, 2014.

MORAES, Alexandre de. *Direito constitucional*. 26. ed. rev. e atual. São Paulo: Atlas, 2010.

PAULSEN, Leandro. Curso de direito tributário completo. 8.ed. São Paulo: Saraiva, 2017.

SEGUNDO, Hugo de Brito Machado. *Código Tributário Nacional*: anotações à Constituição, ao Código Tributário Nacional e às Leis Complementares 87/1996 e 116/2003. 6. ed. rev., atual. e ampl. São Paulo: Atlas, 2017.

SILVA, José Afonso da. *Curso de Direito Constitucional Positivo*. 33. ed. rev. e atual. – São Paulo: Malheiros Editores, 2009.

SIMIONI, Rafael Lazzarotto. *Curso de Hermenêutica Jurídica Contemporânea*: do positivismo clássico ao pós-positivismo jurídico. Curitiba: Juruá, 2014.

STRECK, Lenio Luiz. *In:* CANOTILHO, J. J. Gomes *et al*. *Comentários à Constituição do Brasil*. São Paulo: Saraiva/Almedina, 2013.

Informação bibliográfica deste texto, conforme a NBR 6023:2018 da Associação Brasileira de Normas Técnicas (ABNT):

SOUZA, Robson Soares de. A sistematização normativa das alternativas extrajudiciais de cobranças de débitos tributários: efeitos estruturais, materiais e formais decorrentes da resolução nº 547/2024 do Conselho Nacional De Justiça. *In*: BRITTO, Anne Karole Silva Fontenelle de; SILVA, Bruno Sampaio Ferreira da; NEURAUTER, Maíra; FLORIANO, Eduardo de Souza (coord.). *Direito municipal em debate*. Belo Horizonte: Fórum, 2025. p. 167-198. ISBN 978-85-450-0976-4. v. 9.

PEÇA PROCESSUAL: SUSPENSÃO DE SEGURANÇA EM MATÉRIA PENAL COM PEDIDO LIMINAR

Caio Perona

O **MUNICÍPIO Z**, ente federativo da República, inscrito no CNPJ nº X, com sede na X, vem, pela Procuradoria-Geral do Município-PGM, com fundamento no artigo 15 da Lei nº 12.016/09 e no artigo 271 do Regimento Interno do Superior Tribunal de Justiça, ajuizar o presente pedido de:

SUSPENSÃO DE SEGURANÇA EM MATÉRIA PENAL
com pedido de medida liminar

Em face da decisão proferida por Desembargador do Tribunal Regional Federal da Xª Região que deferiu a medida liminar em Mandado de Segurança Criminal nº X para determinar a suspensão de decisão, proferida no bojo da Cautelar Criminal nº X, que determinou a suspensão imediata das atividades da mineradora X em virtude de sérios indícios do cometimento de crimes, sendo notório o prejuízo irreversível à coletividade com a continuidade da extração mineral em área da X tombada pelo Município Z.

1 Síntese fática

No Mandado de Segurança impetrado pela MINERAÇÃO X, em face do ato judicial proferido nos autos da cautelar criminal X, alegou-se que a decisão judicial seria manifestamente ilegal.

Aduziu a sociedade empresária que desenvolve as suas atividades fora da área tombada da X, inteiramente no território do município de Y e que opera sob a supervisão de todos os órgãos governamentais competentes. Alegou, ainda, que os fundamentos aduzidos pela autoridade coatora se baseiam em premissas falsas, o que a torna abusiva, ilegal e teratológica.

Em decisão monocrática, o Desembargador do Tribunal Regional Federal da Xª Região deferiu o pedido liminar para afastar a determinação de suspensão das atividades da mineradora:

> [...] a discussão acerca da legalidade das operações da impetrante deve ser travada perante os órgãos competentes para fiscalizar e autorizar a atividade por ela desenvolvida, não cabendo, em princípio, à área criminal, de maneira antecipada, determinar se as atividades podem ou não ser desenvolvidas, sob pena de violação da independência das esferas administrativa e penal.
> Saliento que eventual discussão entre os Municípios de Y e Z sobre a real localização da atividade da empresa deve ser travada perante a autoridade competente para dirimir tal controvérsia, que por certo não é, em princípio, em processo penal, muito menos na estreita via do *mandamus*.
> Por fim, observo que o fato de já ter sido oferecida denúncia contra a impetrante não pode, por si só, justificar a medida extrema da suspensão de suas atividades, porquanto é cediço que, para oferecimento da peça acusatória, somente são necessários indícios de autoria e materialidade, os quais ainda deverão ser devidamente comprovados durante a instrução processual.
> Destarte, <u>não verifico, pelos elementos até aqui apurados, fundamentos relevantes o bastante para se manterem suspensas as atividades da impetrante via esfera penal, por tratar-se de medida extrema que inviabiliza a própria atividade empresarial, com consequências graves para a pessoa jurídica, seus empregados e todos que deles dependem para sua subsistência</u>.
> Assim, demonstrados, de forma extreme de dúvidas, os pressupostos da medida cautelar liminarmente pleiteada, quais sejam, a relevância dos fundamentos invocados e o perigo da ineficácia da medida se não deferida, deve a mesma ser concedida.
> Ante o exposto, **DEFIRO** o pedido de liminar para afastar a determinação de suspensão das atividades da Impetrante X (atual denominação da X), proferida nos autos da cautelar criminal X até a apreciação deste pelo competente órgão colegiado do Tribunal.

Assim, diante do iminente risco de lesão às ordens pública e social decorrente do retorno da atividade minerária ilegal em área tombada da X, o Município Z formula o presente pedido de suspensão da segurança.

É a síntese do essencial.

2 Cabimento e competência

A possibilidade de cabimento de Suspensão de Segurança está expressamente prevista no artigo 15 da Lei nº 12.016/09. *In verbis*:

> Art. 15. Quando, a requerimento de pessoa jurídica de direito público interessada ou do Ministério Público e para evitar grave lesão à ordem, à saúde, à segurança e à economia públicas, o presidente do tribunal ao qual couber o conhecimento do respectivo recurso suspender, em decisão fundamentada, a execução da liminar e da sentença, dessa decisão caberá agravo, sem efeito suspensivo, no prazo de 5 (cinco) dias, que será levado a julgamento na sessão seguinte à sua interposição.

Na esteira da previsão de contracautela em Mandado de Segurança, o art. 271 do Regimento Interno do Supremo Tribunal Federal prevê:

> Art. 271. Poderá o Presidente do Tribunal, a requerimento da pessoa jurídica de direito público interessada ou do Procurador-Geral da República, e para evitar grave lesão à ordem, à saúde, à segurança e à economia públicas, suspender, em despacho fundamentado, a execução de liminar ou de decisão concessiva de mandado de segurança, proferida, em única ou última instância, pelos Tribunais Regionais Federais ou pelos Tribunais dos Estados e do Distrito Federal.

A presente suspensão limita-se a demonstrar a caracterização de risco de lesão aos valores públicos tutelados pela medida, não se revestindo o pedido de sucedâneo recursal.

O provimento judicial o qual se pretende suspender tem o condão de provocar grave lesão à ordem pública, na acepção de ordem jurídico-constitucional, decorrente da causação de irreparáveis danos ao meio ambiente e ao patrimônio cultural juridicamente protegido. O exercício da atividade minerária na X é responsável pela completa descaracterização de uma área tombada e que, portanto, deveria ser preservada.

Pontua-se, a esse respeito, que o reconhecimento da configuração da grave lesão à ordem pública decorrente de decisão cujos efeitos causam danos ao meio ambiente (cf. STF. STA 171 AgR). Portanto, é indubitável que a autorização para o retorno da exploração minerária em área tombada provoca efeitos ambientais deletérios, os quais vão ampliar a degradação, já intensa, das características naturais da X. Nas imagens abaixo, é evidente o impacto da atividade mineradora autorizada pela liminar que se busca ver suspensa:

A controvérsia instaurada no mandado de segurança subjacente envolve questão de índole infraconstitucional, uma vez que o núcleo de direito material debatido gravita em torno do art. 55 da Lei nº 9605/98 e do art. 319, inc. VI, do Código de Processo Penal, a atrair a competência da Presidência desta Corte Superior para a apreciação da postulação ora deduzida.

Por fim, destaca-se que a Corte Especial deste Superior Tribunal de Justiça, em recentíssima decisão proferida no âmbito do **AgRg na SS 3361/DF**, em 15 de março de 2023, firmou entendimento pelo **cabimento de suspensão de segurança no processo penal** de maneira excepcional.

Na hipótese, a Corte Especial entendeu cabível o pleito suspensivo formulado pelo MPF contra decisão monocrática proferida pelo TRF-1, que, em sede de Mandado de Segurança Criminal impetrado por uma sociedade empresária, concedeu liminar para suspender os efeitos de decisão cautelar que havia determinado ordem de bloqueio de bens de uma sociedade empresária.

Na oportunidade, este Superior Tribunal de Justiça, diante da verificação de lesão à ordem e à economia públicas, entendeu pela possibilidade de perda de bens da empresa, tendo sido verificado perigo da demora inverso.

O presente caso é bastante similar, diferenciando-se apenas quanto à espécie de medida cautelar suspensa em sede de Mandado de Segurança, de modo que se impõe o reconhecimento do cabimento do pedido suspensivo, uma vez presentes os requisitos de grave ofensa à ordem pública, consoante será detalhado no curso desta petição, bem como o *periculum in mora* inverso.

Assim, demonstrado que o presente incidente suspensivo preenche os requisitos para o seu conhecimento e que o Superior Tribunal de Justiça é competente para a sua apreciação, passa-se aos fundamentos jurídicos do pedido.

3 Fundamentos

3.1 Histórico do empreendimento minerário X

Inicialmente, com a finalidade de explicitar o contexto que fundamenta a presença dos pressupostos legais do pedido suspensivo, sobretudo no que diz respeito à grave lesão e à urgência, é imprescindível informar o histórico do empreendimento minerário situado no interior da poligonal de tombamento da Serra do Curral.

Por meio da Portaria nº 257/SGM/MME, de 4 de novembro de 2021, assinada pelo então **Secretário de Geologia, Mineração e Transformação Mineral do Ministério de Minas e Energia**, outorgou-se à **MINERAÇÃO X** concessão para lavrar Minério de Ferro, nos Municípios Z e Y, Estado X, numa área de 34,44 hectares na poligonal do Direito Minerário 832.156/2005, processo SEI nº 48403.832156/2005-69 (doc. 01).

O empreendimento, denominado Mina X, trata-se de uma cava de mineração a céu aberto situada no limite dos municípios de Y e Z, sendo sua maior porção situada em área do território da capital Z e no perímetro do tombamento municipal da X.

Em 3/2/2020 foi emitida eletronicamente uma Certidão de Dispensa de Licenciamento Ambiental em nome da sociedade empresária X, considerando que a atividade da referida empresa não era passível de licenciamento ambiental pelo Estado X, quais sejam: obras de terraplanagem previsto em projeto, garagem de máquinas e caminhões, escritório e oficina de máquinas e caminhões.

Valendo-se apenas da referida certidão, **antes de qualquer licenciamento ou mesmo qualquer estudo de impacto ambiental, foi requerida e emitida pela ANM a Guia de Utilização nº 1/2020 – Gerência Regional/XX), publicada em 26/3/2020, que autorizou a Mineração X a extrair a minério de ferro <u>em área tombado da X</u> na quantidade máxima de 300.000 t/ano.**

Ato contínuo, em 29/6/2020, por meio do DESPACHO SEI Nº 679/GER – XX/2020 (doc. 02 – p. 69), sob o argumento de que a *"certidão de dispensa de licenciamento ambiental"* não se presta a sustentar qualquer lavra, beneficiamento, tampouco alienação de bem mineral, além de emitida em nome de sociedade estranha ao processo ANM 832.156/2005, foi declarada nula a referida Guia de Utilização nº 1/2020 – Gerência Regional/XX.

Contudo, o período compreendido entre 26/3/2020 e 29/6/2020 foi suficiente para que a mineradora implementasse a cava de mineração a céu aberto (e não a mera terraplenagem, como inicialmente alegado) em área tombada da Serra X, como revelam as imagens de satélite extraídas do Google Earth.

Em imagem de satélite datada de 11/1/2020, verifica-se que a área ainda ostentava suas características naturais, sem qualquer evidência de atividade minerária. Na imagem seguinte disponibilizada, datada de 12/5/2020, já é possível verificar um grande impacto causado pela atividade minerária, além da presença de caminhões e máquinas.

Imagem datada de 11/1/2020. Linha branca indica o limite municipal, Z à esquerda e Y à direita.

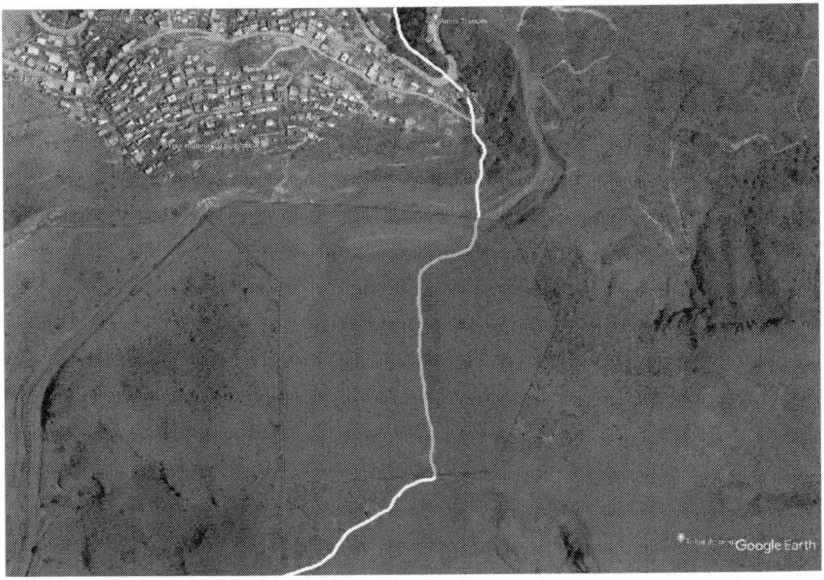

Imagem de satélite datada de 12/5/2020, com área consideravelmente descaracterizada.

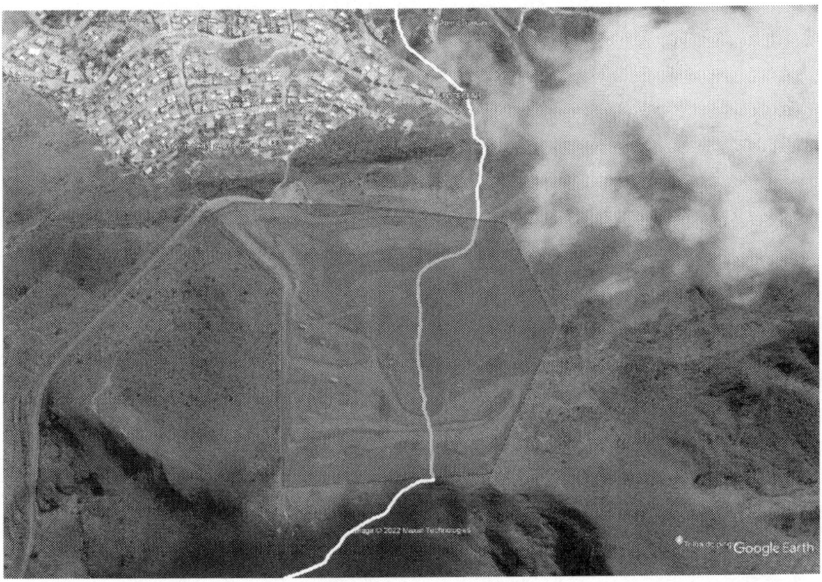

É de se destacar que à época nem sequer havia sido protocolado o Processo de Licenciamento Ambiental para exploração da área junto ao órgão estadual competente. Ou seja, a mineradora dissimulou uma terraplanagem e se valeu de uma certidão de dispensa de licenciamento ambiental para conseguir a Guia de Utilização junto à ANM e, assim, **iniciar a exploração minerária na área tombada da Serra X.**

A gravidade da situação salta aos olhos. Não por outro motivo, por meio do DESPACHO SEI nº 43/ARCO/2020 (doc. 02 – p. 63-65), foi determinada a instauração de processo administrativo para a apuração do ocorrido quando da concessão da Guia de Utilização. Em relatório de fiscalização, foi informado que, no período de abril a junho de 2020, foram extraídas 283.228 toneladas de minério do local, quantidade bem próxima do limite de 300.000 toneladas autorizadas pela Guia de Utilização ilegalmente expedida.

Ademais, pontua-se que, na supramencionada certidão de dispensa de licenciamento, consta que o documento não exime da obrigação de obter as demais autorizações relativas à intervenção em unidades de conservação, o que deveria ter sido feito por se tratar de área tombada pelo Município Z, que nem sequer foi consultado, seja para a realização da suposta terraplanagem, seja para instalação de cava de mineração a céu aberto. Veja-se:

XXX

Apenas em 29 de março de 2021, um ano após o início das operações na Mina XX, foi protocolado o processo de Licenciamento Ambiental Corretivo nº 1650/2021. Não obstante, mesmo antes da concessão das licenças ambientais, a Secretaria de Estado de Meio Ambiente e Desenvolvimento Sustentável – SEMAD firmou com a mineradora um Termo de Ajustamento de Conduta (doc. 06) **flagrantemente inconstitucional, que pretendia conferir uma regularidade *pro forma* ao empreendimento, àquela altura, em funcionamento sem qualquer estudo de impacto ambiental**, e sem anuência do Município Z, **onde situada a maior parcela da Área Diretamente Afetada pelo empreendimento e o único capaz deliberar sobre a exploração de bem por ele tombado.**

Na cláusula primeira do TAC consta como objeto do instrumento: *"o estabelecimento das condições e prazos para adequação do empreendimento XX à legislação ambiental, incluídas a devida regularização ambiental, a execução do controle de suas fontes de poluição e a reparação dos danos eventualmente causados"*.

Em PARECER nº 00354/2021/CONJUR-MME/CGU/AGU, **a Consultoria Jurídica Junto ao Ministério de Minas e Energia** manifestou-se no seguinte sentido (doc. 02 – p. 634 a 643):

> **Ante o exposto**, abstraindo da discricionariedade administrativa existente para edição do ato e das questões de ordem técnica, financeira ou orçamentária, **entende-se que o termo de ajustamento de conduta NÃO é instrumento substitutivo à Licença Ambiental, NÃO estando, portanto, o presente processo minerário devidamente instruído para a concessão de lavra requerida pela MINERAÇÃO X.**

Não obstante, após manifestação da Mineração X, a Consultoria Jurídica, em NOTA nº 00610/2021/CONJUR-MME/CGU/AGU (doc. 02 – p. 755 a 761), se manifestou no seguinte sentido:

> 22. Desse modo, o órgão ambiental competente aferiu e atestou a regularidade ambiental do empreendimento, segundo seus critérios técnicos e arcabouço normativo, o que supre a apresentação da licença ambiental propriamente dita, a qual será obtida, pela empresa, em momento oportuno, conforme o procedimento administrativo no âmbito do qual foi celebrado o TAC, instrumento que delineia os compromissos e obrigações assumidos pela empresa em vista da regularização do licenciamento ambiental.
> 23. Deve-se, portanto, prestigiar não só a legitimidade do ato emitido pela autoridade ambiental, como também emprestar deferência à discricionariedade técnica do órgão, de sorte que entendo atendido o requisito legal (regularidade ambiental) que habilita o empreendimento a receber a concessão de lavra, a cargo da autoridade competente desta pasta ministerial.

Ato contínuo, **foi publicada a PORTARIA Nº 257/SGM/MME, DE 4 DE NOVEMBRO DE 2021 (doc. 01), que outorga à Mineração X, concessão para lavrar Minério de Ferro, nos Municípios Z e Y, numa área de 34,44 hectares.**

Ressalta-se, por fim, que, em maio de 2020, considerando o resultado de fiscalização da Polícia Militar Ambiental ao abordar motoristas de caminhão na região do Município Z na divisa com o Município Y fazendo o carregamento de minério de ferro e terra, de forma aparentemente ilegal, foi instaurado o inquérito policial nº 2020.0051625-SR/PF/XX, o qual tem como objetivo apurar possível prática criminosa de usurpação de bens da União e extração de recursos minerais sem a competente autorização, permissão, concessão ou licença.

O referido inquérito culminou no indiciamento da Mineração XX, além de outras empresas envolvidas na atividade de mineração ilegal na Serra do Curral, dos seus sócios, responsáveis e administradores; e, ainda, do servidor da Agência Nacional de Mineração responsável pela assinatura da Guia de Utilização nº 1/2020 (doc. 07). Veja-se, abaixo, trecho do relatório de indiciamento disponibilizado pela imprensa em 23 de novembro de 2022:[1]

XXX

Recentemente, por fim, foi noticiada o recebimento denúncia, formulada pelo Ministério Público Federal contra mineradoras e 12 pessoas físicas, pela prática dos crimes de usurpação de bem da União e lavra sem autorização, cometido no exercício ilegal da atividade minerária na Serra do Curral.[2]

3.2 Localização da mina X

Os técnicos do Município Z realizaram o georreferenciamento da Mina XX, indicando sua localização relativamente ao limite municipal de Y e Z, bem como à poligonal de tombamento municipal. Veja-se o documento dotado de presunção de veracidade e legitimidade como todo ato administrativo (anexo em melhor qualidade em doc. 04):

XXX (suprimido por revelar o nome do município)

Levantamento topográfico elaborado por técnicos do Município Z, que comprova que grande parte da Mina X está situada no território deste município e no perímetro de tombamento municipal da Serra X.

Além disso, o art. 2º da Lei Estadual nº 37/1995 e o art. 2º, inc. XI, do Decreto Estadual nº 47.214/2017 são muito claros ao **estabelecer a competência da Fundação XX para interpretar e demarcar linhas intermunicipais**, bem como realizar reconhecimentos, levantamentos e demarcações de linhas de divisas. Nesse sentido, para a demarcação do limite do Município Z, representada no levantamento topográfico juntado aos autos e acima copiado, foi utilizada a base oficial disponível na Infraestrutura de Dados Espaciais do Sistema Estadual de Meio

[1] Fonte de notícia suprimida por revelar dados identificador do Município.

[2] Fonte de notícia suprimida por revelar dados identificador do Município.

Ambiente e Recursos Hídricos (IDE-Sisema), cujo acesso pode ser feito por meio do *link* do sistema estadual.

Aplicando-se a camada referente aos limites municipais, confirma-se o levantamento topográfico elaborado pelos técnicos do Z e se atesta que a maior parte da Mina X, em verdade, localizada em área tombada pelo Município de Z, de forma coincidente ao levantamento topográfico realizado pelos técnicos do Z.

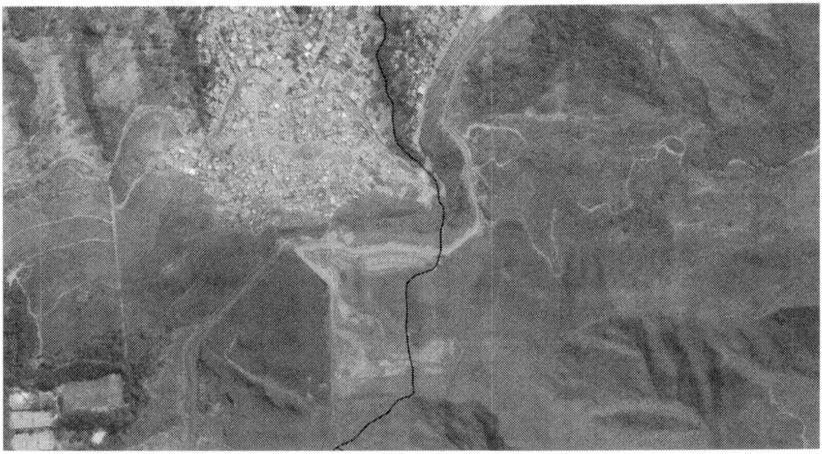

À esquerda da linha preta representativa do limite municipal está localizado o Município Z; à direita, o Município Y.

Ademais, no sistema mantido pelo Estado X, é possível fazer *download* dos metadados dos limites municipais do Estado, documento que atesta que **os limites disponibilizados são elaborados exatamente pela Fundação X**. Veja-se:

XXX (suprimido)

Ainda, no curso de todo o processo administrativo relativo ao Direito Minerário 832.156/2005, na ANM (SEI 8403.832156/2005-69), consta o Z como área de extração. O mesmo é indicado pelo ato impugnado na presente Ação Civil Pública, a Portaria 257/SGM/MME. Veja-se o art. 1º:

(suprimido)

Por fim, para dirimir de vez a questão, o Município Z ciente da competência conferida pelo art. 2°, inc. X, do Decreto Estadual nº 47.877/2020, solicitou à Fundação João Pinheiro a certidão de localização da área de lavra no território de cada um dos municípios abrangidos pelas coordenadas geodésicas da outorga concedida à Mineração X pela Portaria nº 257/SGM/MME, do Ministério de Minas e Energia.

Como resultado, foi expedida a certidão DOC.DIREI.Of.0528/2022 (doc. 05), por meio da qual é informado que **72,25 % da área total da área de lavra se encontra no Município Z e 27,75% no Município Y**, conforme mapa da Área do Processo Minerário nº 832.156/2005.

(suprimido)

Nesse sentido, é seguro que o levantamento topográfico **elaborado pelo Município Z e a demarcação realizada pela Fundação X** representam com precisão a localização da Mina X, indiscutivelmente situada em território de Z e, mais especificamente, no perímetro de tombamento municipal da Serra X.

3.3 Instalação de empreendimento minerário em área tombada sem prévio licenciamento ambiental. Evidentes indícios da prática delitiva

A Política Nacional do Meio Ambiente (Lei nº 6.938/1981) tem como um de seus objetivos a compatibilização do desenvolvimento econômico-social com a preservação da qualidade do meio ambiente e do equilíbrio ecológico. Essa compatibilização seria realizada justamente por meio do procedimento de licenciamento ambiental, previsto como instrumento da Política Nacional de Meio Ambiente (art. 9º, inc. IV), direcionado à racionalização do uso dos recursos naturais e de atividades efetiva ou potencialmente poluidoras (art. 4º da Lei nº 6.938/1981).

O licenciamento ambiental, portanto, é o procedimento realizado pelo órgão ambiental competente, indispensável para caracterizar a intervenção ambiental e, ao final, conceder a autorização para o desenvolvimento das atividades econômicas, fazendo o papel de um mecanismo de caráter preventivo para a tutela do direito difuso de proteção ao meio ambiente, assegurado no plano constitucional.

A Lei Complementar nº 140/2011 considera como licenciamento ambiental *"o procedimento administrativo destinado a licenciar atividades ou empreendimentos utilizadores de recursos ambientais, efetiva ou potencialmente poluidores ou capazes, sob qualquer forma, de causar degradação ambiental"*.

A Resolução CONAMA nº 237/1997, por sua vez, define o licenciamento ambiental como:

procedimento administrativo pelo qual o órgão ambiental competente licencia a localização, instalação, ampliação e a operação de empreendimentos e atividades utilizadoras de recursos ambientais, consideradas efetiva ou potencialmente poluidoras ou daquelas que, sob qualquer forma, **possam causar degradação ambiental, considerando as disposições legais e regulamentares e as normas técnicas aplicáveis ao caso**.

Nesse sentido, a Política Nacional do Meio Ambiente, em seu art. 10, estabelece o prévio licenciamento ambiental de forma cogente, *in verbis*: *"a construção, instalação, ampliação e funcionamento de estabelecimentos e atividades utilizadores de recursos ambientais, efetiva ou potencialmente poluidores ou capazes, sob qualquer forma, de causar degradação ambiental dependerão de prévio licenciamento ambiental"*.

A legislação ambiental, destaca-se, confere especial atenção à atividade minerária, uma vez que, nas palavras de Milaré,[3] "[..] *não há como extrair um mineral sem danos. Constitui tal atividade, sem dúvida, uma agressão sumária à natureza adormecida, representando um dos **ramos industriais mais perversos do ponto de vista ambiental***".

Essa lesividade da atividade minerária ao meio ambiente já está reconhecida pela própria Constituição da República no §2º do art. 225, ao condicionar a exploração dos recursos minerais à obrigação de recuperação do meio ambiente degradado. A própria norma constitucional, portanto, parte do pressuposto da grande nocividade dessa atividade ao meio ambiente, o que torna ainda mais evidente a necessidade de cautela no licenciamento que tenha por objeto autorizar a mineração.

Nessa linha, a Resolução CONAMA 237, em seu ANEXO I, elenca a atividade de extração e tratamento de minerais como primeira da lista que define atividades ou empreendimentos sujeitos ao licenciamento ambiental, senão vejamos:

1. Extração e tratamento de minerais
- **pesquisa mineral com guia de utilização**
- **lavra a céu aberto, inclusive de aluvião, com ou sem beneficiamento**
- lavra subterrânea com ou sem beneficiamento
- lavra garimpeira
- perfuração de poços e produção de petróleo e gás natural

---

3 MILARÉ, Édis. *Direito do ambiente:* a gestão ambiental em foco: doutrina, jurisprudência, glossário. 6. ed. rev., atual. e ampl. São Paulo: Editora Revista dos Tribunais, 2009. p. 178.

Com efeito, o art. 16 da Lei nº 7.805/89, que criou o regime de permissão de lavra garimpeira, estabelece o prévio licenciamento ambiental como requisito para concessão de lavra. *In verbis*: *"A concessão de lavras depende de prévio licenciamento do órgão ambiental competente"*.

Em suma, percebe-se, portanto, que **o prévio licenciamento ambiental é requisito indispensável e insubstituível** para concessão de exploração de lavra. Isto é, inexiste na legislação ambiental brasileira qualquer ajuste ou exceção válida que justifique o exercício de atividade de mineração sem o respectivo licenciamento ambiental.

Não obstante, **a autorização de lavra foi concedida à mineradora sem que sequer fosse apresentado o Estudo de Impacto Ambiental** elaborado a fim de instruir o Processo de Licenciamento Ambiental protocolado apenas após o requerimento da concessão de lavra e do efetivo início da atividade minerária, frisa-se, em área tombada da Serra do Curral.

Como devidamente apontado pela decisão proferida em sede de Cautela Criminal, a partir da narrativa dos fatos, vislumbram-se uma série de irregularidades ocorridas em todo o processo de concessão de lavra pela ANM e os sucessivos TACs firmados entre a Secretaria de Estado e Desenvolvimento Sustentável – SEMAD e mineradora, com indícios veementes de desvio de finalidade e crimes, conforme passamos a transcrever:

(suprimido por poder revelar o Município)

Em resumo, portanto, a atividade minerária reestabelecida pela decisão liminar proferida em sede de Mandado de Segurança Criminal, além de ocorrer **em área da Serra X tombada pelo Município Z, não possui qualquer licença ambiental, mantida tão somente com base em um Termo de Ajustamento de Conduta, o que evidencia o grave dano à ordem pública.**

Não é demais explicar que a natureza e robustez jurídica de um licenciamento ambiental não se confunde com a de um Termo de Ajustamento de Conduta. Enquanto o licenciamento ambiental é um procedimento administrativo extenso e dotado de diversas fases e atos, fundado nos relevantes Princípios da Prevenção e Precaução, o Termo de Ajustamento de Conduta pressupõe uma infração anterior, uma ilicitude reconhecida e objeto de solução extrajudicial, sem a presença de todos os estudos necessários e característicos de um licenciamento ambiental, ostentando características de maior precariedade.

O caso dos autos, ademais, reforça o caráter infungível e a indispensabilidade do prévio licenciamento ambiental para a outorga de lavra. Isso, porque **o histórico do empreendimento evidencia que a fragilidade do TAC, diferentemente do que ocorreria com o licenciamento ambiental, não apenas colocou em risco, como provocou grave mutilação de um bem cuja importância cultural, paisagística e histórica é reconhecida e protegida pelo Município Z.**

O TAC assinado entre a Mineração X e o Estado X, utilizado para embasar a outorga de concessão de lavra à mineradora, excluiu completamente o Município Z do processo decisório, impedindo que o ente federativo se manifestasse sobre o exercício da atividade minerária em área protegida pelo tombamento municipal.

Por outro lado, no caso do processo de licenciamento ambiental, exige-se a anuência do Município para declarar a regularidade do local e do tipo de empreendimento em relação à legislação municipal de uso e ocupação do solo,[4] o que impediria a concessão da licença da

4 Nesse sentido estabelecem o art. 10, §1º, da Resolução Conama nº 237/1997 e o art. 18 do Decreto Estadual 47.383/2018:
Art. 10, § 1º, da Resolução Conama 237/1997: **No procedimento de licenciamento ambiental deverá constar, obrigatoriamente, a certidão da Prefeitura Municipal, declarando que o local e o tipo de empreendimento ou atividade estão em conformidade com a legislação**

atividade, uma vez que situada na poligonal do tombamento municipal, sendo, portanto, vedada a sua destruição e mutilação (art. 17 do Decreto-Lei nº 25/1937).

A continuidade das operações da mineradora tem como fator impeditivo não apenas a óbvia e grosseira distinção entre a natureza dos dois instrumentos como também a reiterada prática delitiva revelada pelo histórico do empreendimento, viciado desde seus primeiros dias.

Nesse sentido, a narrativa dos fatos permite concluir pela plausibilidade e verossimilhança da prática dos crimes tipificados no art. 2º da Lei nº 8.176/91 e no art. 55 da Lei nº 9.605/98 pela mineradora ré e seus responsáveis, sem considerar os indícios de prática criminosa também na concessão de lavra pela ANM:

> **Lei 8.176/91**
> Art. 2° Constitui crime contra o patrimônio, na modalidade de usurpacão, produzir bens ou explorar matéria-prima pertencentes à União, sem autorização legal ou em desacordo com as obrigações impostas pelo título autorizativo.
> Pena: detenção, de um a cinco anos e multa.
> § 1° Incorre na mesma pena aquele que, sem autorização legal, adquirir, transportar, industrializar, tiver consigo, consumir ou comercializar produtos ou matéria-prima, obtidos na forma prevista no caput deste artigo.
> § 2° No crime definido neste artigo, a pena de multa será fixada entre dez e trezentos e sessenta dias-multa, conforme seja necessário e suficiente para a reprovação e a prevenção do crime.
> § 3° O dia-multa será fixado pelo juiz em valor não inferior a quatorze nem superior a duzentos Bônus do Tesouro Nacional (BTN).
> **Lei 9.605/98**
> Art. 55. Executar pesquisa, lavra ou extração de recursos minerais sem a competente autorização, permissão, concessão ou licença, ou em desacordo com a obtida:
> Pena - detenção, de seis meses a um ano, e multa.

---

aplicável ao uso e ocupação do solo e, quando for o caso, a autorização para supressão de vegetação e a outorga para o uso da água, emitidas pelos órgãos competentes.
Art. 18 do Decreto Estadual 47.383/2018: **O processo de licenciamento ambiental deverá ser obrigatoriamente instruído com a certidão emitida pelos municípios abrangidos pela Área Diretamente Afetada - ADA - do empreendimento, cujo teor versará sobre a conformidade do local de implantação e operação da atividade com a legislação municipal aplicável ao uso e ocupação do solo.**

> Parágrafo único. Nas mesmas penas incorre quem deixa de recuperar a área pesquisada ou explorada, nos termos da autorização, permissão, licença, concessão ou determinação do órgão competente.

Assim, **uma vez que a atividade econômica tem sido utilizada para a prática das infrações penais acima referidas, sobressai-se completamente legítima a aplicação da cautelar prevista no art. 319, VI, do Código de Processo Penal, ofendendo a ordem pública, de forma grave, a decisão impugnada nesta suspensão de segurança que, em medida liminar, suspendeu a cautelar penal.**

A imprescindibilidade da interrupção da mutilação criminosa de um bem cultural tombado enseja o deferimento da suspensão da execução da medida liminar, a fim de que não sejam agravados os danos à ordem pública consubstanciada na grave e irreparável lesão aos patrimônios natural e cultural, bem como não seja perpetuada a prática delitiva.

Por outro lado, eventual dano econômico ocasionado pela paralisação das atividades, este sim não enfrenta o risco da irreversibilidade. Em outras palavras, os prejuízos econômicos decorrentes da suspensão das atividades poderiam ser facilmente revertidos com a eventual concessão da segurança em um juízo definitivo, de cognição ordinária. Por outro lado, a mutilação de um bem cultural tombado causada pela retirada de milhares de toneladas de minério, evidentemente, jamais poderá ser recomposta, sendo evidente se tratar de hipótese de perigo de dano inverso.

A respeito do tema, o Supremo Tribunal Federal tem jurisprudência firmada no sentido de reconhecer que a preservação do meio ambiente goza de regime especial de proteção, dado o seu caráter metaindividual. Nesse sentido decidiu o Plenário na ADI 3.540-MC:

> Todos têm direito ao meio ambiente ecologicamente equilibrado. Trata-se de um típico direito de terceira geração (ou de novíssima dimensão), que assiste a todo o gênero humano (RTJ 158/205-206). Incumbe, ao Estado e à própria coletividade, a especial obrigação de defender e preservar, em benefício das presentes e futuras gerações, esse direito de titularidade coletiva e de caráter transindividual (RTJ 164/158-161). O adimplemento desse encargo, que é irrenunciável, representa a garantia de que não se instaurarão, no seio da coletividade, os graves conflitos intergeneracionais marcados pelo desrespeito ao dever de solidariedade, que a todos se impõe, na proteção desse bem essencial de uso comum das pessoas em geral. Doutrina. **A ATIVIDADE ECONÔMICA NÃO**

> **PODE SER EXERCIDA EM DESARMONIA COM OS PRINCÍPIOS DESTINADOS A TORNAR EFETIVA A PROTEÇÃO AO MEIO AMBIENTE** - A incolumidade do meio ambiente não pode ser comprometida por interesses empresariais nem ficar dependente de motivações de índole meramente econômica, ainda mais se se tiver presente que a atividade econômica, considerada a disciplina constitucional que a rege, está subordinada, dentre outros princípios gerais, àquele que privilegia a "defesa do meio ambiente" (CF, art. 170, VI), que traduz conceito amplo e abrangente das noções de meio ambiente natural, de meio ambiente cultural, de meio ambiente artificial (espaço urbano) e de meio ambiente laboral. Doutrina. Os instrumentos jurídicos de caráter legal e de natureza constitucional objetivam viabilizar a tutela efetiva do meio ambiente, para que não se alterem as propriedades e os atributos que lhe são inerentes, o que provocaria inaceitável comprometimento da saúde, segurança, cultura, trabalho e bem-estar da população, além de causar graves danos ecológicos ao patrimônio ambiental, considerado este em seu aspecto físico ou natural. (ADI 3540 MC, Rel. Min. CELSO DE MELLO, DJ de 03.02.2006).

Evidentemente, portanto, tendo em vista o regime especial de proteção constitucional do qual gozam os direitos fundamentais metaindividuais, ao analisar o pedido liminar no mandado de segurança, o juízo deveria vislumbrá-los de forma distinta no choque com os efeitos econômicos decorrentes da suspensão das atividades minerárias, mormente diante da irreversibilidade dos danos causados à Serra X.

Nesse contexto, o risco iminente e irreparável de danos aos valores públicos tutelados pelo art. 15 da Lei nº 12.016/2009 aquilatam garantias fundamentais a reclamar que o presente incidente se constitua em **contracautela eficaz à subtração da eficácia da decisão que autorizou o retorno do exercício da atividade minerária em área tombada** até o trânsito em julgado do mandado de segurança impetrado Mineração X.

4 Conclusão

Por todo o exposto, a Procuradoria-Geral do Município Z, no exercício do seu dever de tutela dos direitos coletivos dos cidadãos do Município Z, requer:

> 1. O conhecimento deste pedido de suspensão de segurança em matéria penal, pois a discussão de fundo é de matéria infraconstitucional por envolver o artigo 319 do Código de Processo Penal, nos termos do artigo

15 da Lei nº 12.016/09 e do precedente firmado em 15.3.2023 no AgRg na SS 3361/DF.
2. Diante da urgência qualificada, a concessão de medida liminar, *inaudita altera parte*, para suspender a decisão do TRF-X no Mandado de Segurança Criminal nº X, por causar **grave ameaça à ordem pública** ao afastar a cautelar penal que proibia a atividade minerária em área tombada da Serra X.
3. Após a decisão sobre a medida liminar, a intimação da Procuradoria-Geral da República para parecer, considerando os interesses coletivos envolvidos, e a manifestação do interessado.
4. Ao final, a confirmação da suspensão requerida no item 2.

Local, data.
Assinatura

Informação bibliográfica deste texto, conforme a NBR 6023:2018 da Associação Brasileira de Normas Técnicas (ABNT):

PERONA, Caio. Peça processual: suspensão de segurança em matéria penal com pedido liminar. *In*: BRITTO, Anne Karole Silva Fontenelle de; SILVA, Bruno Sampaio Ferreira da; NEURAUTER, Maíra; FLORIANO, Eduardo de Souza (coord.). *Direito municipal em debate*. Belo Horizonte: Fórum, 2025. p. 199-217. ISBN 978-85-450-0976-4. v. 9.

PEÇA PROCESSUAL: AÇÃO DE RESSARCIMENTO

Fábio Silveira Rachelle
Felipe Leal Markusons
Thiago Klug Arjona

O **MUNICÍPIO**, pessoa jurídica de direito público interno, inscrita no CNPJ, com sede na Prefeitura, situada no endereço, por meio dos Procuradores Municipais efetivos que abaixo subscrevem, constituídos nos termos do art. 37, II, da CF e do art. 75, III, do CPC, vem, respeitosamente, perante Vossa Excelência, propor **AÇÃO DE RESSARCIMENTO** em face da **UNIÃO**, pessoa jurídica de direito público interno, inscrita no CNPJ sob o nº 05.489.410/0001-61, representada pela Advocacia-Geral da União, com endereço, pelos fatos e fundamentos que passa a expor a seguir:

I Dos fatos

Nos autos do **Processo nº xxx**, que tramitou perante o **MM. Juízo do Juizado Especial Cível da Comarca de XXX**, órgão judiciário da C. Justiça Comum Estadual, o MUNICÍPIO, ao lado do ESTADO, foi condenado a fornecer o medicamento "RITUXIMABE 1g", conforme parte dispositiva da Sentença, colacionada abaixo:

> Ante o exposto, JULGO PROCEDENTE o pedido veiculado por PEDRO JURANDIR GOMES contra o ESTADO [...] e o MUNICÍPIO [...], confirmando a tutela de urgência e DETERMINANDO aos réus o fornecimento do medicamento RITUXIMABE 1g, D0 (2 frascos), 1g D14 (2 frascos) – 4 frascos de 500mg pelo período que durar o tratamento prescrito à parte autora, ou, alternativamente, a aquisição em estabelecimento privado.

Dito isso, cumpre frisar que, conforme a **RENAME**, o fármaco RITIXIMABE integra o **Grupo de Financiamento 1-A**, de acordo com o art. 1º, inciso I, alínea "a", da Portaria nº 1.554/2013 – senão vejamos a imagem abaixo:[1]

Denominação genérica	Concentração/ Composição	Forma farmacêutica	Grupo financiamento	Documento norteador[1]
risperidona	3 mg	comprimido	1B	PCDT Comportamento Agressivo no Transtorno do Espectro do Autismo; PCDT Transtorno Afetivo Bipolar do tipo I; PCDT Transtorno Esquizoafetivo; PCDT Esquizofrenia
rituximabe	10 mg/mL	solução injetável	1A	PCDT Artrite Reumatoide

Como se sabe, os medicamentos inseridos no Grupo de Financiamento 1-A têm a dispensação realizada pelas Secretarias Estaduais, mediante financiamento da UNIÃO. Ocorre que a demanda supracitada foi ajuizada apenas contra o MUNICÍPIO e o ESTADO, sem a participação da UNIÃO na lide originária. Daí a presente ação de ressarcimento.

Com o deferimento da **tutela de urgência** naqueles autos (*decisão liminar em anexo*), foram realizados sucessivos bloqueios de recursos financeiros municipais e estaduais para o custeio do tratamento oncológico em questão. Veja-se a tabela referente aos bloqueios em abaixo (*comprovantes em anexo*):

Ev. no Processo	Data da Dec. Jud.	Data do bloqueio	Valor bloqueado
Evento nº 01	13 de março de 2019	8 de março de 2019	R$ 13.758,46
Evento nº 37	1º de nov. de 2022	1º de nov. de 2022	R$ 19.320,00
Evento nº 93	27 de junho de 2023	21 de junho de 2023	R$ 18.256,36

Apesar de terem ocorrido **três bloqueios** nas contas municipais, no sistema E-proc constam apenas dois, porquanto o primeiro bloqueio deu-se antes da *migração* para o sistema E-proc. Deu-se quando ainda era utilizado o "Portal do Processo Eletrônico" (PPE). De todo modo, os comprovantes estão pormenorizados em anexo.

---

1 Fonte: página 135 do arquivo disponível em: chrome-extension://efaidnbmnnnibpcajpcglclefindmkaj/https://www.conass.org.br/wp-content/uploads/2022/01/RENAME-2022.pdf.

Além disso, constata-se que nos dois últimos bloqueios, restaram valores a serem devolvidos ao Erário municipal (saldo remanescente que não foi integralmente gasto com o fármaco), o que de fato foi realizado: R$ 961,18 e R$ 62,25. No caso concreto, a soma do valor devolvido chegou a R$ 1.023,43 (mil e vinte e três reais com quarenta e três centavos). Por óbvio, tal soma não é cobrado na presente ação.

Realizadas as devidas prestações de contas pela parte autora nos autos do processo suprarreferido, as quais restaram homologadas pelo MM. Juízo processante (docs. em anexo), e considerando as devoluções de valores remanescentes aos cofres públicos e a repartição de 50% dos custos entre o Município e o Estado, constata-se que o total a ser ressarcido para a conta deste **ente municipal** corresponde ao valor de **R$ 50.311,39** (cinquenta mil, trezentos e onze reais e trinta e nove centavos).

Veja-se que, diante do cenário de urgência, que impôs prazos exíguos de atendimentos de ordens judiciais, o Município teve valores sequestrados de sua conta para custear tratamento oncológico. Ocorre que, de acordo com as regras de distribuição de competência do SUS, tal atribuição é do Ministério da Saúde, órgão integrante da administração direta da União.

Destarte, tendo em vista que o SUS possui regras claras de organização e distribuição de competências, e, com base nos recentes entendimentos firmados pelo Supremo Tribunal Federal, em especial a tese fixada no Tema 793, segundo o qual cabe à autoridade judicial "*determinar o ressarcimento a quem suportou o ônus financeiro*", a procedência da presente ação de ressarcimento é medida que se impõe, conforme será fundamentado a seguir.

II Da competência da Justiça Comum Federal

Em se tratando de ***direito de regresso***, gerado por atendimento forçado de uma obrigação do ente federal, por meio de órgão integrante de sua estrutura, observa-se o perfeito enquadramento no disposto no artigo 109, inciso I, da Constituição Federal de 1988, que assim versa:

> Art. 109. Aos juízes federais compete processar e julgar:
> I - as causas em que a União, entidade autárquica ou empresa pública federal forem interessadas na condição de autoras, rés, assistentes ou oponentes, exceto as de falência, as de acidentes de trabalho e as sujeitas à Justiça Eleitoral e à Justiça do Trabalho; (Grifou-se!)

Em reforço, embora tenhamos dois entes federados nos polos ativo e passivo do presente feito, respectivamente, não se verifica conflito federativo que atraia a competência do Supremo Tribunal Federal. Isso porque, na presente demanda, discute-se, tão somente, direito de cunho patrimonial, sem qualquer risco à estabilidade do pacto federativo. Sem esquecer que o conflito federativo que tramitaria no STF não envolve os Municípios, mas somente os Estados (ou o DF) e a União, nos termos do art. 102, inciso I, alínea *f*, da CF.

Veja-se os julgados do Supremo:

> Ação Cível Originária. 2. Questão de ordem. 3. Estado da Paraíba contra a União. 4. Ressarcimento de prejuízos sofridos em decorrência de acidente de trânsito entre veículos dos litigantes. 5. A competência do Supremo Tribunal Federal apenas se configura em relação a conflitos federativos que possam afetar o equilíbrio da própria Federação brasileira. Precedentes. 6. A hipótese dos autos versa sobre questão estritamente patrimonial, sem qualquer fundamento político. 7. Incompetência do Supremo Tribunal Federal. 8. Devolução dos autos ao juízo de origem. ACO 379 QO, Relator(a): ILMAR GALVÃO, Relator(a) p/ Acórdão: GILMAR MENDES, Tribunal Pleno, julgado em 29/05/2003, DJ 05-09-2003. (Grifou-se!)
>
> AGRAVO REGIMENTAL. AÇÃO CAUTELAR PREPARATÓRIA. CONFLITO ENTRE MUNICÍPIO E A UNIÃO. IMPOSSIBILIDADE DE INTERPRETAÇÃO EXTENSIVA DO ART. 102, I, "F", DA MAGNA CARTA. INCOMPETÊNCIA ABSOLUTA DO SUPREMO TRIBUNAL FEDERAL. Incabível a pretendida interpretação extensiva do art. 102, I, "f", da Magna Carta, com a finalidade de atribuir ao Supremo Tribunal Federal a competência para processar e julgar, originariamente, conflito entre a União e Município. Precedentes do Plenário desta Corte: AC 3616 AgR, Relatora a Ministra Cármen Lúcia; ACO 1295 AgR-segundo, Relator o Ministro Dias Toffoli; ACO 1342 AgR, Relator o Ministro Marco Aurélio; e ACO 1364, Relator o Ministro Celso de Mello. Agravo regimental conhecido e não provido. (AC 3542 AgR, Relator(a): ROSA WEBER, Tribunal Pleno, julgado em 16-10-2014, PROCESSO ELETRÔNICO DJe-218 DIVULG 05-11-2014 PUBLIC 06-11-2014)

Portanto, em estrito respeito ao disposto no artigo 109, I, da CF/88, bem como em consonância com os julgados do Pretório Excelso transcritos acima, tem-se a competência da Justiça Federal para processar e julgar o pleito de ressarcimento patrimonial.

III Da repartição de competências no âmbito do SUS

Como se sabe, o direito à saúde é direito de todos e dever do Estado (*lato sensu*), o que resulta na responsabilidade solidária dos entes federados na sua prestação, conforme preconizam os artigos 23, II, e 196, ambos da CF/88.

Todavia, não se pode perder de vista os dizeres do artigo 198, I, que assim dispõe:

> Art. 198. As ações e serviços públicos de saúde integram uma rede regionalizada e hierarquizada e constituem um sistema único, organizado de acordo com as seguintes diretrizes:
> I - descentralização, com direção única em cada esfera de governo; (Grifou-se!)

Logo, para a concretização desse direito social fundamental, o Texto Maior estabeleceu que as ações e serviços de saúde integram uma rede REGIONALIZADA e HIERARQUIZADA, que tem como importante diretriz a DESCENTRALIZAÇÃO.

Com efeito, a Constituição Federal de 1988 apenas positivou uma regra lógica para a manutenção do Sistema Público de Saúde, tendo em vista o constitucionalismo ***assimétrico*** vivenciado no nosso país, especialmente pela enorme diferença de capacidade arrecadatória entre os entes federados e consequente disponibilidade orçamentária para o atendimento de todas as políticas públicas necessárias para a concretização do mínimo existencial.

Em decorrência disso, em 20 de setembro de 1990, foi publicada a Lei Federal nº 8.080, a qual nasceu para regular, em âmbito nacional, as ações e serviços de saúde executados por pessoas naturais ou jurídicas, de direito público ou privado, além de disciplinar as condições para a correta promoção, proteção e recuperação da saúde, além da organização e o funcionamento dos serviços necessários ao atendimento do direito fundamental social em análise.

Do supracitado Diploma Legal, no que se refere às competências da Ré, cabe trazer à baila os dizeres do artigo 16, III, "a", e XIII, e o artigo 19-Q:

> Art. 16. À direção nacional do SUS compete:
> [...]
> III - definir e coordenar os sistemas:

> a) de redes integradas de assistência de alta complexidade;
> ...
> XIII - prestar cooperação técnica e financeira aos Estados, ao Distrito Federal e aos Municípios para o aperfeiçoamento da sua atuação institucional;
> ...
> Art. 19-Q. A incorporação, a exclusão ou a alteração pelo SUS de novos medicamentos, produtos e procedimentos, bem como a constituição ou a alteração de protocolo clínico ou de diretriz terapêutica, são atribuições do Ministério da Saúde, assessorado pela Comissão Nacional de Incorporação de Tecnologias no SUS. (Grifou-se!)

Por fim, com o objetivo de regulamentar a Lei nº 8.080/90, sobreveio o Decreto Federal nº 7.508/2011, que, ao especificar as atribuições do Ministério da Saúde, assim previu:

> Art. 26. O Ministério da Saúde é o órgão competente para dispor sobre a RENAME e os Protocolos Clínicos e Diretrizes Terapêuticas em âmbito nacional, observadas as diretrizes pactuadas pela CIT.
> Parágrafo único. A cada dois anos, o Ministério da Saúde consolidará e publicará as atualizações da RENAME, do respectivo FTN e dos Protocolos Clínicos e Diretrizes Terapêuticas. (Grifou-se!)

Diante da repartição de competências expressas na legislação de regência da matéria, especialmente nos dispositivos citados neste tópico, observa-se que a União possui atribuições bem definidas quanto a alguns tratamentos/medicamentos, a exemplo dos medicamentos inseridos no Grupo 1A e 1B do RENAME, dos medicamentos não integrantes da lista do RENAME e dos tratamentos **ONCOLÓGICOS**.

IV Dos medicamentos para tratamento oncológico

O medicamento pleiteado nos autos que tramitaram perante a Justiça Comum Estadual correspondia ao **RITUXIMABE**, utilizado para tratamento de neoplasia (câncer). Tendo em vista que o ressarcimento ora pretendido é decorrente de atendimento de tratamento oncológico, faz-se necessário abordar as regras pertinentes ao tema.

De início, atenta-se para a Portaria nº 876, de 16 de maio de 2013, que, ao regulamentar a Lei nº 12.732/2012, trouxe, em seu artigo 8º, o seguinte:

> Art. 8º Compete ao Ministério da Saúde:
> I - prestar apoio e cooperar tecnicamente com os gestores dos Estados, do Distrito Federal e dos Municípios para organização dos serviços de saúde a fim de cumprir o disposto nesta Portaria;
> II - garantir o financiamento para o tratamento do câncer, nos moldes das pactuações vigentes, de acordo com as suas responsabilidades;
> III - elaborar protocolos clínicos e diretrizes terapêuticas relacionadas ao tratamento de neoplasias malignas;
> IV - definir diretrizes para a organização das linhas de cuidado na prevenção e controle do câncer; e
> V - monitorar o cumprimento do prazo de 60 (sessenta) dias de que trata o art. 2º da Lei nº 12.732, de 2012, e tomar as providências cabíveis, quando necessário, de acordo com as suas responsabilidades. (Grifou-se!)

Hodiernamente, a mesma responsabilidade encontra-se estabelecida no artigo 42, II, do Anexo IX, da Portaria de Consolidação GM/MS nº 2 de 2017, nos seguintes termos:

> Art. 42. Compete ao Ministério da Saúde: (Origem: PRT MS/GM 876/2013, Art. 8º)
> ...
> II - garantir o financiamento para o tratamento do câncer, nos moldes das pactuações vigentes, de acordo com as suas responsabilidades; (Origem: PRT MS/GM 876/2013, Art. 8º, II) (Grifou-se!)

Além disso, cabe ressaltar que a Portaria nº 1.399, de 17 de dezembro 2019, ao redefinir os critérios e parâmetros referenciais para a habilitação de estabelecimentos de saúde na ALTA COMPLEXIDADE EM ONCOLOGIA no âmbito do SUS, estabeleceu, em seu artigo 14, o seguinte:

> Art. 14 - A assistência na alta complexidade em oncologia compreende os seguintes serviços:
> I - cirurgia (cirurgia geral, cirurgia do aparelho digestivo, coloproctologia, ginecologia, mastologia, urologia, cabeça e pescoço, pele e cirurgia plástica, cirurgia torácica, cirurgia de ossos e partes moles, neurocirurgia e oftalmologia);
> II – radioterapia;
> III - oncologia clínica;
> IV - hematologia; e
> V - oncologia pediátrica

Mais para frente, a Portaria citada no parágrafo anterior define as competências do gestor FEDERAL do SUS, das quais merecem destaque as seguintes:

> Art. 20. Compete ao gestor federal do SUS:
> I - Habilitar os estabelecimentos de saúde na alta complexidade em oncologia, nos termos desta Portaria, indicados pelos respectivos gestores municipal, estadual e distrital. Para a publicação da portaria de habilitação, solicitar a ratificação do respectivo gestor estadual, quando a aprovação pela CIB datar de mais de seis (6) meses;
> ...
> VI - tornar públicos os protocolos, critérios e parâmetros de referência que possam contribuir na organização das linhas de cuidados em oncologia; (Grifou-se!)

Destarte, os usuários do SUS que necessitam do tratamento oncológico são encaminhados para os centros de referência, denominados de Centro de Assistência de Alta Complexidade em Oncologia (CACON) e de Unidade de Assistência de Alta Complexidade em Oncologia (UNACON), que passam a oferecer tratamento integral e especializado ao paciente com câncer.

Por oportuno, vale reforçar que tais centros são habilitados e remunerados pelo Ministério da Saúde, órgão integrante da administração direta da União.

Veja-se julgado do E. TRF da 4ª Região, por todos:

> MEDICAMENTOS. ÓBITO. PERDA SUPERVENIENTE DO OBJETO DA AÇÃO. EXTINÇÃO SEM JULGAMENTO DO MÉRITO. CUSTEIO DOS FÁRMACOS. TRATAMENTO DE DOENÇAS ONCOLÓGICAS. RESPONSABILIDADE FINANCEIRA. HONORÁRIOS ADVOCATÍCIOS. 1. Nas ações versando sobre fornecimento de medicamentos e tratamentos de saúde, diante do caráter personalíssimo do pedido, o óbito do autor acarreta a perda superveniente do objeto da ação e, por consequência, sua extinção sem julgamento do mérito. 2. É pacífico o entendimento de que a responsabilidade financeira pelo custeio de fármacos destinados ao tratamento de doenças oncológicas é da União. 3. Na dicção do artigo 85, §10, do Código de Processo Civil, nos casos de perda do objeto, os honorários serão devidos por quem deu causa ao processo. 4. Devido à probabilidade de procedência da demanda, cabível a manutenção da condenação da parte ré ao pagamento de honorários ao advogado da parte autora. (TRF4, AC 5000164-73.2021.4.04.7216, TURMA REGIONAL

> SUPLEMENTAR DE SC, Relator SEBASTIÃO OGÊ MUNIZ, juntado aos autos em 19/05/2022)

Em razão da sistemática posta cima, resta evidente que a responsabilidade por tratamentos oncológicos é da União.

V Dos medicamentos do Grupo 1A

Seguindo as suas competências, a União elaborou e publicou a Portaria 1.554, do Ministério da Saúde, a qual dispõe sobre as regras de financiamento e execução do Componente Especializado da Assistência Farmacêutica no âmbito do SUS:

> Art. 3º Os medicamentos que fazem parte das linhas de cuidado para as doenças contempladas neste Componente estão divididos em três grupos conforme características, responsabilidades e formas de organização distintas:
> I – Grupo 1: medicamentos sob responsabilidade de financiamento pelo Ministério da Saúde, sendo dividido em:
> a) Grupo 1A: medicamentos com aquisição centralizada pelo Ministério da Saúde e fornecidos às Secretarias de Saúde dos Estados e Distrito Federal, sendo delas a responsabilidade pela programação, armazenamento, distribuição e dispensação para tratamento das doenças contempladas no âmbito do Componente Especializado da Assistência Farmacêutica; [...].
> Art. 54. A responsabilidade pela programação, armazenamento e distribuição dos medicamentos dos Grupos 1A e 1B é das Secretarias de Saúde dos Estados e do Distrito Federal, sendo a responsabilidade pela aquisição dos medicamentos do Grupo 1A do Ministério da Saúde e dos medicamentos do Grupo 1B das Secretarias de Saúde dos Estados e do Distrito Federal.
> Art. 66. O financiamento para aquisição dos medicamentos do Componente Especializado da Assistência Farmacêutica está diretamente relacionado ao Grupo em que os mesmos estão alocados.
> [...]
> § 3º Os medicamentos pertencentes ao Grupo 1 são financiados pelo Ministério da Saúde, sendo que, para o Grupo 1A, na forma de aquisição centralizada, e para o Grupo 1B, na forma de transferência de recursos financeiros. (Grifou-se!)

Destarte, sendo o MUNICÍPIO obrigado a custear medicamento de responsabilidade da União, o ressarcimento é medida que se impõe, conforme será demonstrado a seguir.

VI Do direito ao ressarcimento: legislação

Da leitura da Lei nº 8.080/90, constata-se que o ressarcimento ora postulado possui expressa previsão no seu artigo 35, VII, que assim estabelece:

> Art. 35. Para o estabelecimento de valores a serem transferidos a Estados, Distrito Federal e Municípios, será utilizada a combinação dos seguintes critérios, segundo análise técnica de programas e projetos:
> ...
> VII - ressarcimento do atendimento a serviços prestados para outras esferas de governo. (Grifou-se!)

Nesse mesmo compasso, tem-se o determinado pelo artigo 259, parágrafo único, e pelo artigo 285, ambos do Código Civil de 2002:

> Art. 259. Se, havendo dois ou mais devedores, a prestação não for divisível, cada um será obrigado pela dívida toda.
> Parágrafo único. O devedor, que paga a dívida, sub-roga-se no direito do credor em relação aos outros coobrigados.
> ...
> Art. 285. Se a dívida solidária interessar exclusivamente a um dos devedores, responderá este por toda ela para com aquele que pagar. (Grifou-se!)

Portanto, tendo o Autor atendido serviço de competência de outra esfera de governo (União), bem como considerando que a pretensão em questão está nitidamente positivada na lei de regência do SUS e no Código Civil, o deferimento da presente demanda é medida que se impõe.

VII O ressarcimento na jurisprudência – Tema nº 793/STF

No que se refere à jurisprudência, o Egrégio Supremo Tribunal Federal, ao julgar os Embargos Declaratórios no Recurso Extraordinário nº 855.178/SE (Tema 793), firmou o seguinte entendimento:

> CONSTITUCIONAL E ADMINISTRATIVO. EMBARGOS DE DECLARAÇÃO EM RECURSO EXTRAORDINÁRIO COM REPERCUSSÃO GERAL RECONHECIDA. AUSÊNCIA DE OMISSÃO, CONTRADIÇÃO OU OBSCURIDADE. DESENVOLVIMENTO DO PROCEDENTE. POSSIBILIDADE. RESPONSABILIDADE DE SOLIDÁRIA NAS DEMANDAS PRESTACIONAIS NA ÁREA DA SAÚDE. DESPROVIMENTO DOS EMBARGOS DE DECLARAÇÃO.
> 1. É da jurisprudência do Supremo Tribunal Federal que o tratamento médico adequado aos necessitados se insere no rol dos deveres do Estado, porquanto responsabilidade solidária dos entes federados. O polo passivo pode ser composto por qualquer um deles, isoladamente, ou conjuntamente.
> 2. A fim de otimizar a compensação entre os entes federados, compete à autoridade judicial, diante dos critérios constitucionais de descentralização e hierarquização, direcionar, caso a caso, o cumprimento conforme as regras de repartição de competências e determinar o ressarcimento a quem suportou o ônus financeiro.
> 3. As ações que demandem fornecimento de medicamentos sem registro na ANVISA deverão necessariamente ser propostas em face da União. Precedente específico: RE 657.718, Rel. Min. Alexandre de Moraes.
> 4. Embargos de declaração desprovidos. (Grifou-se!)

Nesse sentido, ao passo que o necessitado tem a faculdade de ajuizar demanda prestacional de saúde contra qualquer um dos entes federados, o Poder Judiciário passa a ter a competência de direcionar o cumprimento ao ente responsável pelo tratamento e determinar o ressarcimento a quem suportou o ônus financeiro.

Em outras palavras, o Tema 793 elucida que, embora o ente federado responsável pelo tratamento de saúde postulado possa não estar presente no polo passivo do processo originário, este deve arcar com o ônus financeiro do cumprimento da ordem judicial proferida.

Do contrário, surgiria um cenário caótico, em que o indivíduo passaria a escolher e determinar qual ente federado para suportar o ônus financeiro pelo seu atendimento. Essa noção, de uma só vez, afrontaria as regras de repartição de competências do Sistema Único de Saúde, o equilíbrio do Sistema e a tese firmada no Tema 793.

Em complemento, cabe sublinhar que o Tema 793 do STF está em total sintonia com o enunciado nº 60, aprovado na II Jornada de Direito da Saúde, promovida pelo Conselho Nacional de Justiça, que assim orienta:

A responsabilidade solidária dos entes da Federação não impede que o Juízo, ao deferir medida liminar ou definitiva, direcione inicialmente o seu cumprimento a um determinado ente, conforme as regras administrativas de repartição de competências, sem prejuízo do redirecionamento em caso de descumprimento.

Por conseguinte, visando ao cumprimento das normas de repartição de competências do SUS, bem como em respeito ao sistema de precedentes judiciais vinculantes ou obrigatórios com força normativa, estabelecido pelo artigo 927, inciso III, do Código de Processo Civil, tem-se que deve ser seguido o Tema 793 do STF.

VIII Da orientação administrativa emanada pela União

A esse respeito, o **Parecer Referencial nº 00030/2018/CONJUR-MS/CGU/AGU**, exarado pela Consultoria Jurídica junto ao Ministério da Saúde, órgão da Advocacia-Geral da União, ao tratar do ressarcimento interfederativo em demandas de saúde, apresentou as seguintes conclusões:

> 1) A União é parte no processo e está obrigada a ressarcir por força de decisão judicial expressa: dever de ressarcir, mediante procedimento administrativo orientado pelos princípios do formalismo, da segurança jurídica e da publicidade. Necessidade de observar a disciplina orçamentária. Ulterior reequilíbrio, por meio da Comissão Intergestores.
> 2) A União é parte no processo mas não está judicialmente obrigada a ressarcir: pactuação consensual na Comissão Intergestores, com o fim de promover o reequilíbrio econômico financeiro do Sistema Único de Saúde.
> 3) A União é parte no processo e a ela foi imposta o custeio conjunto da obrigação: adimplemento da obrigação em expediente administrativo de contato e gestão com os demais coobrigados. Ulterior reequilíbrio, por meio da Comissão Intergestores.
> 4) A União não é parte no processo: impossibilidade de ressarcimento por força própria e apartado de regulamentação prévia. Pacto consensual na Comissão Intergestores, com a finalidade de promover o reequilíbrio econômico-financeiro do Sistema Único de Saúde.
> 5) A União é credora: dever de cobrança do crédito. Pactuação consensual na Comissão Intergestores, com o fim de promover o reequilíbrio econômico financeiro do Sistema Único de Saúde, por meio de mecanismos de glosa dos repasses ordinários pela União.

Em um simples exercício interpretativo, percebe-se que o próprio Réu reconhece a necessidade de ressarcir os entes subnacionais que tenham prestado atendimento de saúde de competência da União. A questão posta no Parecer supracitado consiste em diferenciar o ressarcimento administrativo quando a União está ou não no polo passivo de ação judicial.

Ainda, importante salientar que o Parecer da AGU em análise explica que o Ministério da Saúde não possui procedimentos sistematizados e regulados para a realização de ressarcimento financeiro a Estados e Municípios que custeiam ações e serviços de saúde judicializados, que são de competência do ente federal.

Assim sendo e, considerando que a União não foi incluída no polo passivo do processo que originou o valor que ora se busca, constata-se que não restou alternativa ao Município senão buscar o Poder Judiciário para o devido ressarcimento pelo custo arcado pelo tratamento de competência da União.

IX Da jurisprudência do egrégio TRF da 4ª Região

Em relação à jurisprudência da Justiça Federal sobre o tema em debate (ressarcimento entre entes – tratamento oncológico), oportuno trazer alguns entendimentos firmados por esse respeitado âmbito do Poder Judiciário.

Veja-se:

> ADMINISTRATIVO. AÇÃO DE RESSARCIMENTO DE VALORES DESPENDIDOS PARA CUSTEIO DE MEDICAMENTO ONCOLÓGICO. É da União a obrigação de promover o ressarcimento administrativo do medicamento oncológico custeado pelo Estado do Rio Grande do Sul. (TRF4, AC 5002702-35.2022.4.04.7105, TERCEIRA TURMA, Relator ROGERIO FAVRETO, juntado aos autos em 10/10/2023)
>
> ADMINISTRATIVO. AÇÃO DE RESSARCIMENTO DE VALORES DESPENDIDOS PARA CUSTEIO DE MEDICAMENTO ONCOLÓGICO. É da União a obrigação de promover o ressarcimento administrativo do medicamento oncológico custeado pelo Estado do Rio Grande do Sul. (TRF4, AC 5002701-50.2022.4.04.7105, TERCEIRA TURMA, Relator ROGERIO FAVRETO, juntado aos autos em 10/10/2023)
>
> ADMINISTRATIVO. DIREITO DA SAÚDE. FORNECIMENTO DE MEDICAMENTO ONCOLÓGICO. CONDENAÇÃO DO MUNICÍPIO EM AÇÃO JUDICIAL. TEMA 793/STF. RESSARCIMENTO EM FACE DA UNIÃO. CABIMENTO. 1. A Lei n.º 12.732/2012, prevê que pacientes

> com diagnóstico de neoplasia maligna receberão tratamento gratuito no âmbito do Sistema Único de Saúde -- SUS (art. 1º). No plano infralegal, a Portaria n.º 876/2013 do Ministério da Saúde, prevê, em seu art. 8º, II, que compete ao referido Ministério garantir o financiamento do tratamento do câncer. 2. Os entes da federação, em decorrência da competência comum, são solidariamente responsáveis nas demandas prestacionais na área da saúde, e diante dos critérios constitucionais de descentralização e hierarquização, compete à autoridade judicial direcionar o cumprimento conforme as regras de repartição de competências e determinar o ressarcimento a quem suportou o ônus financeiro (Tema 793). 3. A responsabilidade pelo custeio de tratamentos oncológicos no âmbito do SUS é integralmente da União, cabendo a este ente federado promover tal atendimento por meio de estabelecimentos credenciados como Unidades de Alta Complexidade em Oncologia (UNACON) ou Centros de Alta Complexidade em Oncologia (CACON). (TRF4, AC 5081092-68.2021.4.04.7100, QUARTA TURMA, Relator LUÍS ALBERTO D'AZEVEDO AURVALLE, juntado aos autos em 14/11/2023)

Nesse contexto, parece evidente o direito invocado pela parte autora. Não se deve esquecer que "os tribunais devem uniformizar sua jurisprudência e mantê-la estável, íntegra e coerente", nos termos do art. 926 do Código de Processo Civil, para o fim de condenar a União ao ***ressarcimento*** dos valores gastos com tratamento oncológico pelo Município.

X Dos pedidos

Ante o exposto, o MUNICÍPIO requer:

a) a citação da União para, querendo, apresentar contestação;

b) no mérito, que sejam julgados totalmente procedentes os pedidos deduzidos pela parte autora nesta ação, para o fim de condenar União ao pagamento de R$ 60.205,79 (sessenta mil, duzentos e cinco reais e setenta e nove centavos) ao Município, a título de ressarcimento pelos valores suportados pelo erário municipal, decorrentes do tratamento oncológico fornecido nos autos do Processo nº XXX, que tramitou no Juizado Especial Cível da Comarca (justiça comum estadual);

c) a determinação de que o montante comprovadamente despendido passe pela devida incidência da correção monetária e juros legais cabíveis, em estrita observância aos Temas 905 do STJ e 810 do STF, bem como restem fixados os termos *a quo* das respectivas incidências;

d) a condenação do demandado ao pagamento de honorários advocatícios;

e) a produção de todos os meios de prova em direito admitidos; e

f) sejam expressamente pré-questionados os seguintes dispositivos, os quais o Município, na hipótese de não haver o devido ressarcimento, entende por violados: os arts. 6º, 23, Inciso II, 196, 197 e 198 da CF/88; art. 7º, IX, "a" e "b", XI, 16, 19-Q e 35, VII, da Lei Federal nº 8.080/90 e respectivos decretos regulamentadores, bem como as atualizações introduzidas pela Lei nº 12.401/2011; e os arts. 259, parágrafo único, e 285, do Código CC/02.

Por oportuno, em atendimento ao disposto no artigo 319, VII, do CPC, o MUNICÍPIO manifesta não ter interesse na realização de audiência de conciliação.

Dá-se a causa o valor de R$ 60.205,79 (sessenta mil, duzentos e cinco reais e setenta e nove centavos).

Nesses termos, pede deferimento.

ROL DE DOCUMENTOS EM ANEXO

1) DOCUMENTOS DO PRIMEIRO BLOQUEIO

- Decisão judicial
- Comprovantes dos bloqueios
- Prestação de contas
- Decisão homologatória da prestação de contas

2) SEGUNDO BLOQUEIO

- Decisão judicial
- Comprovantes dos bloqueios
- Prestação de contas
- Decisão homologatória da prestação de contas

3) TERCEIRO BLOQUEIO

- Decisão judicial
- Comprovantes dos bloqueios
- Prestação de contas
- Decisão homologatória da prestação de contas

4) CÓPIA INTEGRAL – PARTE 1

5) CÓPIA INTEGRAL – PARTE 2

6) CÓPIA INTEGRAL – PARTE 3

Informação bibliográfica deste texto, conforme a NBR 6023:2018 da Associação Brasileira de Normas Técnicas (ABNT):

RACHELLE, Fábio Silveira; MARKUSONS, Felipe Leal; ARJONA, Thiago Klug. Peça processual: ação de ressarcimento. *In*: BRITTO, Anne Karole Silva Fontenelle de; SILVA, Bruno Sampaio Ferreira da; NEURAUTER, Maíra; FLORIANO, Eduardo de Souza (coord.). *Direito municipal em debate*. Belo Horizonte: Fórum, 2025. p. 219-234. ISBN 978-85-450-0976-4. v. 9.

PEÇA PROCESSUAL: AÇÃO CIVIL PÚBLICA COM PEDIDO DE TUTELA DE URGÊNCIA

Fernanda Gonsalves

O **MUNICÍPIO X**, pessoa jurídica de direito público, inscrito no CNPJ sob o nº X, com sede na Rua X, nesta cidade, representado judicialmente pela Procuradoria-Geral do Município, com endereço na Rua X, vem ajuizar a presente

AÇÃO CIVIL PÚBLICA
COM PEDIDO DE TUTELA DE URGÊNCIA

contra a **EMPRESA DE ENERGIA Y**, pessoa jurídica de direito privado, inscrita no CNPJ/MF sob o nº Y, com sede no X, pelos fatos e fundamentos jurídicos a seguir expostos:

1 Cabimento

A Constituição Federal estabelece aos entes federados compete a promoção de defesa do consumidor, nos termos do artigo 5º, XXXII.

Diante disso, a Lei da Ação Civil Pública – nº 7.347/1985 – prevê expressamente a legitimidade ativa do Município para a propositura de ação objetivando a tutela dos interesses dos consumidores, conforme os artigos 1º, II, e 5º, III:

> Art. 1º Regem-se pelas disposições desta Lei, sem prejuízo da ação popular, as ações de responsabilidade por danos morais e patrimoniais causados:
> [...]
> II - ao consumidor;
> Art. 5° Têm legitimidade para propor a ação principal e a ação cautelar:
> [...]
> III - a União, os Estados, o Distrito Federal e os Municípios;

No mesmo sentido, o Código de Defesa do Consumidor prevê a proteção dos direitos e interesses dos consumidores e a legitimidade das pessoas políticas para tanto:

> Art. 81. A defesa dos interesses e direitos dos consumidores e das vítimas poderá ser exercida em juízo individualmente, ou a título coletivo.
> Parágrafo único. A defesa coletiva será exercida quando se tratar de:
> I - interesses ou direitos difusos, assim entendidos, para efeitos deste código, os transindividuais, de natureza indivisível, de que sejam titulares pessoas indeterminadas e ligadas por circunstâncias de fato;
> II - interesses ou direitos coletivos, assim entendidos, para efeitos deste código, os transindividuais, de natureza indivisível de que seja titular grupo, categoria ou classe de pessoas ligadas entre si ou com a parte contrária por uma relação jurídica base;
> III - interesses ou direitos individuais homogêneos, assim entendidos os decorrentes de origem comum.
> Art. 82. Para os fins do art. 81, parágrafo único, são legitimados concorrentemente:
> [...]
> II - a União, os Estados, os Municípios e o Distrito Federal;

Ao Município compete, ainda, a prestação dos serviços públicos de interesse local (art. 30, V, CF/88), além dos serviços essenciais de educação e saúde (art. 30, VI e VII, CF/88), podendo se valer da ação civil pública para preservar a prestação desses serviços em favor dos direitos difusos e coletivos da população (art.1º, IV e 5º, III, da Lei 7347/85).

Em atenção ao arcabouço normativo de tutela coletiva que garante ao Município a tutela do interesse dos consumidores, bem como ao estado inaceitável de ausência de serviço essencial de energia elétrica em diversas áreas da capital, em especial no bairro da Z, o Município ajuíza a presente demanda com base nos fatos e fundamentos a seguir.

2 Do caos no sistema de distribuição de energia na Cidade X

2.1 A Ré celebrou com a União o *Contrato de Concessão nº 00/00*, para prestação de serviço público de distribuição de energia elétrica em vários municípios do Estado, pelo prazo inicial de 30 anos.

Assim, no escopo de sua concessão, compete à concessionária distribuir energia elétrica aos consumidores do Município X, incluindo os prestadores de serviços públicos, com *regularidade, continuidade, eficiência, segurança, atualidade* e *generalidade*, como prescreve o artigo 6º, §1º, da Lei nº 8987; constando do seu contrato de concessão:

> CLÁUSULA QUINTA - ENCARGOS DA CONCESSIONÁRIA
> Além de outras obrigações decorrentes da Lei e das normas regulamentares específicas, constituem encargos da CONCESSIONÁRIA, inerentes à prestação dos serviços públicos outorgados por este Contrato:
> I - fornecer energia elétrica a consumidores localizados em sua área de concessão, nos pontos de entrega definidos nas normas dos serviços, pelas tarifas homologadas pelo Poder Concedente, nas condições estabelecidas nos respectivos contratos de fornecimento e nos níveis de qualidade e continuidade estipulados na legislação e nas normas específicas;
> II - realizar, por sua conta e risco, as obras necessárias à prestação dos serviços concedidos, operando as instalações e equipamentos correspondentes, de modo a assegurar a continuidade, a regularidade, a qualidade e a eficiência dos serviços. Quando for necessária a realização de obras no seu sistema, para possibilitar o fornecimento solicitado, a CONCESSIONÁRIA informará, por escrito, ao interessado, as condições para a execução dessas obras e o prazo de sua conclusão;

Para tanto, recebe a correspondente remuneração, com o pagamento pelos consumidores da tarifa do serviço.

2.2 Não obstante, as quedas de energia durante o período de concessão são conhecidas pela população, bem como a desídia e lentidão no reestabelecimento desse serviço essencial.

A partir de <u>novembro de XXXX</u> a situação se agravou, não tendo a EMPRESA Y prestado adequadamente o serviço em ampla área da capital, mantendo sem energia por dias bairros inteiros, ocasionando incontáveis prejuízos aos consumidores, o caos no trânsito com o desligamento de semáforos e da iluminação pública, queda das câmeras de segurança, prejuízos ao comércio local, danos à população mais carente, que tem perdido todos os alimentos perecíveis, interrupção do funcionamento de escolas, prejuízos ao funcionamento de unidades de saúde etc.

E, mesmo com a manifesta desídia, persiste a concessionária arrecadando as tarifas pelos serviços que deveria fornecer.

As notícias se multiplicam por toda a Cidade X, moradores de diversos bairros reclamam constantemente de quedas e picos de energia, que vêm causando prejuízos aos consumidores por queima de aparelhos eletrodomésticos.

A falta de energia afetou escolas da rede pública municipal, hospitais públicos da região, e até mesmo o aeroporto teve que acionar os geradores para não sofrer os impactos da **falta de abastecimento.**

2.3 Tais fatos não passaram desapercebidos pelo PROCON, órgão municipal de proteção e defesa do consumidor que, em XX/XX/XXXX, instaurou procedimento administrativo (*Averiguação Preliminar nº 00000/XXXX*), tendo notificado a concessionária (*notificação de n° 0000/XXXX*) para que esclarecesse os seguintes pontos:

> 1) Quantos registros de quedas no abastecimento de energia foram registrados na cidade do X no mês de novembro de XXXX? Apresentar comprovantes (notas de serviços etc)
> 2) Quantas reclamações de quedas no abastecimento de energia foram registrados na cidade do X no mês de novembro de XXXX? Apresentar comprovantes (reclamações dos consumidores junto a empresa e seu SAC).
> 3) Quais foram as causas para as sucessivas quedas de energia na cidade X em novembro de XXXX? Apresentar comprovantes técnicos (notas de serviços, pareceres técnicos etc.).
> 4) Quantos consumidores foram afetados com as quedas de abastecimento de energia na cidade X no mês de novembro de XXXX?
> 5) Por quanto tempo os consumidores ficaram sem energia elétrica nas sucessivas quedas de energia em novembro de XXXX? Apresentar o tempo do repara para o reestabelecimento do fornecimento de energia para cada queda que ocorreu.
> 6) Quais medidas a empresa adotou para a regularização dos serviços? Apresentar comprovantes dos serviços realizados para cada um dos serviços realizados (laudos técnicos, notas de serviço etc.).
> 7) Quais medidas a empresa vem adotando para evitar novas quedas de energia na cidade X? Apresentar comprovante das medidas adotadas.
> 8) Quantas reclamações foram registradas pelos consumidores acerca de danos de aparelhos elétricos na Cidade X? Apresentar histórico de reclamações no ano de XXXX.
> 9) Quantos aparelhos elétricos a empresa ressarciu no ano de XXXX na cidade X? Apresentar comprovantes.
> 10) Quais canais de atendimento a empresa disponibiliza para os consumidores poderem solicitar o ressarcimento de aparelhos elétricos danificados pela instabilidade na rede de energia elétrica? Apresentar Comprovantes.

11) Qual procedimento está sendo adotado pela empresa com relação ao ressarcimento de eletrodomésticos que apresentaram defeitos decorrentes da instabilidade na rede de energia elétrica? Apresentar o passo a passo que está sendo adotado pela empresa.
12) Quantos pedidos de supressão, poda e transplante de árvores em contato com a fiação dos postes a empresa recebeu no ano de XXXX na cidade X? Apresentar o histórico de pedidos.
13) Quantas supressões, podas e transplantes de árvores a empresa realizou no ano de XXXX na cidade X? Apresentar comprovantes (notas de serviço etc.).
14) Quantas equipes de supressão, poda e transplante de árvores a empresa disponibiliza para a realização do serviço na cidade X? Apresentar comprovantes (escala de trabalho etc.).
15) Quantos funcionários a empresa disponibiliza para a manutenção e reparos à rede elétrica na cidade X Apresentar comprovantes.
16) A empresa possui algum planejamento especial para os períodos de maior ocorrência de registro de reclamações por falta de energia elétrica? Em caso positivo, apresentar o plano para a cidade X.

A EMPRESA Y requereu dilação de prazo para resposta, o que foi deferido pelo PROCON, com adição de questionamentos específicos sobre a região:

1. Com relação às quedas de energia no mês de janeiro de XXXX, quantos registros foram apurados? Apresentar comprovantes.
2. Quanto tempo durou cada queda de energia registrada?
3. Quais foram as causas das interrupções no fornecimento de energia?
4. Quais medidas estão sendo adotadas para minimizar os prejuízos experimentados pelos consumidores por conta das quedas de energia?
5. Quais medidas estão sendo adotadas pela fornecedora para evitar novas interrupções no serviço?
6. Agora com relação a adesão da fatura digital, com qual intuito a fornecedora decidiu por estabelecer tal condição?
7. Qual é o procedimento a ser realizado pelo consumidor?
8. No caso dos consumidores que decidirem por não aderir a fatura digital, quais são os termos previstos?
9. Como os consumidores estão sendo informados das mudanças previstas pela fornecedora?
10. No caso de o atendimento digital estar inoperante, como nos dias das fiscalizações feitas pelos agentes deste Instituto, quais providências serão adotadas pela empresa para com os consumidores que sofrerem algum tipo de prejuízo, como multa por atraso, por exemplo?

11. Em casos de consumidores menos favorecidos tecnologicamente, que não possuam smartphone ou computador, ou até mesmo aqueles que não sabem mexer nestes aparelhos, existe atendimento diferenciado? Qual?

Em resposta, a Ré afirmou, em síntese, que:

(i) Caso 1: teria resolvido todos os chamados de novembro de 2023, sendo que a queda mais drástica ocorreu de XX/XX/XXXX a XX/XX/XXXX, ou seja, a comunidade ficou uma semana sem energia. A EMPRESA Y justificou que a queda ocorreu em sua maior parte em razão das ligações clandestinas que geram sobrecarga do sistema; indiciou, ainda, a existência de plano de crise operacional que prevê o aumento de 20% da equipe para solucionar as quedas na área, com 4 níveis para diferenciar a quantidade de quedas, somente durante o mês de X;
(ii) Caso 2: afirmou que o sistema da região precisava de melhorias estruturais "emergenciais", motivo pelo qual teria implementado uma linha auxiliar de transmissão e forneceu 49 geradores para serviços essenciais e clientes com *home care*. Afirmou que desde o dia XX/XX/XXXX a situação estaria sob controle, sem novas demandas por falta de energia.

Em que pese a resposta da Concessionária, que mascara uma suposta eficiência na prestação dos seus serviços, fato é que o bairro 1 ficou uma semana sem energia elétrica em novembro/X e relatou apagões em X e X de X/XXXX; parte de um bairro ficou durante quase 12 (doze) horas sem energia em XX/XX/XXXX, enquanto a região ficou sem fornecimento em janeiro e fevereiro de XXXX, com novas crises de desabastecimento ao longo dos meses, **com agravamento em julho deste ano**.

Verificadas as alegações da EMPRESA Y, o PROCON inaugurou procedimento administrativo sancionador (processo 000000/XXXX) que, após a observância do direito de defesa da concessionária, resultou na lavratura de auto de infração com a imposição de multa no valor de R$ 13.611.900,00 (treze milhões seiscentos e onze mil e novecentos reais), por ter a concessionária infringido o disposto nos artigos 6º, 14, 22 e 39, da Lei Federal nº 8.078/90 (Código de Defesa do Consumidor), com base no disposto na Portaria "N" do Instituto Municipal de Proteção e Defesa do Consumidor c/c artigos 55 a 60 da Lei nº 8.078/90, conforme publicação no Diário Oficial.

Destaca-se que no decorrer dos últimos 5 meses foram registradas novas quedas de energia relevantes na região, e desde XX/XX/

XXXX a região sofre novamente com desabastecimento, chegando ao extremo de permanecer 45 horas sem energia. Com isso, o PROCON instaurou mais um novo procedimento para averiguação preliminar a fim de investigar o desabastecimento que está ocorrendo na região (a suspensão do fornecimento de energia em XX/XX/XXXX, que perdurou das 8h às 13h).

Aliás, não é a primeira vez que o PROCON atua na fiscalização do serviço prestado pela EMPRESA Y em razão do desrespeito às regras de restabelecimento do fornecimento de energia. Ainda em XXXX, foi instaurado processo administrativo de fiscalização, pela queda no fornecimento de energia no Município X por mais de 48 (quarenta e oito) horas em alguns bairros, que, após contraditório, resultou na aplicação de penalidade em face da concessionária no valor de R$ 2.015.533,00.

2.4 Com isso, denota-se que o fornecimento de energia pela EMPRESA Y tem se mostrado ineficiente, com desrespeito aos prazos de restabelecimento, deixando a população desamparada todos os anos após episódios de chuvas ou quaisquer intempéries da natureza, sem que se vislumbre plano efetivo de atendimento e agilidade na solução do problema.

3 Afetação de serviços públicos municipais essenciais – unidades de saúde – unidades escolares – iluminação pública – sinalização semafórica – necessidade de imediato reestabelecimento

3.1 Somam-se aos graves prejuízos suportados pelos consumidores os irreparáveis danos que os serviços públicos essenciais e, por consequência, a população como um todo vem sofrendo em decorrência das falhas de abastecimento de responsabilidade da Ré.

Na área da **saúde**, a indisponibilidade de energia elétrica prejudica a operacionalização de equipamentos médicos, compromete a refrigeração de medicamentos e afeta a capacidade de atendimento em hospitais e clínicas. Isso coloca em risco a vida de pacientes que dependem de cuidados urgentes e essenciais.

A empresa pública municipal responsável pelo gerenciamento de parcela dessas unidades de saúde informou que 9 unidades de saúde reportaram falta de energia na região. **Até o dia XX/XX/XXXX, 3**

unidades de saúde estão normalizadas, 3 estão operando com geradores, 1 operando com energia parcial e permanecem sem energia.

Os números apontam para um cenário crítico, evidenciando a necessidade urgente de medidas para garantir a continuidade dos serviços de saúde na região.

O impacto dessas interrupções de energia sobre as instalações médicas levanta sérias preocupações quanto à segurança e ao bem-estar dos pacientes, demandando uma abordagem rápida e eficaz para solucionar essa questão emergencial.

3.2 Em relação aos semáforos inoperantes na região, durante o mês de janeiro de 2024, foram registrados 48 atendimentos, um número que representa um substancial crescimento em relação ao mesmo período do ano anterior, quando houve 24 atendimentos. As equipes tiveram que ser acionadas 26 (vinte e seis) vezes, em razão do desligamento de semáforos pela queda de energia na região, para ordenar o trânsito na região.

Veja-se que o problema se agravou ao longo dos meses com quedas frequentes e crescentes, gerando caos no trânsito da capital:

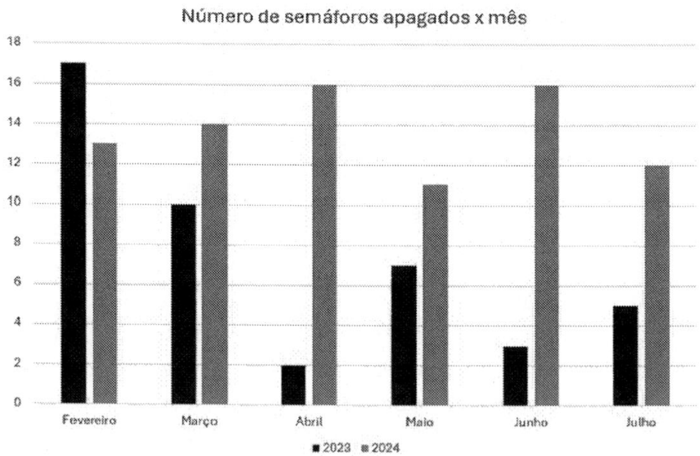

De acordo com os dados, as falhas na rede de energia têm ocasionado diariamente a queda de diversas das 131 câmeras localizadas na região. Ao observarmos os registros, desde novembro de XXXX, é possível verificar a curva crescente desses apagões, com pico de câmeras *off-line* em janeiro de XXXX.

A ausência das imagens prejudica o monitoramento e a identificação dos riscos da Cidade, constituindo-se em um problema para a operação e a pronta resposta dos poderes públicos.

3.3 A região conta ainda com **43 unidades escolares,** que, embora não tenham sofrido diretamente com o último apagão, por conta do período de recesso escolar, já sofreu intensamente com as faltas de energia registradas nos períodos anteriores.

3.4 Diante do impacto significativo que a falta de energia elétrica exerce sobre os serviços essenciais de saúde, educação, segurança e trânsito, torna-se imperativo garantir-se o restabelecimento imediato do fornecimento pela concessionária Ré, bem como assegurar que os fatos narrados não se repitam em prejuízo à população.

4 Do descumprimento pela Concessionária do Código de Defesa do Consumidor e da Resolução nº 1000/2021 da ANEEL – prazo para reestabelecimento do fornecimento

4.1 A prestação dos serviços pela concessionária Ré pode ser apreciada tanto pela ótica consumerista quanto pelos seus aspectos regulatórios, e, em qualquer dos dois cenários, a EMPRESA Y se encontra inadimplente com as suas responsabilidades.

4.2 O serviço de fornecimento de energia elétrica para o usuário final se enquadra como *relação de consumo* (artigos 2º e 3º, CDC), gozando o consumidor da proteção especial da lei consumerista.

Com efeito, o art. 6º, X do Código Consumerista, prevê como direito básico a "*adequada e eficaz prestação dos serviços públicos em geral*". Ademais, o art. 22 esclarece a necessidade da continuidade dos serviços essenciais:

> "*Os órgãos públicos, por si ou suas empresas, **concessionárias,** permissionárias ou sob qualquer outra forma de empreendimento, são obrigados a fornecer serviços adequados, eficientes, seguros e, **quanto aos essenciais, contínuos***" (g.n).

Evidente que as contínuas e duradoras interrupções de energia noticiadas nas regiões da Cidade X, em especial na região citada, demonstram o descumprimento pela Ré dos direitos básicos dos consumidores.

Além disso, o artigo 6º, III, CDC, prevê o dever de informação *clara* e *adequada*, obrigação que vem sendo reiteradamente desrespeitada, posto que não são emitidos avisos adequados ao consumidor, tanto em relação à duração da suspensão de fornecimento quanto em relação à área afetada, gerando uma constante imprevisibilidade.

Por força do artigo 14 do CDC, a concessionaria responde, independentemente da existência de culpa, pela reparação dos danos causados aos consumidores por defeitos relativos à prestação dos serviços, bem como por informações insuficientes ou inadequadas sobre sua fruição e riscos.

4.3 No mesmo sentido, a Lei nº 8.987/1995 estabelece em seu art. 6º, §1º, a necessidade de *regularidade, continuidade* e *eficiência* na prestação dos serviços públicos concedidos, conferindo o direito do usuário de receber um serviço adequado (art. 7º, I) com o dever correlato da concessionária (art.31, I):

> *"Art. 6º: Toda concessão ou permissão pressupõe a prestação de serviço adequado ao pleno atendimento dos usuários, conforme estabelecido nesta Lei, nas normas pertinentes e no respectivo contrato.*
> § 1º- Serviço adequado é o que satisfaz as condições de regularidade, continuidade, eficiência, segurança, atualidade e generalidade, cortesia na sua prestação e modicidade das tarifas.
> Art. 7º- Sem prejuízo do disposto na Lei 8078, de 11 de setembro de 1990, são direitos e obrigações dos usuários:
> I - receber serviço adequado
> Art. 31. Incumbe à concessionária:
> I - prestar serviço adequado, na forma prevista nesta Lei, nas normas técnicas aplicáveis e no contrato.

4.4 Já a Lei nº 13.460/2017, que dispõe sobre participação, proteção e defesa dos direitos do usuário dos serviços públicos da administração pública, estabelece como diretrizes a igualdade no tratamento, o cumprimento de prazos, a informação na prestação, além da adoção de medidas visando à proteção à saúde e à segurança dos usuários:

> *Art. 5º O usuário de serviço público tem direito à adequada prestação dos serviços, devendo os agentes públicos e prestadores de serviços públicos observar as seguintes diretrizes:*
> *[...]*

> ***V - igualdade no tratamento aos usuários, vedado qualquer tipo de discriminação;***
> ***VI - cumprimento de prazos*** *e normas procedimentais;*
> *VII - definição, publicidade e observância de horários e normas compatíveis com o bom atendimento ao usuário;*
> *VIII - adoção de medidas visando a proteção à saúde e a segurança dos usuários;*

4.5 Além de todo o arcabouço constitucional e legal, a ANEEL, como entidade regulatória do setor de geração e distribuição de energia elétrica, expediu a **Resolução nº 1000/2021** a fim de estabelecer as diretrizes e parâmetros para fornecimento de energia, **com prazo específico para restabelecimento de fornecimento de energia elétrica em áreas urbanas:**

> *"Art. 362. A distribuidora deve restabelecer o fornecimento de energia elétrica nos seguintes prazos, contados de forma contínua e sem interrupção:*
> ***I - 4 horas: para religação em caso de suspensão indevida do fornecimento;***
> ***II - 4 horas: para religação de urgência de instalações localizadas em área urbana;***
> *III - 8 horas: para religação de urgência de instalações localizadas em área rural;*
> *IV - 24 horas: para religação normal de instalações localizadas em área urbana; e*
> *V - 48 horas: para religação normal de instalações localizadas em área rural."*

4.6 Com isso, verifica-se o flagrante desrespeito pela concessionária às normas consumeristas e regulatórias, causando imenso prejuízo aos consumidores e à prestação dos serviços públicos essenciais, em especial no bairro da Ilha do Governador.

Por consequência, deve ser a Ré instada ao cumprimento de suas obrigações contratuais e legais, ofertando a distribuição adequada, contínua, regular e eficiente de energia elétrica em toda a Cidade X; garantindo, ainda, o pronto e rápido restabelecimento do serviço acaso interrompido por conta de fatores externos ou estruturais da própria rede da concessionária ou da geração de energia.

5 Tutela de Urgência – reestabelecimento imediato do fornecimento de energia elétrica e plano de contingência

Sem dúvida, do que se viu até aqui, está claro que estão presentes os pressupostos legais para a concessão da tutela de urgência que ora se pretende, nos termos dos artigos 300 e seguintes do CPC.

Isto porque há relevante, concreto e contínuo perigo de dano aos consumidores de energia do Município X, especialmente os moradores da região citada, que estão há dias sem energia regular.

Há, do mesmo modo, concreto e contínuo perigo de dano aos serviços essenciais prestados pela Administração Municipal nas áreas de saúde, educação, ordenamento urbano e organização do trânsito, prejudicados pela interrupção indevida do fornecimento de energia, em especial na região citada.

A plausibilidade das alegações é evidente e pode ser comprovada por todas as provas e manifestações apresentadas ao longo desta peça, as quais evidenciam a necessidade do restabelecimento do fornecimento imediatamente, sob pena de colapso da região na qual está localizado o aeroporto Internacional e residentes milhares de pessoas.

Caracterizada a probabilidade do direito e o perigo de dano, requer-se a concessão de **tutela de urgência de natureza antecipatória, *inaudita altera parte*,** para que a Ré:

> (i) *em caso de interrupção por causas externas ou internas, reestabeleça o fornecimento de energia elétrica nas unidades consumidoras localizadas no Município X em até 4 horas, sob pena de multa diária de R$ 100.000,00 (cem mil reais) por hora de descumprimento em favor do Fundo Municipal do Consumidor;*
>
> (ii) *em caso de interrupção por causas externas ou internas, reestabeleça em até 2 horas o fornecimento de energia elétrica ao serviço de iluminação pública e sinalização semafórica, sob pena de multa diária de R$ 200.000,00 (duzentos mil reais) por hora de descumprimento em favor do Fundo Municipal de Iluminação Pública;*
>
> (iii) *em caso de interrupção por causas externas ou internas, reestabeleça em até 01 hora o fornecimento de energia elétrica em unidades públicas municipais de saúde e de educação, sob pena de multa diária de R$ 200.000,00 (duzentos mil reais) por hora de descumprimento em favor do Fundo Municipal de Saúde e do Fundo Municipal de Educação, respectivamente, e*

(iv) *apresente, no prazo de 10 (dez) dias, plano de contingência que preveja ações efetivas que impeçam novas quedas de energia na região citada, sob pena de multa diária de R$100.000,00 (cem mil reais).*

Nesse sentido, o Tribunal de Justiça do Estado do Rio de Janeiro decidiu em situação muito semelhante:

> *AGRAVO DE INSTRUMENTO. Ação Civil Pública.* ***Decisão agravada que deferiu o pedido de tutela de urgência para determinar que a parte ré promova o restabelecimento da energia elétrica em toda a circunscrição do MUNICÍPIO DE ITABORAÍ/RJ, devendo manter equipe suficiente de plantão para emergências, no prazo de quatro (04) horas****, sob pena de multa por hora de descumprimento, no valor de R$ 5.000,00 (cinco mil reais), além de multa, por ato atentatório à dignidade da justiça, no montante de 10% sobre o valor da causa, nos termos do art. 77, §2º, do CPC.* ***Aplicabilidade do Código de Defesa do Consumidor. Essencialidade do serviço. Presença do fumus boni iuris e do periculum in mora. Decisão que não se mostra teratológica. Súmula 59 deste TJRJ.*** *Manutenção da decisão agravada. RECURSO DESPROVIDO. (0103922-52.2023.8.19.0000 - AGRAVO DE INSTRUMENTO. Des(a). PEDRO SARAIVA DE ANDRADE LEMOS - Julgamento: 19/12/2023 - SEGUNDA CAMARA DE DIREITO PUBLICO (ANTIGA 10ª CÂMARA)*

6 Danos morais coletivos

Os danos morais coletivos, também conhecidos como danos morais difusos ou transindividuais, referem-se a prejuízos que não afetam apenas um indivíduo, mas atingem um grupo, comunidade ou a sociedade como um todo. Ao contrário dos danos morais individuais, que se vinculam a uma pessoa específica, os danos morais coletivos transcendem a esfera pessoal e impactam interesses difusos e indivisíveis de uma coletividade.

Em primeiro lugar, a ausência de energia elétrica por períodos prolongados afeta diretamente o cotidiano dos moradores, prejudicando atividades básicas, como preparação de alimentos, conservação de perecíveis, climatização de ambientes e o funcionamento de equipamentos essenciais. Essa privação constante pode resultar em desconforto, estresse e até mesmo colocar em risco a saúde e a segurança dos residentes.

Além disso, a interrupção prolongada do fornecimento de energia impacta negativamente as atividades econômicas locais, afetando estabelecimentos comerciais, industriais e prestadores de serviços. A paralisação de atividades produtivas pode resultar em prejuízos financeiros significativos para empresários e trabalhadores, gerando um impacto coletivo na estabilidade econômica da região afetada.

Do ponto de vista da coletividade, a ausência de energia elétrica por dias consecutivos compromete serviços públicos essenciais, como hospitais, postos de saúde e serviços de segurança, colocando em risco a saúde e a segurança da população.

Nesse contexto, a busca por reparação de danos morais coletivos torna-se justificada, pois a negligência no fornecimento de energia elétrica não apenas causa transtornos individuais, mas afeta o bem-estar e o funcionamento harmônico da comunidade como um todo.

O entendimento do Superior Tribunal de Justiça é de que "***a condenação em reparar o dano moral coletivo visa punir e inibira injusta lesão da esfera moral de uma coletividade, preservando, em* ultima ratio*, seus valores primordiais***" (REsp 1303014/RS, Quarta Turma, DJe 26/5/2015, sem destaque no original) e de que "***o dano moral coletivo é aferível* in re ipsa*, ou seja, sua configuração decorre da mera constatação da prática de conduta ilícita***" (REsp 1517973/PE, Quarta Turma, DJe 1/2/2018).

O dano moral coletivo dos consumidores do Município X está configurada e devidamente comprovada, motivo pelo qual a condenação deve ser proporcional à população afetada direta e indiretamente pela desídia da EMPRESA Y, o que resulta em dano moral coletivo avaliado em no mínimo R$ 10.000.000,00 (dez milhões de reais).

Nesse sentido, é pacífico no Superior Tribunal de Justiça que o fornecimento inadequado de energia gera dano moral coletivo indenizável:

> *"CIVIL E PROCESSUAL CIVIL. AÇÃO CIVIL COLETIVA.* ***INTERRUPÇÃO DE FORNECIMENTO DE ENERGIA ELÉTRICA****. OFENSA AO ART. 535 DO CPC NÃO CONFIGURADA. LEGITIMIDADE ATIVA DO MINISTÉRIO PÚBLICO. NEXO DE CAUSALIDADE. SÚMULA 7/STJ.* ***DANO MORAL COLETIVO. DEVER DE INDENIZAR.***
> *1. Cuida-se de Recursos Especiais que debatem, no essencial, a legitimação para agir do Ministério Público na hipótese de interesse individual homogêneo e a caracterização de danos patrimoniais e morais coletivos, decorrentes de frequentes interrupções no fornecimento de energia no Município de Senador Firmino, culminando com a falta de eletricidade nos dias 31 de maio, 1º e 2 de junho de 2002. Esse evento causou, entre outros prejuízos materiais e morais, perecimento de gêneros alimentícios nos estabelecimentos comerciais e nas residências; danificação de equipamentos elétricos; suspensão do atendimento no hospital municipal; cancelamento de festa junina; risco de fuga dos presos*

da cadeia local; e sentimento de impotência diante de fornecedor que presta com exclusividade serviço considerado essencial.
2. A solução integral da controvérsia, com fundamento suficiente, não caracteriza ofensa ao art. 535 do CPC.
3. O Ministério Público tem legitimidade ativa para atuar em defesa dos direitos difusos, coletivos e individuais homogêneos dos consumidores. Precedentes do STJ.
4. A apuração da responsabilidade da empresa foi definida com base na prova dos autos. Incide, in casu, o óbice da Súmula 7/STJ.
5. ***O dano moral coletivo atinge interesse não patrimonial de classe específica ou não de pessoas, uma afronta ao sentimento geral dos titulares da relação jurídica-base.***
6. ***O acórdão estabeleceu, à luz da prova dos autos, que a interrupção no fornecimento de energia elétrica, em virtude da precária qualidade da prestação do serviço, tem o condão de afetar o patrimônio moral da comunidade. Fixado o cabimento do dano moral coletivo, a revisão da prova da sua efetivação no caso concreto e da quantificação esbarra na Súmula 7/STJ.***
7. O cotejo do conteúdo do acórdão com as disposições do CDC remete à sistemática padrão de condenação genérica e liquidação dos danos de todos os munícipes que se habilitarem para tanto, sem limitação àqueles que apresentaram elementos de prova nesta demanda (Boletim de Ocorrência). Não há, pois, omissão a sanar.
8. Recursos Especiais não providos.
(REsp n. 1.197.654/MG, relator Ministro Herman Benjamin, Segunda Turma, julgado em 1/3/2011, DJe de 8/3/2012.)

Assim, o Município X requer a condenação da EMPRESA Y ao pagamento de R$ 10.000.000,00 (dez milhões de reais) destinado ao Fundo Municipal do Consumidor, por danos morais coletivos causados pela suspensão reiterada do fornecimento de energia e desrespeito aos prazos regulatórios para reestabelecimento do serviço.

7 Conclusão

Por todo o exposto, requer o Município:

a. A <u>**concessão de tutela de urgência**</u>, intimando-se a Ré para que *em (i) caso de interrupção por causas externas ou internas, (a) reestabeleça o fornecimento de energia elétrica nas unidades consumidoras localizadas no Município X <u>em até 4 horas</u>, sob pena de multa diária de R$ 100.000,00 (cem mil reais) por hora de descumprimento em favor do Fundo Municipal do*

Consumidor; (b) reestabeleça em até 2 horas o fornecimento de energia elétrica ao serviço de iluminação pública e sinalização semafórica, sob pena de multa diária de R$ 200.000,00 (duzentos mil reais) por hora de descumprimento em favor do Fundo Municipal de Iluminação Pública; (c) reestabeleça em até 01 hora o fornecimento de energia elétrica em unidades públicas municipais de saúde e de educação, sob pena de multa diária de R$ 200.000,00 (duzentos mil reais) por hora de descumprimento em favor do Fundo Municipal de Saúde e do Fundo Municipal de Educação, respectivamente; e (ii) apresente, no prazo de 10 (dez) dias, plano de contingência que preveja ações efetivas que impeçam novas quedas de energia na região citada, sob pena de multa diária de R$ 100.000,00 (cem mil reais).

b. A citação da Ré eletronicamente, para, querendo, apresentar contestação, na forma do art. 335, III, CPC, não havendo a necessidade de designação de audiência de conciliação;

c. A condenação da Ré, de forma definitiva, confirmando-se as tutelas de urgência; e

d. A condenação da Ré ao pagamento de danos morais coletivos, no valor de R$ 10.000.000,00 (dez milhões de reais), a ser destinado ao Fundo Municipal do Consumidor.

Protesta, por todos os meios de prova admitidos em direito, especialmente documental suplementar e pericial.

Dá-se à causa o valor de R$ 10.000.000,00 (dez milhões de reais).

Pede deferimento.

Local, data.

Assinatura

Informação bibliográfica deste texto, conforme a NBR 6023:2018 da Associação Brasileira de Normas Técnicas (ABNT):

GONSALVEZ, Fernanda. Peça processual: ação civil pública com pedido de tutela de urgência. *In*: BRITTO, Anne Karole Silva Fontenelle de; SILVA, Bruno Sampaio Ferreira da; NEURAUTER, Maíra; FLORIANO, Eduardo de Souza (coord.). *Direito municipal em debate*. Belo Horizonte: Fórum, 2025. p. 235-250. ISBN 978-85-450-0976-4. v. 9.

Caio Costa Perona

Procurador do Município de Belo Horizonte. Procuradoria-Geral do Município – PGM. Avenida Afonso Pena, n. 1.212, 4º Andar | 3277-4075

Cinara de Araújo Vila

Procuradora do Município de Novo Hamburgo. Mestre em Indústria Criativa. Especialista pelo IBET. MBA em Administração Pública e Gerência de Cidades, e Especialista pela The University of Akron, Ohio. Atualmente, atua como Coordenadora de Inovação na Escola Superior de Direito Municipal (ESDM). Recentemente, participou do programa Women in GovTech Challenge 2023-2024, uma iniciativa que visa capacitar mulheres na criação e no desenvolvimento de serviços digitais centrados no cidadão.

Edson Quirino dos Santos

Procurador do Município de Guarulhos/SP. Especialização em Gestão Pública (UNIFESP). Especialização – MBA em Gestão e Tecnologias Ambientais (Poli-USP). Mestre em Direito (UNIMES) e Mestre em Políticas Públicas (UFABC). Doutorando em Planejamento e Gestão do Território (UFABC).

Eduardo de Souza Floriano

Procurador Municipal, atualmente exercendo o cargo de Controlador-Geral do Município de Juiz de Fora. Pós-graduação em Direito Público pela Universidade Newton Paiva e em Direito do Consumidor pela UFJF.

Érico Germano Hack

Doutor e Mestre em Direito pela PUCPR. Procurador do Município de Curitiba. Representante do Fisco no Conselho Municipal de Contribuintes de Curitiba. Coordenador de Grandes Devedores e Análise de Dados da Procuradoria Fiscal da PGM-Curitiba. Ex-Professor Titular de Direito Tributário da UNIOPET. Professor de graduação e pós-graduação em cursos presenciais e EAD. Email: ehack@curitiba.pr.gov.br

Fábio Silveira Rachelle

Procurador do Município de Novo Hamburgo/RS. Graduação em Direito pela Universidade Federal do Rio Grande do Sul (UFRGS). Integrante do grupo de estudos Filosofia e Direito (UFRGS/CNPq). Professor de Cursos Preparatórios para Concurso. Advogado.

Felipe Leal Markusons

Procurador do Município de Novo Hamburgo/RS. Graduação em Direito pela Pontifícia Universidade Católica do Rio Grande do Sul (PUC-RS). Especialista em Direito Constitucional. Advogado.

Fernanda Gonsalves

Bacharela em Direito pela Universidade Federal do Paraná (UFPR). Procuradora do Município do Rio de Janeiro com atuação em Serviços Públicos. Mestranda em Direito (LL.M.) pela Universidade de Berkeley, Califórnia, com especialização em Regulamentação de Inteligência Artificial.

Janaina Leite Tavares

Procuradora Municipal de Jaboatão dos Guararapes/PE. Atuação no Setor Contencioso Administrativo. Membro da Comissão de Advocacia Pública da OAB/PE. Especializada em Direito Processual Civil pela Universidade Potiguar. Especialista em Direito Público pelo EBRADI. Mestranda em Direito, Processo e Cidadania Digital pela Universidade Católica de Pernambuco – UNICAP. E-mail: tavaresjladv@gmail.com.

Lívia Meira Toscano Pereira

Procuradora do Município de João Pessoa, membro do Núcleo de Modernização, Inovação e Tecnologia da Procuradoria de João Pessoa. Especialista em Direito Processual pelo Instituto Luiz Flávio Gomes – LFG. Mestranda em Direito, Processo e Cidadania Digital pela Universidade Católica de Pernambuco – UNICAP.

Marcus Vinicius Lopes Pereira

Mestre em Direito pela Universidade Católica do Salvador. Especialista em Direito Público, Direito Processual Civil e Direito Tributário. Membro do Grupo de pesquisa Constituição, Política e Instituições Judiciais. Procurador do Município de Lauro de Freitas-BA. Advogado.

Patrícia Ferreira Pomoceno

Mestranda em Direito na UP. Especialista em Direito Tributário pela UNISUL e em Direito Processual Civil pela UNIASSELVI. Procuradora do Município de Curitiba. Graduada em Direito pela UEPG. Procuradoria do Município de Curitiba. Procuradora Assessora do Procurador Fiscal do Município de Curitiba. Membro representante da Procuradoria Fiscal na Comissão de Consultas Tributárias do Município de Curitiba. Presidente do Comitê de Inovação da Procuradoria-Geral do Município de Curitiba. E-mail: patricia@pomoceno.com.br.

Rafael Elias Zanetti

Mestre em Direito, Mercado, Compliance e Segurança Humana pela Faculdade CERS. Especialista em Direito Material e Processual do Trabalho pela FESP/

PR e Graduado em Direito pela Universidade do Contestado. Ex-Assessor Parlamentar na Câmara Municipal de Araucária e ex-advogado de carreira da URBS – Urbanização de Curitiba S.A. Atualmente é Procurador do Município de Morretes/PR.

Robson Soares de Souza

Procurador do Município de São Lourenço/MG. Mestre em Direito pela Faculdade de Direito do Sul de Minas – FDSM. Presidente da Comissão de Direito Público da 19ª Subseção da OAB/MG, gestão 2022/2024 e 2025/2027. Professor em cursos preparatórios e de capacitação de servidores públicos. Presidente da Junta Administrativa de Recursos Fiscais do município de São Lourenço/MG.

Thiago Klug Arjona

Procurador do Município de Novo Hamburgo/RS. Graduado em Direito pela Universidade Feevale. Especialista em Direito Público e em Direito Civil. Advogado.

Vanessa Volpi Bellegard Palacios

Advogada formada pela Pontifícia Universidade Católica do Paraná em 1995. Especialista em Direito Processual Civil e em Direito Público pelo Instituto Brasileiro de Estudos Jurídicos (IBEJ) e em Gestão Pública pelo Instituto Federal do Paraná (IFPR). Procuradora-Geral do Município de Curitiba desde 2017. Mestranda em Direitos Fundamentais e Democracia pela UNIBRASIL-PR.

COORDENADORES

Anne Karole Silva Fontenelle de Britto – Presidente da Associação Nacional das Procuradoras e dos Procuradores Municipais (ANPM). Procuradora do Município de São Luís/MA. Conselheira Estadual da OAB/MA. Ex-presidente da APMSL – Associação dos Procuradores do Município de São Luís e Vice-presidente da ANPM (biênios 2018/2021 e 2023/2025).

Bruno Sampaio Ferreira da Silva – Graduado em Direito pela Universidade Federal de Pernambuco – UFPE. Pós-Graduado em Direito Público pela Faculdade Anhanguera. Procurador do Município do Recife. Diretor de Eventos Científicos da ANPM. Ex-presidente da Associação dos Procuradores do Município do Recife – APMR.

Eduardo de Souza Floriano – Procurador Municipal, atualmente exercendo o cargo de Controlador-Geral do Município de Juiz de Fora. Pós-graduado em Direito Público pela Universidade Newton Paiva e em Direito do Consumidor pela UFJF.

Maíra Neurauter – Procuradora do Município de Campinas. Graduada em Direito pela Universidade Federal Fluminense. Pós-graduada em Direito Administrativo pela Universidade Cândido Mendes e mestre em Direito Constitucional pela Universidade Federal Fluminense.

Esta obra foi composta em fonte Palatino Linotype, corpo 10
e impressa em papel Offset 75g (miolo) e Supremo 250g (capa)
pela Gráfica Formato.